Erfolgs- und Vermögensmessung nach International Financial Reporting Standards (IFRS)

Regensburger Beiträge zur betriebswirtschaftlichen Forschung

Herausgegeben vom Institut für Betriebswirtschaftslehre an der Universität Regensburg

Band 41

PETER LANG

Frankfurt am Main · Berlin · Bern · Bruxelles · New York · Oxford · Wien

Jürgen Ernstberger

Erfolgs- und Vermögensmessung nach International Financial Reporting Standards (IFRS)

PETER LANG
Europäischer Verlag der Wissenschaften

Bibliografische Information Der Deutschen Bibliothek
Die Deutsche Bibliothek verzeichnet diese Publikation in der Deutschen Nationalbibliografie; detaillierte bibliografische Daten sind im Internet über <http://dnb.ddb.de> abrufbar.

Zugl.: Regensburg, Univ., Diss., 2004

Gedruckt auf alterungsbeständigem,
säurefreiem Papier.

D 355
ISSN 1430-7375
ISBN 3-631-53171-0

Printed in Germany 1 2 3 4 5 7

www.peterlang.de

Meinen Eltern

Geleitwort

Das Ansatz-, Wert- und Erläuterungskonzept der IFRS folgt weder dem recoverable historical cost and nominal financial capital maintenance concept noch dem more appropriate concept zur Vermittlung entscheidungsrelevanter Informationen. Obwohl unter den Mitgliedern des IASB kein Konsens bezüglich einer Änderung des recoverable historical cost concept besteht, geht der Standardsetter in einer Weise vor, die Standards in kürzester Zeit veralten lässt, indem IAS geändert oder aufgehoben und neue IFRS verabschiedet werden. Diese Streichungen, Änderungen und Ergänzungen betreffen durchweg Regelungen, deren Anwendung unmittelbare Auswirkungen auf die darzustellende Erfolgs- und Vermögenslage von Unternehmen und damit gleichzeitig auf die Erfolgs- und Vermögensmessung haben.

Auf der konzeptionell unsicheren Grundlage entwickelt der Verfasser ein Referenzmodell als Informations- und Entscheidungsmodell, das der Ermittlung und Bereitstellung von Informationen sowohl für unternehmerische Entscheidungen des Jahresabschlusserstellers als auch der externen Rechnungslegungsadressaten dient. Zur Erreichung der Zwecksetzung stellt das Referenzmodell als Anforderungen auf Zahlungsorientierung unter Berücksichtigung der Struktur und der Unsicherheit der zukünftigen Zahlungen, auf weitgehende Objektivierung, Vergleichbarkeit und konstante Aggregation der Rechnungslegungsdaten ab. Dabei ist strikt zwischen Erfolgsermittlung und Ausschüttungsbemessung zu trennen.

Die Anforderungen werden von dem IFRS-Jahresabschluss nur bedingt erfüllt. Er beruht in weiten Bereichen auf vergangenen Ereignissen und wird durch objektivierungsbedingte Verfahren und durch Restriktionen, die zum Teil asymmetrisch für positive und negative Erfolgskomponenten wirken, beeinflusst. Zudem hat er einen höheren Aggregationsgrad und eine stärkere Komplexitätsreduktion als das von dem Verfasser vorgelegte Referenzmodell. Damit gehen Informationen für die Vermögens- und Erfolgsmessung, die auf differenzierteren Daten beruhen, unter.

Nach dem von dem Verfasser entwickelten Konzept ist der Jahresabschluss auf die Ermittlung mehrerer Periodenerfolgsgrößen und eines typisierten Unternehmenswertes auszurichten. Hierzu sind im Rahmen der Weiterentwicklung des IFRS-Jahresabschlusses die nicht der Zielsetzung des Referenzmodells entsprechenden Regelungen zu ändern, zu ergänzen oder aufzuheben. Dies gilt neben bestehenden Wahlrechten, Ermessensspielräumen und in den Standards enthaltenen Objektivierungsprinzipien in erster Linie für bestehende Asymmetrien der Erfolgsermittlung und der Eindimensionalität prognoseorientierter Erfolge und Vernachlässigungen strategischer Aktivitäten des Unternehmens.

Regensburg, im August 2004

Gerhard Scherrer

Vorwort

Die vorliegende Arbeit entstand während meiner Tätigkeit als wissenschaftlicher Mitarbeiter am Lehrstuhl für Betriebswirtschaftslehre, insbesondere Financial Accounting and Auditing, an der Universität Regensburg. Sie wurde im Juli 2004 von der Wirtschaftswissenschaftlichen Fakultät der Universität Regensburg als Dissertation angenommen.

Ich möchte mich an dieser Stelle bei allen bedanken, die zur erfolgreichen Entstehung der vorliegenden Arbeit und dem Abschluss meiner Promotion beigetragen haben. Dem Erstgutachter und Betreuer der Arbeit, meinem hochverehrten akademischen Lehrer Herrn Prof. Dr. Gerhard Scherrer, gilt mein besonderer Dank. Er hat sich immer Zeit für die Betreuung genommen und mit seinem Weitblick der Arbeit entscheidende Impulse gegeben. Fachlich wie auch menschlich habe ich viel von ihm gelernt. Herrn Prof. Dr. Stefan Göbel danke ich für die Übernahme des Zweitgutachtens. Er erklärte sich spontan dazu bereit und nahm trotz seines engen Terminplans die damit verbundenen Mühen auf sich.

Eine weitere wesentliche Grundlage für das Gelingen der Arbeit war die überaus angenehme Atmosphäre am Lehrstuhl. In diesem Zusammenhang möchte ich vor allem meiner Kollegin Dr. Sigrid Kühn meinen herzlichen Dank aussprechen. Ihre Anregungen und kritischen Fragen waren für mich äußerst wertvoll und hilfreich. Meinen ehemaligen Kollegen Dr. Franz Xaver Gabelsberger und Jürgen Florian bin ich für ihre Zusammenarbeit und Unterstützung ebenfalls zu großem Dank verpflichtet. Für das Korrekturlesen der Arbeit danke ich meinen Freunden Dr. Stephan Scheuerer und Christian Kraus. Einen ganz besonderen Dank möchte ich schließlich meinen Eltern ausprechen. Sie haben mich auf meinem bisherigen Lebensweg mit ihrem Vertrauen wunderbar begleitet und mich auf jede erdenkliche Weise unterstützt.

Regensburg, im August 2004 Jürgen Ernstberger

Inhaltsverzeichnis

Abkürzungsverzeichnis

a. A.	andere Ansicht
Abschn.	Abschnitt
AH	Accounting Horizons (Zeitschrift)
AICPA	American Institute of Certified Public Accountants
AIMR	The Association for Investment Management and Research
AktG	Aktiengesetz
APB	Accounting Principles Board
APV	Adjusted Present Value
AR	The Accounting Review (Zeitschrift)
Art.	Artikel
ASB	Accounting Standards Board
Aufl.	Auflage
BB	Betriebs-Berater (Zeitschrift)
BBK	Buchführung, Bilanz, Kostenrechnung (Zeitschrift)
Bd.	Band
bearb.	bearbeitet
Beck Bil.-Komm.	Beck'scher Bilanz-Kommentar
BFuP	Betriebswirtschaftliche Forschung und Praxis
BGBl.	Bundesgesetzblatt
BGH	Bundesgerichtshof
CFROI	Cash Flow Return on Investment
CON	Statement of Concepts (der Statements of Financial Accounting Standards
c. p.	ceteris paribus
DB	Der Betrieb (Zeitschrift)
DBW	Der Betriebswirt (Zeitschrift)
DCF	Discounted Cash Flow
(d)HGB	(Deutsches) Handelsgesetzbuch
Diss.	Dissertation
DRS	Deutscher Rechnungslegungsstandard
DStR	Deutsches Steuerrecht

DUK	Durchschnittliche Kapitalkosten
DVFA	Deutschen Vereinigung für Finanzanalyse und Anlageberatung
EAR	The European Accounting Review (Zeitschrift)
EBIT	Earnings before Interest and Taxes
EBIDA	Earnings before Interest, Taxes, Depreciation and Amortisation
ED	Exposure Draft
EG	Europäische Gemeinschaft
EPS	Earnings Per Share
EVA	Economic Value Added
f.	folgende
F.	Framework (der International Financial Reporting Standards)
FASB	Financial Accounting Standards Board
FB	Finanzbetrieb
FCF	Free Cash Flow
Fifo	First in first out
GAAP	Generally Accepted Accounting Principles
GoB	Grundsätze ordnungsmäßiger Buchführung
grds.	grundsätzlich
Habil.	Habilitation
HFA	Hauptfachausschuss
HGB	Handelsgesetzbuch
hrsg.	herausgegeben
Hrsg.	Herausgeber
IAS	International Accounting Standards
IASB	International Accounting Standards Boards
IASC	International Accounting Standards Committee
IDW	Institut der Wirtschaftsprüfer
i. e. S.	im engeren Sinne
IFRS	International Financial Reporting Standards

IFRIC	International Financial Reporting Interpretations Committee
i. V. m.	in Verbindung mit
i. w. S.	im weiteren Sinne
JIBS	Journal of international business studies (Zeitschrift)
JoA	Journal of Accountancy (Zeitschrift)
Jg.	Jahrgang
JWG	Joint Working Group
KoR	Kapitalmarktorientierte Rechnungslegung (Zeitschrift)
KPMG	Klynfeld, Peat, Marwick und Goerdeler
Lifo	Last in first out
m. w. N.	mit weiteren Nachweisen
NBw	Neue Betriebswirtschaft (Zeitschrift)
No.	Number
öHGB	österreichisches Handelsgesetzbuch
Par.	Paragraph
PWC	PriceWaterhouseCoopers
ref.	reformatted
rev.	revised
ROCE	Return on Core Equity
ROIC	Return on Invested Capital

SFAS	Statement of Financial Accounting Standards
SG	Schmalenbach-Gesellschaft für Betriebswirtschaft
SIC	Standing Interpretations Committee
Sp.	Spalte
ST	Der Schweizer Treuhänder (Zeitschrift)
StuB	Steuern und Bilanzpraxis (Zeitschrift)
StuW	Steuer und Wirtschaft (Zeitschrift)
Teilbd.	Teilband
Tz.	Textziffer
u. a.	und andere
Univ.	Universität
vgl.	vergleiche
Vol.	Volume
WACC	Weighted Average Cost of Capital
WiSt	Wirtschaftswissenschaftliches Studium (Zeitschrift)
WPg	Die Wirtschaftsprüfung (Zeitschrift)
ZfB	Zeitschrift für Betriebswirtschaft (Zeitschrift)
zfbf	Zeitschrift für betriebswirtschaftliche Forschung
ZfHf	Zeitschrift für handelswissenschaftliche Forschung
ZIP	Zeitschrift für Wirtschaftsrecht und Insolvenzpraxis
ZGR	Zeitschrift für Unternehmens- und Gesellschaftsrecht
zugl.	zugleich

Teil 1: Problemstellung, Zielsetzung und Gang der Untersuchung

Die Rechnungslegung befindet sich im Umbruch. Auf nationaler Ebene wird in Deutschland vor allem die Internationalisierung durch Übernahme der International Financial Reporting Standards (IFRS) diskutiert. Grundsätzlich verpflichtend ist die Übernahme bereits für Konzernabschlüsse kapitalmarktorientierter Unternehmen ab 2005.[1] Auf internationaler Ebene werden vom International Accounting Standards Board (IASB) eine Reihe von Standards überarbeitet. Ein Ansatz zur Weiterentwicklung des Jahresabschlusses, der von den internationalen Standardsettern aufgegriffen wurde, stellt dessen Ausrichtung auf die externe Erfolgs- und Vermögensmessung dar. Damit befassen sich die Projekte „Reporting comprehensive income" und „Reporting Financial Performance" des IASB bzw. der Gruppe G4 + 1 sowie das Projekt „Financial Performance Reporting by Business Enterprises" des Financial Accounting Standards Board (FASB).

Auch die externe Unternehmensanalyse unterliegt einem Wandlungsprozess. Es wurden neue Konzepte zur Erfolgs- und Vermögensmessung eines Unternehmens entwickelt. Für diese war zwar primär ein Einsatz im Rahmen der unternehmensinternen Steuerung angedacht, doch schon bald wurde ihre Anwendung für Zwecke der externen Unternehmensanalyse propagiert. Allen Konzepten der externen Erfolgs- und Vermögensmessung ist gemeinsam, dass sie im Wesentlichen auf die vom Jahresabschluss bereitgestellten Daten angewiesen sind.

Trotz der engen Verknüpfung zwischen dem Jahresabschluss und der Erfolgs- und Vermögensmessung wird nur selten auf deren Wechselwirkungen eingegangen. So basieren die Konzepte der externen Erfolgs- und Vermögensmessung in der Regel auf den aktuellen Regelungen des Jahresabschlusses. Einzelne hochaggregierte Größen der Gewinn- und Verlustrechnung bzw. der Bilanz, wie das (um bestimmte Bestandteile korrigierte) Periodenergebnis, bilden die Grundlage für die Ermittlung von Kennzahlen, ohne dass die grundsätzliche Eignung der entsprechenden Basisgrößen untersucht wurde. Auf der anderen Seite werden der Weiterentwicklung des Jahresabschlusses im Rahmen der genannten Projekte internationaler Standardsetter implizit die auf den gegenwärtigen Jahresabschlussdaten beruhenden Verfahren und Instrumente der Erfolgs- und Vermögensmessung zugrunde gelegt. Dementsprechend werden im Rahmen der Projekte

---

[1] Vgl. *Europäisches Parlament und Rat der Europäischen Union*, Verordnung, 2002, Art. 4 f.

ausschließlich Ausweis- und Darstellungsfragen diskutiert, die letztlich auf eine Bereitstellung der für die Berechnung von Kennzahlen notwendigen Größen abzielen. Nicht untersucht werden Rückwirkungen einer möglichen Veränderung der grundlegenden Regeln des Jahresabschlusses auf die Erfolgs- und Vermögensmessung.

In der Arbeit wird ein Referenzmodell für die Abbildung des finanziellen Unternehmensgeschehens erarbeitet. Indem sich die Weiterentwicklung des Jahresabschlusses an diesem Modell und nicht an aktuellen Verfahren der Erfolgs- und Vermögensmessung orientiert, lässt sich der erläuterte Zirkelschluss durchbrechen. Unter Bezugnahme auf das Referenzmodell und auf zusätzliche qualitative Anforderungen an den Jahresabschluss werden die zentralen Prinzipien der IFRS zum Ansatz bzw. zur Erfassung (recognition), zur Bewertung (measurement) und zur Darstellung bzw. zu Erläuterungen (presentation) untersucht und beurteilt. Aufbauend auf die gewonnen Erkenntnisse wird ein Vorschlag für die Weiterentwicklung des Jahresabschlusses unterbreitet.

Der Aufbau der Arbeit stellt sich wie folgt dar. Zunächst werden im Teil 2 Zwecke und Aussagegrenzen von Jahresabschlüssen diskutiert. Dabei werden mögliche Zwecksetzungen aufgezeigt und deren Umsetzung im Rahmen der gegenwärtigen Rechnungslegungssysteme untersucht. Anschließend erfolgt die Festlegung und Konkretisierung einer Zwecksetzung des Jahresabschlusses sowie eine Erörterung, inwieweit sich dieser Zweck im Rahmen des Jahresabschlusses umsetzen lässt.

Im Teil 3 der Arbeit werden die konzeptionellen Grundlagen der Erfolgs- und Vermögensmessung skizziert. Anschließend wird der Zusammenhang zwischen dem Jahresabschluss und der Erfolgs- und Vermögensmessung nach einer modelltheoretischen Betrachtung und nach IFRS beleuchtet. Am Beispiel von Instrumenten der Erfolgs- und Vermögensmessung werden die Zusammenhänge verdeutlicht und es werden Implikationen der herausgearbeiteten Zusammenhänge für den Fortgang der Untersuchung aufgezeigt.

Im Teil 4 werden inhaltliche und qualitative Anforderungen an den Jahresabschluss aus Sicht der Erfolgs- und Vermögensmessung entwickelt. Um die Interdependenzen zwischen Jahresabschluss und Erfolgs- und Vermögensmessung zu berücksichtigen, wird ein Referenzmodell für die Abbildung des finanziellen Unternehmensgeschehens konstruiert. Zur Operationalisierung werden wesentliche Charakteristika des Modells aufgezeigt. Anschließend werden qualitative Anforderungen an Jahresabschlussinformationen diskutiert und den inhaltlichen Anforderungen gegenübergestellt.

Teil 5 der Arbeit enthält eine Untersuchung des Jahresabschlusses nach IFRS im Hinblick auf die Berücksichtigung der durch das Referenzmodell determinierten inhaltlichen und der zusätzlich formulierten qualitativen Anforderungen. Die Untersuchung bezieht sich auf die wesentlichen Prinzipien zur recognition, zum measurement und zur presentation nach IFRS, nämlich das accrual, das fair value und das fair presentation principle. Es werden konkretisierende Unterprinzipien sowie Einzelregelungen dargestellt und einer Würdigung unterzogen. Die Betrachtung der wesentlichen Prinzipien mündet in eine Gesamtwürdigung des Jahresabschlusses nach IFRS im Hinblick auf die Erfüllung der festgelegten inhaltlichen und qualitativen Anforderungen.

Im Teil 6 wird das Konzept eines mehrdimensionalen Jahresabschlusses dargestellt. Es werden Ausgangspunkt und Vorgehensweise der Modellkonstruktion erörtert und ein Vorschlag für die Ausgestaltung des mehrdimensionalen Jahresabschlusses präsentiert.

Teil 2: Zwecke und Aussagegrenzen von Jahresabschlüssen

A. Modellcharakter des Jahresabschlusses

Der Jahresabschluss ist ein Instrument des externen Rechnungswesens, dessen konkrete Ausgestaltung durch Normen festgelegt ist.[2] Die Aufgabe des externen Rechnungswesens wird einhellig definiert als die quantitative Abbildung von Unternehmensprozessen eines bestimmten Zeitraumes und des sich daraus ergebenden Zustandes des Unternehmens zu einem bestimmten Zeitpunkt.[3] Jahresabschlüsse sind somit Modelle des Unternehmensgeschehens. Modelle stellen verdichtete Abbilder der Realität dar. Sie beziehen sich auf eine bestimmte Zeitspanne bzw. einen bestimmten Zeitpunkt, bestimmte Subjekte und auf bestimmte Zwecksetzungen.[4] Der Vorteil von Modellen ist die vereinfachte Abbildung von Abläufen bzw. Wirkungszusammenhängen. Ihr Nachteil ist, dass sie die tatsächlichen Sachverhalte nicht vollständig abbilden,[5] so dass bei ihrer Verwendung stets die obigen Bestimmungsgrößen sowie die zugrunde liegenden Annahmen zu beachten sind. Diese Größen sind bei der Konstruktion eines Modells festzulegen und anzugeben.

Zwischen den Bestimmungsgrößen des Jahresabschlusses gibt es Interdependenzen. So bestehen vor allem enge Beziehungen zwischen den Zwecksetzungen, die dem Jahresabschluss zugrunde liegen, und den Adressaten. Es ist deshalb eine konsistente Theorie zu den Bestimmungsgrößen und zu den Annahmen des Jahresabschlusses zu entwickeln. Aus Objektivierungs- und Abgrenzungsgründen werden hierfür zwei Einschränkungen gemacht: der Jahresabschluss bezieht sich auf einen in der Vergangenheit liegenden zeitlichen Abschnitt des Unternehmensprozesses (Berichtsperiode)[6] und stellt eine Realrechnung dar, d. h., er bildet nur das tat-

---

2 Vgl. *Wysocki*, Jahresabschluß, 1993, Sp. 989; *Schneider*, Rechnungswesen, 1997, S. 4-7.

3 Vgl. *Bea*, Rechnungswesen, 1993, Sp. 3697; *Schweitzer*, Axiomatik, 1993, Sp. 115; *Coenenberg*, Rechnungswesen, 1993, Sp. 3677.

4 Vgl. *Stachowiak*, Modell, 1992, S. 219.

5 Vgl. *Berthel*, Modelle, 1970, Sp. 1122; *Bea*, Entscheidungen, 2000, S. 314.

6 Theoretisch wäre auch der Bezug auf eine künftige Periode (wie in Finanzplänen) oder der Bezug auf bestimmte Produktionsgüter (wie in Kalkulationsrechnungen des internen Rechnungswesens) möglich. Die Bezugnahme auf eine vergangene Periode schließt allerdings nicht aus, dass die künftigen Wirkungen von Entscheidungen und Ereignissen der betrachteten Periode im Jahresabschluss Berücksichtigung finden.

sächliche Unternehmensgeschehen ab.[7] Im Mittelpunkt der Theorie des Jahresabschlusses steht die Festlegung der/des Jahresabschlusszwecke(s).

B. Zwecksetzung des Jahresabschlusses

I. Mögliche Jahresabschlusszwecke

Als Zweck von ökonomischen Normen, welche auch dem Jahresabschluss zugrunde liegen, lässt sich die Steigerung der gesamtwirtschaftlichen Wohlfahrt definieren.[8] Gesamtwirtschaftliche Modelle zur Ableitung eines optimalen Jahresabschlusses scheitern an praktischen Problemen: Nach dem marktwirtschaftlichen Ansatz bestimmen Angebot und Nachfrage den Preis und damit den Wert einzelner Jahreabschlussinformationen. Sie stellen aber ein öffentliches Gut dar. Ein Marktversagen wäre aufgrund von „Trittbrettfahrer-Verhalten" von Marktteilnehmern mit hoher Wahrscheinlichkeit zu erwarten.[9] Ein zentralistischer Ansatz[10] verfolgt deshalb das Ziel, durch gesetzliche bzw. privatwirtschaftliche Normen bezüglich der Ausgestaltung des Jahresabschlusses c. p. die gesamtwirtschaftliche Wohlfahrt zu steigern. Diese Zielsetzung ist jedoch insofern problematisch, als es kaum möglich sein wird, eine gesamtwirtschaftliche Zielfunktion zu ermitteln. Zudem ist nicht feststellbar, welche Auswirkungen alternative Jahresabschlussregelungen auf jedes einzelne Wirtschaftssubjekt haben.[11] Schließlich liegen dieser Betrachtung unrealistische Annahmen bezüglich der Wirtschaftssubjekte, wie uneingeschränkte Rationalität und vollkommene Information, zugrunde.[12]

---

7 Alternativ können Ideal- bzw. Sollgrößen (wie in Kostenkontrollrechnungen) einbezogen werden. Vgl. zu den verschiedenen Möglichkeiten der Ausgestaltung von Rechnungssystemen *Schweitzer*, Axiomatik, 1993, Sp. 115 f.

8 Vgl. *Streim*, Internationalisierung, 1998, S. 326.

9 Vgl. *Hartmann-Wendels*, Informationsökonomie, 1991, S. 19-21, der auch die fehlende Kenntnis der individuellen Grenznutzen der Informationsnachfrager und die Schwierigkeit der korrekten Einschätzung der Qualität der Informationen für die Nachfrager als mögliche Begründungen für ein Marktversagen anführt.

10 Vgl. zu diesem Ansatz *Gordon*, Research, 1960, S. 608-618, der die Auswirkungen von Jahresabschlussinformationen auf die Entscheidungen von Adressaten betont und deshalb fordert, dass die Regelungen so auszugestalten sind, dass sich (gesamtwirtschaftlich) erwünschte Wirkungen ergeben; *Rappaport*, Objectives, 1964, S. 953-961, nach dem die Informationspflichten des Jahresabschlusses aus gesellschaftlichen Zielvorstellungen, wie Verteilungsgerechtigkeit und ökonomischer Fortschritt, abzuleiten sind.

11 Vgl. *Streim*, Internationalisierung, 1998, S. 326 f.

12 Vgl. *Schmidt*, Rechnungslegung, 2000, S. 37.

Aus diesen Gründen wird an den Jahresabschluss nicht unmittelbar der Anspruch gestellt, Allokationseffizienz zu gewährleisten. Vielmehr dient er Zwecksetzungen, die diesem Oberziel untergeordnet sind und eine möglichst hohe positive Korrelation mit ihm aufweisen.[13] Die (möglichen) Zwecksetzungen des Jahresabschlusses sind plural, hierarchisch und teilweise konfliktionär.[14] Daraus folgt, dass keine einheitliche Präferenzordnung für Zwecksetzungen existiert, aus der sich ein zweckoptimaler Jahresabschluss ableiten ließe.[15] Es bedarf deshalb normativer Festlegungen in Bezug auf Umfang und Rangordnung der im Jahresabschluss zu berücksichtigenden Zwecksetzungen und gegebenenfalls in Bezug auf deren Zuordnung zu einzelnen Elementen des Jahresabschlusses. Hierbei sind Werturteile über die Informationsansprüche der Jahresabschlussinteressenten, die mit dem Unternehmen in Beziehung stehen (Stakeholder) und über die Schutzwürdigkeit ihrer verschiedenen Interessen nicht zu vermeiden.[16]

Die Zwecke des Jahresabschlusses werden überwiegend aus den individuellen Interessen der Stakeholder sowie aus den Interessen der Allgemeinheit abgeleitet.[17] Bei Kapitalgesellschaften, auf die sich diese Arbeit konzentriert, werden als besonders schutzwürdig die Kapitalgeber eines Unternehmens angesehen. Die Notwendigkeit des Schutzes der Fremdkapitalgeber ergibt sich aus der Beschränkung der Haftung der Gesellschaft auf das Unternehmensvermögen,[18] die des Schutzes der Eigenkapitalgeber aus der Trennung zwischen Unternehmensleitung und Unternehmenseigentümern.[19] Im Hinblick auf die Adressaten werden dem Jahresabschluss die Zwecksetzungen Zahlungsbemessung und Bereitstellung entscheidungsrelevanter Informationen zugewiesen.[20] Im Schrifttum wird zum Teil auch die

---

[13] Vgl. *Streim*, Internationalisierung, 1998, S. 327.

[14] Vgl. *Egner*, Bilanzen, 1974, S. 81-84; *Moxter*, Bilanzlehre I, 1984, S. 156; *Ballwieser*, Grenzen, 1997, S. 375; *Raupach*, Wandel, S. 796-798; a. A. *Engels*, Bemerkungen, 1976, S. 46, der als primären Bilanzzweck die Messung des Erfolgs der vergangenen Periode sieht. Dies schließe alle anderen Bilanzzwecke mit ein.

[15] Vgl. *Böcking*, Verhältnis, 1998, S. 31, der darauf verweist, dass „bei Unternehmen mit mehr als einem Beteiligten eine ökonomisch »optimale« Rechnungslegung nicht zu verwirklichen ist".

[16] Vgl. *Baetge*, Rechnungslegungszwecke, 1976, S. 18-21; *Schmidt*, Informationsproduktion, 1982, S. 738; *Wüstemann*, Institutionenökonomik, 2002, S. 124.

[17] Vgl. *Baetge/Thiele*, Gesellschafterschutz, 1997, S. 12.

[18] Vgl. *Leffson*, GoB, 1987, S. 54; *Kübler*, Vorsichtsprinzip, 1995, S. 362 f.; *Ballwieser*, Nutzen, 1996, S. 8.

[19] Vgl. *Leffson*, GoB, 1987, S. 56; *Baetge/Kirsch/Thiele*, Bilanzen, 2001, S. 86.

[20] Vgl. *Baetge*, Rechnungslegungszwecke, 1976, S. 23; *Moxter*, Bilanzlehre I, 1984, S. 156; *Wysocki*, Jahresabschluß, 1993, Sp. 992 f.; *Kupsch*, Jahresabschluß, 1993, Sp. 2048-2051; *Ballwieser*, Nutzen, 1996, S. 1; *Schneider*, Rechnungswesen, 1997,

Dokumentationsfunktion als möglicher Zweck angeführt.[21] Sie betrifft die Bereitstellung von Informationen, die der Kontrolle der Unternehmensführung dienen. Die Dokumentationsfunktion stellt weniger eine mögliche Zwecksetzung des Jahresabschusses als vielmehr eine Grundaufgabe der Buchführung dar.[22]

Neben den Individualinteressen der Adressaten soll der Jahresabschluss auch das Interesse der Allgemeinheit im Sinne des Schutzes bestimmter Rechtsgüter und Institutionen berücksichtigen. Dies sind die Funktionsfähigkeit des Zahlungs- und Kreditverkehrs sowie der Kapitalmärkte. Letzteres steht auch in Verbindung mit dem Zweck der Annäherung an eine gesamtwirtschaftlich optimale Kapitalallokation.[23] Die Interessen der Allgemeinheit weisen allerdings eine hohes Abstraktionsniveau auf und werden deshalb im Folgenden nicht weiter betrachtet.

II. Zwecke nationaler und internationaler Jahresabschlüsse

In den gegenwärtigen Rechnungslegungssystemen werden die angeführten Zwecke in unterschiedlicher Weise berücksichtigt. Der Zweck der handelsrechtlichen Rechnungslegung des HGB besteht nach der Präambel der 4. Richtlinie des Rates der Europäischen Gemeinschaften, auf dem die Regelungen des HGB basieren, im Schutz der aktuellen und potenziellen Fremdkapitalgeber und Anteilseigner.[24]

Die Schutzinteressen der Fremdkapitalgeber beziehen sich auf die Absicherung ihrer Ansprüche auf Zins- und Tilgungszahlungen.[25] Die Transformation von Kapital aus ihrem Zugriffsbereich in den haftungsfreien Bereich ist soweit zu begrenzen, dass es zu keiner Gefährdung des Schuldendeckungspotenzials der Unternehmung kommt.[26] Die Zahlungsbemessungsfunktion[27] soll im Rahmen des HGB-Jahresabschlusses dadurch erreicht werden, dass der Erfolg einer Periode durch die Anwendung vorgegebener Vorschriften, die sich an der Kapital- und damit der Bestandserhaltung des

S. 8-11; *Baetge/Thiele*, Gesellschafterschutz, 1997; S. 15; *Moxter*, Rechnungslegungskonzeptionen, 2000, S. 62; *Raupach*, Wandel, 2001, S. 799.

[21] Vgl. *Stützel*, Bilanztheorie, 1967, S. 323; *Wysocki*, Jahresabschluß, 1993, Sp. 991.

[22] Vgl. *Egner*, Bilanzen, 1974, S. 18; *Leffson*, GoB, 1987, S. 68, Fn. 83.

[23] Vgl. *Schredelseker*, Nutzen, 1985, S. 132.

[24] Vgl. *Rat der Europäischen Gemeinschaften*, 4. EG-Richtlinie, Präambel.

[25] Vgl. *Wilsdorf*, Rechnungslegungszwecke, 1988, S. 131 f.; *Schneider*, Rechnungswesen, 1997, S. 110 f.; *Raupach*, Wandel, 2001, S. 796.

[26] Vgl. *Ballwieser*, Nutzen, 1996, S. 8.

[27] Vgl. zu dem Begriff kritisch *Schneider*, Rechnungswesen, 1997, S. 84-86.

Unternehmens orientieren, ermittelt wird.[28] Den Vorschriften liegen das Prinzip der Vorsicht und die daraus abgeleiteten Prinzipien der Imparität und der Realisation zugrunde. Der vorsichtig ermittelte Erfolg kann nicht nur der Bemessung von Ausschüttungen dienen, sondern auch Grundlage für die Ermittlung anderer Zahlungen, wie Vorstandstantiemen oder Erfolgsbeteiligungen von Genussrechtsinhabern, sein.[29] Schließlich besteht durch das (umgekehrte) Maßgeblichkeitsprinzip eine gegenseitige Beeinflussung von Handelsbilanz und Steuerbilanz, die der Bemessung von Steuerzahlungen dient.[30]

Neben der Aufgabe der Zahlungsbemessung hat die handelsrechtliche Rechnungslegung eine Informationsfunktion gegenüber schutzbedürftigen Adressaten. Für diese bemisst sich der Nutzen von Informationen nach der Entscheidungsrelevanz, d. h. nach der Eignung, ökonomische Entscheidungen zu beeinflussen bzw. zu verbessern.[31] Dafür benötigen die Adressaten Hinweise über ihren künftigen Nutzen aus Entscheidungen.[32] Aus finanzieller Sicht bezieht sich somit der Informationsbedarf der Adressaten auf prospektive Informationen über den Zielstrom[33], der ihnen aus dem Engagement bei einem Unternehmen zufließt. Er lässt sich durch Höhe, Zeitpunkt und Unsicherheit künftiger Zahlungen beschreiben.[34] Für Eigenkapitalgeber sind die künftigen Ausschüttungen und die künftige Entwicklung des Werts ihrer Anteile, für Fremdkapitalgeber die künftigen Zins- und Tilgungszahlungen bzw. Forderungsausfälle von Interesse.[35] Doch auch andere Jahresabschlussinteressenten benötigen Informationen über die Lage und über die künftige Entwicklung eines Unternehmens, um über die Aufnahme oder Fortsetzung geschäftlicher Beziehungen, wie Liefer-, Abnahme- und Arbeitsverträge, zu entscheiden.[36]

Der Jahresabschluss selbst soll allerdings keine Prognosen über die künftigen Cashflows anstellen, sondern lediglich eine Beschreibung der gegen-

---

[28] Vgl. *Siepe*, Jahresabschluß, 1997, S. 625; *Moxter*, Rechnungslegungskonzeptionen, 2000, S. 62.

[29] Vgl. *Baetge/Thiele*, Gesellschafterschutz, 1997, S. 14 f; *Schneider*, Rechnungswesen, 1997, S. 8 f.

[30] Vgl. *Wysocki*, Jahresabschluß, 1993, Sp. 993.

[31] Vgl. *Beaver*, Financial Reporting, 1998, S. 89.

[32] Vgl. *Moxter*, Rechnungslegungskonzeptionen, 2000, S. 64.

[33] Vgl. zu diesem Begriff *Wüstemann*, Institutionenökonomik, 2002, S. 61 f.

[34] Vgl. *Streim*, Internationalisierung, 1998, S. 338; *Moxter*, Rechnungslegungskonzeptionen, 2000, S. 64; *Wüstemann*, Institutionenökonomik, 2002, S. 57.

[35] Vgl. *Streim*, Generalnorm, 1994, S. 399.

[36] Vgl. *Ballwieser*, Nutzen, 1996, S. 17.

wärtigen wirtschaftlichen Effektivlage[37] des Unternehmens geben. Auf deren Grundlage sollen die Bilanzadressaten unter Anwendung bekannter oder unterstellter Gesetzmäßigkeiten ihre eigenen Prognosen vornehmen und un-ter Anwendung ihrer individuellen Nutzenfunktionen Entscheidungen treffen können.[38]

Die erforderliche Beschreibung der wirtschaftlichen Lage eines Unternehmens erfolgt gemäß § 264 Abs. 2 S. 1 HGB anhand von Informationen zur Vermögens-, Finanz- und Ertragslage. Die Vermögenslage soll Aufschluss über die wirtschaftlich relevanten Ressourcen geben, die Finanzlage soll die Finanzierung und Liquidität wiedergeben und die Ertragslage soll die Erfolgsentwicklung eines Unternehmens darstellen.

Die handelsrechtliche Rechnungslegung versucht die Zahlungsbemessungs- und die Informationsfunktion des Jahresabschlusses simultan zu berücksichtigen. Auf den ersten Blick hat es den Anschein, dass beide in einer konkurrierenden Beziehung zueinander stehen.[39] Zur Erfüllung der Zahlungsbemessungsfunktion soll der Periodenerfolg unter Zugrundelegung des Vorsichtsprinzips ermittelt werden, zur Erfüllung der Informationsfunktion sollen Informationen über die Effektivlage des Unternehmens vermittelt werden. Daraus ergibt sich die Frage, ob der Zahlungsbemessung[40] oder der Informationsvermittlung[41] Vorrang eingeräumt werden soll. In diesem Zusammenhang sind die konkreten Auswirkungen der genannten Generalnorm des § 264 Abs. 2 S. 1 HGB auf die Bilanzierung umstritten. Eine Auffassung betrachtet die Zahlungs- bzw. Ausschüttungsbemessung als das grundlegende Prinzip der handelsrechtlichen Rechnungslegung.[42] Demnach ist in der Bilanz und Gewinn- und Verlustrechnung ein vorsichtiger, an Nominalkapitalerhaltung und Gläubigerschutz orientierter Gewinn zu ermitteln.[43] Ergeben sich dadurch Verzerrungen für die Darstellung eines den tatsächlichen Verhältnissen entsprechenden Bildes der wirtschaftlichen Lage

---

[37] Die Begriffe Effektivlage bzw. Effektivvermögen verstehen sich als Abgrenzung zur der im Jahrsabschluss abgebildeten Lage bzw. zu dem buchtechnischen Vermögen.

[38] Vgl. *Ballwieser*, Nutzen, 1996, S. 18; *Schneider*, Rechnungswesen, 1997, S. 201 f.

[39] Vgl. *Siepe*, Jahresabschluß, 1997, S. 625.

[40] Vgl. *Moxter*, Bilanzlehre II, 1986, S. 159-165; *Beisse*, Bild, 1994, S. 5; *Strobl*, IASC-Rechnungslegung, 1996, S. 393 f.; *Siepe*, Jahresabschluß, 1997, S. 625 f.

[41] Vgl. *Leffson*, GoB, 1987, S. 100; *Claussen*, Stellenwert des Rechnungslegungsrechts, 1997, S. 443.

[42] Vgl. *Schildbach*, Rechnungslegungsstandards, 1994, S. 710; *Beisse*, Bild, 1994, S. 5; *Streim*, Generalnorm, 1994, S. 403; *Strobl*, IASC-Rechnungslegung, 1996, S. 393 f.; *Siepe*, Jahresabschluß, 1997, S. 625 f.; *Euler*, Bilanzrechtstheorie, 1997, S. 175.

[43] Vgl. *Reiter*, Spannungsverhältnis, 1997, S. 70.

des Unternehmens, sind zusätzliche Anhangangaben erforderlich. Diese Vorgehensweise wird mit dem Begriff Abkopplungsthese umschrieben.[44]

Nach einer anderen Auffassung haben Bilanz, Gewinn- und Verlustrechnung und Anhang gemeinsam die Aufgabe ein tatsächliches Bild der wirtschaftlichen Lage des Unternehmens zu vermitteln und damit entscheidungsrelevante Informationen zur Verfügung zu stellen.[45] Demnach kommt die Generalnorm zur Anwendung bei nicht explizit geregelten Zweifelsfragen[46] oder nach einer anderen Meinung zusätzlich bei der Frage der Ausübung von Wahlrechten.[47] In beiden Fällen stehen der Generalnorm die gesetzlichen an der Zahlungsbemessungsfunktion orientierten Einzelnormen gegenüber, die im HGB dominieren.[48]

Der Jahresabschluss nach IFRS und US-GAAP dient ebenso wie der nach HGB dem Schutz von Eigenkapital- und Fremdkapitalgebern. Unterschiede ergeben sich in Bezug auf das Mittel zur Erreichung des Zwecks.[49] Bei der internationalen Rechnungslegung steht die Vermittlung von entscheidungsrelevanten Informationen im Vordergrund.[50] Die Informationsbedürfnisse von Kapitalgebern werden als repräsentativ für die Informationsbedürfnisse aller Rechnungslegungsinteressenten angesehen.[51] Nach US-GAAP erfolgt die Zahlungsbemessung im Sinne der Bestimmung eines Betrages, der maximal ausschüttbar ist, außerhalb des Jahresabschlusses durch spezielle Regelungen des Gesellschaftsrechts der einzelnen Bundesstaaten der

---

[44] Vgl. *Moxter*, Bilanzlehre II, 1986, S. 67 f.; *Moxter*, Verhältnis, 1995, S. 426-428.

[45] Vgl. *Leffson*, GoB, 1987, S. 100; *Claussen*, Stellenwert des Rechnungslegungsrechts, 1997, S. 443.

[46] Vgl. *Adler/Düring/Schmaltz*, 1997, § 264 Tz. 45; *Hense/Schellhorn*, in: Beck Bil.-Komm., 2003, § 264 Tz. 25; *IDW*, WP-Handbuch, 2000, Q Tz. 476; *Streim*, Generalnorm, 1994, S. 397.

[47] Vgl. *Leffson*, Bild, 1986, S. 98 f.; *Claussen*, Stellenwert des § 264 Abs. 2 HGB, 1987, S. 89 f.; gleicher Ansicht ist auch Wolfgang Dieter Budde, vgl. *Clemm*, Wahlrechte, 1995, S. 141.

[48] Vgl. *Adler/Düring/Schmaltz*, 1997, § 264 Tz. 51; *Hense/Schellhorn*, in: Beck Bil.-Komm., 2003, § 264 Tz. 25 f.; eine andere Meinung vertritt *Hulle*, Richtlinie, 1995, S. 320 f., der mit Bezug auf die 4. EG-Richtlinie die Generalnorm als „overriding principle" betrachtet.

[49] Vgl. *Streim*, Internationalisierung, 1998, S. 327; Kübler merkt an, dass in der internationalen Rechnungslegung anders als nach HGB die „Anleger und Gläubiger nicht als zu trennende Gruppen mit konfligierenden Interessen betrachtet" werden, *Kübler*, Vorsichtsprinzip, 1995, S. 364.

[50] Zu den US-GAAP vgl. CON 1.34; zu den IFRS vgl. F. 12.

[51] Vgl. F. 10 bzw. CON 1.30.

USA.[52] Nach IFRS existieren keine Regelungen zur Ausschüttungsbemessung.[53]

Somit entsteht der Eindruck, es existierten zwei konfliktionäre Zwecksetzungen des Jahresabschlusses sowie unterschiedliche Möglichkeiten für die gleichzeitige Berücksichtigung beider Zwecksetzungen im Jahresabschluss.

C. Festlegung des Jahresabschlusszweckes

Eine differenziertere Betrachtung erweckt Zweifel an der bisher angenommenen Antinomie zwischen den beiden Zwecksetzungen des Jahresabschlusses. Die beiden Zwecke stimmten dann überein, wenn sich ein objektives Bild der wirtschaftlichen Lage generieren und ein objektiver Periodenerfolg des Unternehmens ermitteln ließe. Ein objektiver Erfolg könnte der Zahlungsbemessung dienen und würde die finanziellen Informationserwartungen von Jahresabschlussinteressenten erfüllen.

In der Realität lässt sich jedoch kein objektiver Erfolg ermitteln. Es existieren Aufteilungsprobleme bei der Zurechnung von Erfolgsströmen aus vergangenen Entscheidungen bzw. Ereignissen, die sich über mehrere Perioden erstrecken.[54] Zudem bestehen unsichere Erwartungen bezüglich der genauen Höhe einzelner Erfolgsgrößen. Sie steht erst bei einem Zufluss von cash endgültig fest.[55] Es gibt auch kein vollkommenes und vollständiges Marktsystem, durch das derartige Unsicherheiten kompensiert werden könnten. Es ist deshalb festzulegen, welche Zurechnungsregeln anzuwenden und wie Unsicherheiten zu behandeln sind.[56] Diese Festlegungen sind einheitlich und nach allgemein bekannten bzw. offenzulegenden Regeln vorzunehmen.

Aufbauend auf einem intersubjektiv nachprüfbaren Erfolg kann die Bemessung von erfolgsabhängigen Zahlungen erfolgen. Die Ermittlung und Verwendung des Periodenerfolgs sollen also strikt getrennt werden.[57] Im Rah-

---

[52] Vgl. *Ballwieser*, Grenzen, 1997, S. 380; *Merkt*, Gesellschaftsrecht, 1991, Rz. 453-467; *Brotte*, Geschäftsberichte, 1997, S. 82-84.

[53] Vgl. *Ballwieser*, Grenzen, 1997, S. 379.

[54] Vgl. *Baetge*, Objektivierung, 1970, S. 18; *Kuhner*, Bewertungskonzeptionen, 1994, S. 18; *Clemm*, Wahlrechte, 1995, S. 152 f.

[55] Vgl. *Baetge*, Objektivierung, 1970, S. 18.

[56] Vgl. *Leffson*, GoB, 1987, S. 60.

[57] So auch *Strobl*, IASC-Rechnungslegung, 1996, S. 408 f.; *Baetge/Thiele*, Gesellschafterschutz, 1997, S. 23; *Siegel*, Ernsthaftigkeit, 1997, S. 141; *Niehus*, Spannungsfeld, 1998, S. 82.

men der Ermittlung soll der Jahreabschluss entscheidungsrelevante Informationen bereitstellen, die auch als Basis für die anschließende Verwendungsrechnung dienen. Diese Vorgehensweise entspricht der Idee von „gläsernen, aber verschlossenen Taschen“, nach der ein an der Informationsfunktion orientierter Erfolg offen zu legen ist, über dessen Verwendung allein die Unternehmensleitung entscheidet.[58] Alternativ können Grenzen bzw. Anhaltspunkte für die Höhe der an den Erfolg anknüpfenden Zahlungen durch explizite Ausschüttungssperren[59] oder gesonderte Rechnungen[60] gesetzt werden.

Gegen einen restringierenden Einfluss des Periodenergebnisses auf die Höhe der Ausschüttung sprechen auch investitionstheoretische Gründe. So kann sich eine solche Ausschüttungsregelung als „Allokationsbremse“ erweisen, da eine optimierte Investitionspolitik in Form einer rendite- bzw. performance-orientierten Verwendung freiwerdender Mittel beeinträchtigt werden kann.[61] In der vorliegenden Arbeit wird deshalb unterschieden zwischen der bestimmten Informationsanforderungen genügenden Ermittlung des Periodenerfolgs und der anschließenden gesellschaftsrechtlich oder vertraglich geregelten Festlegung der Verwendung desselben. Implizite und explizite Ausschüttungssperren nach dem Modell des HGB[62] greifen der Ausschüttung vor und korrespondieren deshalb nicht mit dem oben geforderten Prinzip der klaren Trennung von Erfolgsermittlung und Erfolgsverwendung. Dagegen entspricht die Bildung gesonderter Rücklagen nach

58 Vgl. *Claussen/Kronstein*, Publizität, 1960, S. 136.

59 Vgl. *Strobl*, IASC-Rechnungslegung, 1996, S. 409; so auch *Schneider*, Rechnungswesen, 1997, S. 199 f.; *Havermann*, Konzernrechnungslegung, 2000, S. 125.

60 Vgl. *Herzig/Dautzenberg*, Auswirkungen, 1998, S. 35 f.; *Herzig*, Gewinnermittlung, 2000, S. 118.

61 Vgl. *Drukarczyk*, Ausschüttungssperre, 1978, S. 100, der den Begriff „Allokationsbremse“ prägte; *Wagner*, Periodenabgrenzung, 1994, S. 1180; *Böcking*, IAS, 2002, S. 926, der zudem darauf hinweist, dass Ausschüttungssperren zu Fehlinvestitionen führen können, die den Unternehmenswert und damit das Haftungsvermögen des Unternehmens gegenüber den Gläubigern verringern und auf diese Weise sogar einen negativen Einfluss auf den ursprünglich intendierten Gläubigerschutz haben.

62 Explizite Ausschüttungssperren existieren beispielsweise im Zusammenhang mit der Aktivierung von Ingangsetzungs- und Erweiterungsaufwendungen (§ 269 S. 2 HGB) und mit der Aktivierung von Steuerabgrenzungen (§ 274 Abs. 2 S. 3 HGB). Implizite Ausschüttungssperren ergeben sich beispielsweise durch das Anschaffungskostenprinzip, weil darüber hinausgehende Wertsteigerungen nicht im Periodenerfolg erfasst und damit auch nicht ausgeschüttet werden dürfen.

dem Modell der IFRS[63] diesem Trennungsprinzip. Ebenso verhält es sich mit Zusatzangaben bzw. Aufgliederungen des Erfolgs in realisierte und nicht realisierte Bestandteile, die beispielsweise im Anhang bzw. in den notes[64], in einer entsprechend gegliederten Erfolgsrechnung oder in einem gesonderten Rechenwerk vorgenommen werden. Die gesonderten Rücklagen und die Aufgliederung des Erfolgs legen keine Ausschüttungsgrenzen fest, sondern stellen Informationen für eine Nebenrechnung zur Bemessung von Ausschüttungen und anderer erfolgsabhängiger Zahlungen bereit.

Gegen eine Trennung von Gewinnermittlung und Ausschüttungsbemessung wird eingewendet, dass der Gläubigerschutz nicht mehr ausreichend sicher gestellt sei. Dieser stelle aber einen wesentlichen Zweck des Jahresabschlusses dar.[65] Gegen dieses Argument spricht zum einen, dass Lieferanten in der Regel auf zivilrechtliche Sicherungsrechte zurückgreifen und zum anderen, dass Großgläubiger meist individuelle Grenzen für erfolgsabhängige Zahlungen in Kreditverträgen vorgeben.[66] Für die Vertragsregelungen kann ein informationsorientierter Periodenerfolg Anknüpfungspunkt sein.[67] Auf den Periodenerfolg können sich auch gesellschaftsrechtliche Vorschriften, wie die Begrenzung der Ausschüttung auf bestimmte Erfolgskomponenten, beziehen.[68] Schließlich ist nur schwer nachvollziehbar, warum ein durch Vorsichtsprinzipien verzerrter Erfolg besser für den Gläubigerschutz geeignet sein soll als ein Erfolg, der als Indikator für die tatsächliche Entwicklung des Unternehmens betrachtet werden kann.[69] Das Interesse von Gläubigern richtet sich primär auf Finanzpläne bezüglich künftig zu erwartender Ein- und Auszahlungen. Diese werden schon aufgrund der Unsicherheit ihrer Schätzung nicht im Rahmen des Jahresabschlusses veröffentlicht.[70] Allenfalls die publizierten (retrospektiven) Cashflow-Statements sowie Zusatzangaben zur Fristigkeit von Verbindlichkeiten und zum Bestehen von sonstigen finanziellen Verpflichtungen und Haftungsverhältnissen

---

[63] Beispielsweise ist bei einer Neubewertung von Sachanlagen eine Erhöhung des Buchwerts grundsätzlich in dem „revaluation surplus" zu erfassen (vgl. IAS 16.37. (rev. 1998)).

[64] Die von Moxter propagierte Abkopplungsthese (vgl. Teil 2 B. II.) entsprach der umgekehrten Vorgehensweise.

[65] Vgl. *Beisse*, GoB, 2001, S. 742.

[66] Vgl. *Böcking*, Verhältnis, 1998, S. 21 f.

[67] Vgl. *Kübler*, Vorsichtsprinzip, 1995, S. 369.

[68] Auch Regelungen des Insolvenz-, Haftungs- und Strafrechts sowie bestimmte Aufsichtsbehörden kommen als Schutzmöglichkeiten von Gläubigern in Betracht; vgl. *Ballwieser*, Grenzen, 1997, S. 378.

[69] Vgl. *Kübler*, Vorsichtsprinzip, 1995, S. 365; *Busse von Colbe*, Entwicklungsperspektiven, 2002, S. 170.

[70] Vgl. *Ballwieser*, Nutzen, 1996, S. 16.

sind zur Bonitätsanalyse des betrachteten Unternehmens geeignet.[71] Zudem können aus der Erfolgslage des Unternehmens in der Regel Rückschlüsse im Hinblick auf die Möglichkeit der Kapitalbeschaffung gezogen werden.[72] Voraussetzung hierfür ist, dass die Ertragslage möglichst unverzerrt im Jahresabschluss abgebildet wird.

Auch das Argument, eine transparentere Erfolgsdarstellung könne höhere Steuerverpflichtungen für das Unternehmen auslösen,[73] greift nicht. Denn die Steuerbemessung kann sich zwar an der Erfolgsermittlungsrechnung orientieren, soll aber keinerlei Einfluss auf deren Ausgestaltung haben. Es liegt im Ermessen des nationalen Steuergesetzgebers, welche Erfolgskomponenten er gegebenenfalls nach Vornahme spezieller Modifikationen der Steuer unterwirft.[74]

In der Literatur wird die Meinung vertreten, die entscheidungsrelevanten Informationen primär durch den Konzernabschluss zu vermitteln, während der Jahresabschluss vorrangig der Zahlungsbemessungsfunktion dient.[75] Dieser Meinung kann aus zwei Gründen nicht gefolgt werden. Zum einen wäre damit die Art der anzuwendenden Bilanzierungsregeln abhängig davon, ob rechtlich ein selbstständiges Unternehmen, eventuell mit unterschiedlichen geografischen bzw. funktionalen Segmenten oder ein Konzern mit mehreren rechtlich selbstständigen Unternehmen, vorliegt. Zum anderen würde durch die verschiedenen Zwecksetzungen die Vergleichbarkeit zwischen Konzernunternehmen und nicht konzernierten Unternehmen leiden.[76]

Schließlich wird die Frage diskutiert, nach welchen Regelungen nicht kapitalmarktorientierte, kleinere Unternehmen ihre Jahresabschlüsse erstel-

---

[71] Vgl. *Rückle*, Finanzlage, 1986, S. 169, 180 f.

[72] Vgl. *Rückle*, Finanzlage, 1986, S. 180. Diese Vorgehensweise wäre die konsequente Fortführung einer nach Meinung von Böcking bereits bestehenden „Tendenz vom institutionellen zum informationellen Gläubigerschutz“ (*Böcking*, Bilanzrecht, 1997, S. 101) in Deutschland.

[73] Vgl. *Ballwieser*, Nutzen, 1996, S. 16 f.

[74] Vgl. *Lauth*, Einheitsbilanz, 2000, S. 125; *Böcking*, IAS, 2002, S. 927.

[75] Vgl. *Niehus*, Entwicklung, 1994, S. 632 u. 637, der so genannte konzernarteigene GoB entwickelt, damit der Konzernabschluss nicht länger „eine nachgeordnete Variante, eine Art »Wurmfortsatz« des [zahlungsbemessungsorientierten] Einzelabschlusses“ (*Niehus*, Entwicklung, 1994, S. 637) darstellt; *Siepe*, Jahresabschluß, 1997, S. 638, der die Aufstellung einer Einheitsbilanz für Steuer- und Ausschüttungszwecke und eines Konzernabschlusses für Informationszwecke fordert. Für funktionsspezifische Jahres- und Konzernabschlüsse spricht sich auch aus *Havermann*, Konzernrechnungslegung, 2000, S. 125.

[76] Vgl. *Niehus*, Einzelabschlüsse, 2001, S. 741 f.; *Mujkanovic*, Fair Value, 2002, S. 22.

len sollen.[77] Doch auch bei diesen Unternehmen ist schon aus Gründen der Vergleichbarkeit für den Jahresabschluss keine andere Zwecksetzung festzulegen. Gleichwohl besteht die Möglichkeit, je nach Kapitalmarktinanspruchnahme bzw. Größe von Unternehmen aus Kosten-Nutzen-Erwägungen einen geringeren Pflichtumfang an publizitätspflichtigen Informationen festzulegen.[78]

In der Arbeit wird als Zweck des Jahresabschlusses die Bereitstellung entscheidungsrelevanter Informationen definiert. Im Mittelpunkt steht die Ermittlung des Periodenerfolges unter Angabe des Realisierungsgrades seiner Komponenten. Die Bemessung von Zahlungen einschließlich der Festlegung von Ausschüttungssperren oder Ausschüttungsgrenzen ist der Erfolgsermittlung nachgelagert und wird im Folgenden nicht weiter betrachtet. Diese Vorgabe stimmt grundsätzlich mit der oben angeführten Idee der „gläsernen, aber verschlossenen Taschen" überein, trifft jedoch keine Aussage über Verfahren und Kompetenzverteilung bei der Bemessung von erfolgsabhängigen Zahlungen des Unternehmens. Die Jahresabschlussregelungen sollen international anwendbar sein, die steuerrechtliche und gesellschaftsrechtliche Selbstbestimmung der einzelnen Länder aber gewahrt bleiben.[79]

D. Konkretisierung des festgelegten Jahresabschlusszweckes

Der Nutzen von Informationen ist abhängig von den jeweiligen Adressaten und deren konkreten Entscheidungsprozessen.[80] Als potenzielle Adressaten des Jahresabschlusses kommen alle Wirtschaftssubjekte in Frage, die ein Interesse an der Bereitstellung von Unternehmensinformationen haben, um Entscheidungen zu treffen, die in Verbindung mit dem jeweiligen Unternehmen stehen. Dieser Abgrenzung liegt die neuere Theorie der Unternehmen zugrunde, die ein Unternehmen als eine Koalition verschiedener Stakeholder betrachtet.[81] Dazu gehören die Rechnungslegungspflichtigen selbst,

---

[77] Vgl. *Hax*, Rechnungslegungsvorschriften, 1988, S. 199; *Zabel*, IAS, 2002, S. 924. Auch das IASB hat dieses Problem auf seine Agenda gesetzt; vgl. *IASB*, Small, 2003.

[78] Vgl. *Scheffler*, Entwicklungen, 2001, S. 9; *IASB*, Small, 2003. Hax hat beispielsweise den Vorschlag unterbreitet, verschiedene Klassen von Regelungen mit unterschiedlich detaillierten Anforderungen zu entwickeln, in die sich die Unternehmen freiwillig bzw. je nach Zugehörigkeit zu einem bestimmten Kapitalmarktsegment einordnen; vgl. *Hax*, Rechnungslegungsvorschriften, 1988, S. 199.

[79] Vgl. *Baetge/Thiele*, Gesellschafterschutz, 1997, S. 15.

[80] Vgl. *Pohlmann*, Bewertungskonzeptionen, 1981, S. 128; *Ballwieser*, Nutzen, 1996, S. 18.

[81] Vgl. *Lange*, Jahresabschlußinformationen, 1989, S. 75; *Coenenberg*, Jahresabschluss, 2003, S. 1143. Zu den traditionellen Theorien (Eigner-Theorie, Einheitstheorie, Fonds-

die Aufsichts- und Kontrollorgane des Unternehmens, die aktuellen und potenziellen Anteilseigner, Gläubiger, Kunden, Lieferanten und Arbeitnehmer.[82] Als Basis für rationale Entscheidungen vor allem in Bezug auf Art und Umfang ihrer Beziehungen zu einem Unternehmen benötigen die Koalitionäre Informationen über die wirtschaftliche Lage des Unternehmens.[83] Die Festlegung der tatsächlichen Jahresabschlussadressaten stellt eine politische Entscheidung über die Schutzwürdigkeit der einzelnen Interessengruppen dar.[84] Bei dieser Entscheidung spielt insbesondere eine Rolle, wie stark die (finanziellen) Interessen an dem Unternehmen sind und welche alternativen Möglichkeiten bestehen, entsprechende Informationen über das Unternehmen zu erhalten.[85] Entsprechend den Festlegungen der Standardsetter werden in der vorliegenden Arbeit vor allem die Interessen der Eigenkapitalgeber berücksichtigt. Es wird insofern der Auffassung des IASB und des FASB gefolgt, wonach die Interessen der Eigenkapitalgeber repräsentativ für die Interessen der anderen Stakeholder sind.[86] Adressaten[87] des Jahresabschlusses sind demnach die Eigenkapitalgeber sowie die Informationsintermediäre[88], derer sie sich bedienen. Für die besondere Schutzwürdigkeit der Eigenkapitalgeber spricht, dass sie ausschließlich Residualansprüche gegenüber dem Unternehmen besitzen und primär das Unternehmensrisiko tragen, während die Ansprüche der anderen Stake-

---

theorie und Management-Theorie) vgl. *Coenenberg*, Jahresabschluss, 2003, S. 1139-1142 m. w. N.

[82] Vgl. *Moxter*, Gewinnermittlung, 1982, S. 219 f.; *Leffson*, GoB, 1987, S. 42; *Wilsdorf*, Rechnungslegungszwecke, 1988, S. 107; *Ballwieser*, Nutzen, 1996, S. 3; *Baetge/ Thiele*, Gesellschafterschutz, 1997, S. 13. Außer den angesprochenen Gruppen wird auch der allgemeinen Öffentlichkeit ein Interesse am Jahresabschluss zugeschrieben, wobei unklar bleibt, um wem es sich dabei handelt und welche Motive diesem Interesse zugrunde liegen.

[83] Vgl. *Schildbach*, Jahresabschluß, 1986, S. 7; *Ballwieser*, Grenzen, 1997, S. 375, der von interessenwahrenden Entscheidungen der Stakeholder spricht. Nicht nur Eingehen, Nicht-Eingehen, Intensivierung, Verringerung oder Aufgabe der Teilnahme an der Koalition, sondern auch deren unveränderte Beibehaltung ist als Entscheidung zu sehen.

[84] Vgl. *Wüstemann*, Institutionenökonomik, 2002, S. 22.

[85] Vgl. *Pohlmann*, Bewertungskonzeptionen, 1981, S. 134.

[86] Vgl. CON 1.30; F. 10. Zur Auslegung des Begriffes „investors" als Eigenkapitalgeber vgl. *Adler/Düring/Schmaltz*, Internationalen, 2003, Abschn. 1 Tz. 39.

[87] Die Adressaten stellen somit eine Teilmenge der Jahresabschlussinteressenten dar; vgl. zu dieser Unterscheidung *Flury*, Gewinnerläuterungsprinzipien, 1999, S. 33; *Moxter*, Rechnungslegung, 2003, S. 223 u. 227.

[88] Vgl. *Ballwieser*, Kapitalmarkt, 1987, S. 163. Zu diesen zählen die Finanzanalysten und Wertpapierberater, die Jahresabschlüsse, aber auch sonstige Informationsquellen aufbereiten und auswerten und ihre Ergebnisse interessierten Personen zur Verfügung stellen bzw. verkaufen; vgl. *Bernards*, Segmentberichterstattung, 1994, S. 20; *Schulz*, Aktienmarketing, 1999, S. 152.

holder meist vertraglich oder gesetzlich abgesichert sind.[89] Diese Argumentation impliziert eine Bedeutungsverschiebung im Hinblick auf die Unternehmenstheorie, die dem Jahresabschluss zugrunde gelegt wird. Das Unternehmen wird nicht als Koalition von Stakeholder verstanden, sondern vielmehr als Netz von Vertragsbeziehungen, in dessen Mittelpunkt die Eigentümer und deren Interessen stehen. Dabei stellen sowohl die vertraglichen Beziehungen mit den Gläubigern (und teilweise auch anderen Stakeholdern) als auch relevante Gesetzesnormen Nebenbedingungen für die Verwirklichung dieser Interessen dar.[90]

Neben der Festlegung der Adressaten stellt die Analyse der Entscheidungsprozesse eine notwendige Voraussetzung für die Konkretisierung der Informationsfunktion des Jahresabschlusses dar. Im Rahmen einer informationsökonomischen Betrachtung wurde versucht, Aussagen über den Nutzen von Jahresabschlussinformationen unabhängig von den Entscheidungsprozessen der Adressaten zu treffen. Es ergab sich lediglich die Feststellung, dass für jeden potenziellen Adressaten bei Vernachlässigung von Kosten ein Informationssystem besser ist als ein anderes, wenn es feiner ist, also zusätzlich zu den Informationen des ersten noch weitere Informationen liefert (Feinheitstheorem von Blackwell).[91] Dieses Theorem gilt nur innerhalb bestimmter Grenzen. Bei einer Annäherung an eine unendlich große Menge an bereitgestellten Informationen ist es nicht mehr haltbar. Zudem entstehen tatsächlich Mehrkosten sowohl durch die Bereitstellung als auch durch die Auswertung zusätzlicher Informationen.[92] Somit kann aus dem Theorem nur gefolgert werden, dass bei Vorschlägen, die das Publizieren zusätzlicher Informationen beinhalten, stets eine Kosten-Nutzen-Abwägung zu erfolgen hat. Weitere Aussagen über die Konkretisierung der entscheidungsorientierten Interpretation der Informationsfunktion lassen sich nicht treffen, was auf die allgemeine Formulierung des Modells zurückzuführen ist.[93]

Informationsverarbeitende Entscheidungsprozesse lassen sich allgemein unterteilen in einen Planungs- bzw. Entscheidungsprozess und in einen Kontrollprozess, die nicht nacheinander ablaufen, sondern sich gegenseitig beeinflussen.[94] Soll der Jahresabschluss für beide Arten von Prozessen In-

---

89 Vgl. *Busse von Colbe*, Unternehmensführung, 1996, S. 16; *Metze*, Marktwertkonzept, 2000, S. 25-27; *Küting/Heiden/Lorson*, Performancemessung, 2000, S. 2.

90 Vgl. *Metze*, Marktwertkonzept, 1999, S. 25 f.

91 Vgl. *Ballwieser*, Jahresabschlußverbesserungen, 1982, S. 782.

92 Vgl. hierzu Teil 2 E. II.

93 Vgl. *Ballwieser*, Jahresabschlußverbesserungen, 1982, S. 782.

94 Vgl. *Delfmann*, Kontrollprozesse, 1993, Sp. 3234.

formationen bereitstellen, muss er die folgenden funktionalen Elemente integrieren:[95]

- Planungs- und Entscheidungsfunktion
- Steuerungs- und Kontrollfunktion[96]

I. Planungs- und entscheidungsfunktionale Interpretation

1. Notwendigkeit von planungs- und entscheidungsrelevanten Informationen

Im Rahmen der Planungs- bzw. Entscheidungsfunktion benötigen die Jahresabschlussadressaten zukunftsbezogene Informationen über die Entwicklung des Unternehmens. Im Mittelpunkt der Betrachtung stehen die Entscheidungen der Kapitalmarktteilnehmer über das Kaufen, Halten und Verkaufen von Wertpapieren.[97] Ob die Jahresabschlussinformationen auch Bedeutung für diese Investitionsentscheidungen haben können, ist nicht so offensichtlich, wie es zunächst scheint. Bei Annahme einer halbstrengen Informationseffizienz des Kapitalmarktes werden alle öffentlich verfügbaren Informationen umgehend bei der Preisbildung berücksichtigt.[98] Für den einzelnen Marktteilnehmer würde somit eine Auswertung von Jahresabschlüssen überflüssig, weil alle daraus gewonnenen Informationen bereits Preis der Unternehmensanteile verarbeitet wären. Theoretische und empirische Nachweise sprechen gegen die uneingeschränkte Gültigkeit der obigen Annahme auf einem Wertpapiermarkt.[99] Zudem sind zukunftsorientierte Informationen gerade eine notwendige Voraussetzung zur Erreichung der Informationseffizienz.[100] So kann man den Schluss ziehen, dass die Not-

[95] Vgl. *Ijiri*, Control, 1965, S. 1 f.; *Ronen*, Accounting, 1979, S. 452; *Pohlmann*, Bewertungskonzeptionen, 1981, S. 137; so auch *Seicht*, Bilanztheorien, 1970, S. 356 f., der eine ähnliche Unterscheidung vornimmt; *Ballwieser*, Informationsfunktion, 1985, S. 26, der allerdings die Kontrollfunktion in eine Anreiz- und Versicherungsfunktion unterteilt. Diese sind eng verknüpft und werden deshalb in dieser Arbeit zusammengefasst; *Busse von Colbe*, Informationsinstrument, 1993, S. 13; *Moxter*, Überlegenheit, 1995, S. 35 f.; *Dirrigl*, Wertorientierung, 1998, S. 542.

[96] In der Literatur wird auch von Rechenschaft (vgl. *Leffson*, GoB, 1987, S. 63 f.) bzw. Rechenschaft i. e. S. (vgl. *Moxter*, Gewinnermittlung, 1982, S. 219 f.) und von Informationen über den Ergiebigkeitsgrad (vgl. *Schweitzer*, Bilanz, 1972, S. 12) gesprochen.

[97] Vgl. *Moxter*, Überlegenheit, 1995, S. 35.

[98] Vgl. *Schildbach*, Jahresabschluß, 1986, S. 11 m. w. N.; *Böcking*, Verhältnis, 1998, S. 23; *Schneider*, Rechnungswesen, 1997, S. 369 f.

[99] Vgl. *Wagner*, Kapitalmarkt, 1982, S. 761; *Schredelseker*, Nutzen, 1985, S. 136 f.; *Ballwieser*, Kapitalmarkt, 1987, S. 175 f.; *Auer*, Aktionäre, 1997, S. 183 m. w. N.

[100] Vgl. *Lange*, Jahresabschlußinformationen, 1989, S. 172 f.; *Labhart*, Value Reporting, 1999, S. 64 f.; *Mujkanovic*, Fair Value, 2002, S. 36.

wendigkeit besteht, den Investoren prospektive Informationen zur Verfügung zu stellen.[101] Ein Bedarf an solchen Informationen besteht nicht nur bei den Investoren, sondern bei allen Stakeholdern des Unternehmens.[102]

2. Konkretisierung

Die Kapitalgeber als Adressaten des Jahresabschlusses stellen heterogene Gruppen mit unterschiedlichen, sich ständig verändernden Präferenzen und Nutzenkalkülen dar.[103] Diese Präferenzen und Kalküle sind weder dem Unternehmen noch dem Standardsetter genau bekannt. Deshalb lassen sich die Informationsinteressen der Jahresabschlussadressaten nicht unmittelbar aus diesen Präferenzen ableiten. Zur Lösung des Problems kann man den Adressaten rationales Verhalten in Bezug auf die Auswahl der für ihre Entscheidungsmodelle notwendigen Informationen unterstellen. Auf Basis dieser Annahme kann der Versuch unternommen werden, aus induktiv-empirischen Studien Folgerungen über die konkrete Ausgestaltung des Jahresabschlusses zu ziehen.[104] Aufgrund der methodischen Mängel und der relativ allgemeinen Ergebnisse dieser Studien lassen sich aus diesem Ansatz keine Regelungen für den Jahresabschluss ableiten.[105]

Alternativ trifft man bestimmte Annahmen und untersucht, welche Informationsanforderung an den Jahresabschluss sich daraus ergeben. Die getroffenen Annahmen gilt es ständig zu überdenken und auch im Hinblick auf ihre Auswirkungen auf den Jahresabschluss zu überprüfen, damit es nicht zu einer Art Dogmatismus bezüglich der Informationsbedürfnisse von Adressaten kommt.[106] Zur Determinierung der Annahmen existieren zwei Vorgehensweisen:[107] Man kann sie subjektbezogen ermitteln, indem man vor allem die individuellen Informationsbedürfnisse von besonders schutzwürdigen Adressaten berücksichtigt. Dies ist insofern schwierig, als man weder die Prognose- und Entscheidungsmodelle dieser Adressaten noch deren

---

101 Vgl. *Schildbach*, Jahresabschluß, 1986, S. 48.

102 Vgl. *Lange*, Jahresabschlußinformationen, 1989, S. 199-201.

103 Vgl. *Wilsdorf*, Rechnungslegungszwecke, 1988, S. 110.

104 Vgl. *Pohlmann*, Bewertungskonzeptionen, 1981, S. 145. Zu den Ergebnissen von durchgeführten Studien in Form von Adressatenbefragungen, Entscheidungsexperimenten und Studien zu Kapitalmarktreaktionen auf verschiedene Unternehmensinformationen vgl. *Pohlmann*, Bewertungskonzeptionen, 1981, S. 165-181; *Lange*, Jahresabschlußinformationen, 1989, S. 77-86; *Schulz*, Aktienmarketing, 199-221 mit den Ergebnissen einer eigenen Studie in Deutschland; *Hütten*, Geschäftsbericht, 2000, S. 243-245.

105 Vgl. *Lange*, Jahresabschlußinformationen, 1989, S. 87.

106 Vgl. *Ballwieser*, Jahresabschlußverbesserungen, 1982, S. 779.

107 Zu der folgenden Unterscheidung vgl. *Gemünden*, Information, 1993, Sp. 1727 f.

Vorwissen kennt. Daneben kann die Ableitung sachbezogen aus typisierten Entscheidungsproblemen und den damit zusammenhängenden Entscheidungsmodellen erfolgen, wobei eine möglichst große Schnittmenge von Informationsbedürfnissen abgedeckt werden soll. Hierbei kann allerdings der Fall auftreten, dass diese Konsens-Lösung für keinen Adressaten ausreicht, um seine individuellen Entscheidungsprobleme optimal zu lösen.[108]

Unabhängig von der gewählten Vorgehensweise sind für die Festlegung des Informationsbedarfs der Jahresabschlussadressaten im Rahmen ihres Planungs- und Entscheidungsprozesses deren Alternativen und Zielsetzungen zu konkretisieren.[109]

Ein Engagement als Anteilseigner bei dem betrachteten Unternehmen stellt für die Jahresabschlussadressaten nur eine der möglichen Entscheidungsalternativen dar. Sie können ihr Engagement im Hinblick auf diese Alternative ausbauen, beibehalten oder verringern. Den Eigenkapitalgebern stehen unterschiedliche Investitionsobjekte zur Verfügung. Für diese Entscheidungen benötigen sie Informationen über den Beitrag der jeweiligen Alternativen zu ihren Zielsystemen.[110]

Neben den Entscheidungsalternativen sind auch die Zielsetzungen der Adressaten zu beschreiben. Das Interesse privater Eigenkapitalgeber richtet sich vorrangig auf die Optimierung der ihnen aus der Investition zufließenden Nettozahlungsströme im Hinblick auf ihre Konsumvorstellungen. Bei Eigenkapitalgebern interessieren hierbei die künftigen Dividenden sowie die künftigen Aktienkurse, bei Gläubigern die künftigen Zins- und Tilgungszahlungen. Aus Objektivierungsgründen[111] wird jedoch in der Regel nicht auf die adressatenspezifischen Nettozahlungsströme, sondern auf die künftigen Nettozahlungsströme zwischen dem Unternehmen und seiner Umwelt abgestellt. Diese Zahlungsströme determinieren die effektive Ertragslage des Unternehmens.[112] Für die künftigen Nettozahlungsströme zwischen den An-

108 Vgl. *Gemünden*, Information, 1993, Sp. 1727.

109 Zu den Elementen von Entscheidungsprozessen vgl. allgemein *Bea*, Entscheidungen, 2000, S. 303-309.

110 Vgl. *Lange*, Jahresabschlußinformationen, 1989, S. 75 f.

111 Vgl. hierzu ausführlich Teil 4 B. I. 1.

112 Vgl. *Lange*, Jahresabschlußinformationen, 1989, S. 16; *Streim*, Generalnorm, 1994, S. 400; *Wüstemann*, Institutionenökonomik, 2002, S. 58; *Henselmann*, Unternehmensrechnungen, 1999, S. 80, der außerdem noch die Unterschiede zwischen den Nettozahlungsströmen, die den Kapitalgebern aus dem Unternehmen effektiv zufließen und denen, die vom Unternehmen an die Kapitalgeber abfließen, betont. Zurück-

teilseignern und dem Unternehmen lässt sich durch einen Vergleich mit Preisen für Alternativinvestitionen mit möglichst ähnlichen Zahlungsstromdeterminanten ein Preis ermitteln. Er stellt eine Größe für den Wert des Unternehmens und damit für dessen effektive Vermögenslage dar.[113]

Von Interesse ist auch das Insolvenzrisiko des Unternehmens, also die Wahrscheinlichkeit von Kredit- und Tilgungsausfällen. Die Finanzlage und die effektive Ertragslage sind in hohem Maße korreliert.[114] Beide sind abhängig von künftigen Zahlungsströmen zwischen dem Unternehmen und seiner Umwelt. Bei einem vollkommenen Kapitalmarkt sind Finanz- und Ertragslage sogar gänzlich gleichlaufend, da sich in diesem Fall künftige Einzahlungen problemlos beleihen und so auch kurzfristige Liquiditätsengpässe überbrücken lassen.[115] Das primäre Interesse der Jahresabschlussadressaten richtet sich auf die effektive Ertragslage des Unternehmens. Sie kann entweder absolut oder relativ im Verhältnis zu vergangenen Perioden bzw. anderen Unternehmen oder zu einer erwarteten bzw. einer Soll-Ertragslage betrachtet werden.[116] Die effektive Ertragslage stellt das Hauptinteresse[117] der (potenziellen) Eigenkapitalgeber dar, die an künftigen Erfolgen des Unternehmens in Form von Ausschüttungen und Wertsteigerungen ihrer Anteile partizipieren (wollen).[118] Zur Abschätzung der Insolvenzwahrscheinlichkeit benötigen auch Gläubiger und andere Stakeholder Informationen zur effektiven Ertragslage. Die Ansprüche dieser Interessengruppen, wie nachhaltige Geschäftsbeziehungen mit Lieferanten und Kunden sowie gesicherte Arbeitsplätze, können nur erfüllt werden, wenn das Unternehmen fortbesteht.[119] Informationen über die effektive Ertragslage des Unternehmens stellen somit wichtige Informationen für alle Entscheidungen von Stakeholder dar. Gleichzeitig korrespondieren sie mit dem Informations-

---

zuführen sind die Unterschiede auf Verbundeffekte mit anderen Investitionsobjekten sowie auf Transaktionskosten und Steuern.

113 Vgl. *Moxter*, Unternehmensbewertung, 1983, S. 9 f.; *Moxter*, Überlegenheit, 1995, S. 36 f.

114 Vgl. *Moxter*, Gewinnermittlung, 1982, S. 222; *Lange*, Jahresabschlußinformationen, 1989, S. 126.

115 Vgl. *Lange*, Jahresabschlußinformationen, 1989, S. 16; *Wüstemann*, Institutionenökonomik, 2002, S. 59.

116 Vgl. *Moxter*, Überlegenheit, 1995, S. 35 f.; *Moxter*, Prüfung, 1996, S. 676.

117 In Einzelfällen können nicht-finanzielle Ziele im Vordergrund stehen. Beispielsweise können Aktionäre mit dem Erwerb bzw. Halten ihrer Anteile vornehmlich eine Einflussnahme auf die Unternehmenspolitik anstreben.

118 Vgl. *Drukarczyk*, Theorie, 1993, S. 75-78; *Moxter*, Rechnungslegungsmythen, 2000, S. 2144; zur genauen Herleitung des Zieles sowie zu den Ausnahmefällen vgl. *Riedl*, Performance, 2000, S. 94-98; *Wüstemann*, Institutionenökonomik, 2002, S. 58.

119 Vgl. *Riedl*, Performance, 2000, S. 133.

bedarf der Kapitalgeber, die aus oben genannten Gründen die zentralen Jahresabschlussadressaten darstellen. Es ergibt sich sowohl aus funktionaler als auch aus adressatenspezifischer Sicht das Bedürfnis nach Informationen über die effektive Ertragslage des Unternehmens.

Informationen über die effektive Ertragslage des Unternehmens sind zukunftsbezogen bzw. prognoseorientiert. Eine Prognoseorientierung kann entweder unmittelbar oder mittelbar im Jahresabschluss berücksichtigt werden. Zum einen kann er Prognosen in Bezug auf die künftige Entwicklung des für die Adressaten relevanten Zielstroms[120] enthalten, zum anderen können im Rahmen einer mittelbaren Prognoseorientierung vergangene bzw. gegenwärtige Sachverhalte so dargestellt und erläutert werden, dass sie für eine Prognose der relevanten Zielgrößen durch die Adressaten verwendet werden können.[121]

Unmittelbaren Prognosen haben sich auf die künftigen Zahlungsströme zwischen dem Unternehmen und den Kapitalgebern im Allgemeinen und den Eigenkapitalgebern im Speziellen und auf die Zahlungsströme zwischen dem Unternehmen und seiner Umwelt zu richten. Eine Verdichtung dieser Zahlungsstromerwartungen auf eine Kennzahl stellt der so genannte shareholder value-Ansatz dar. Dabei bestimmt man den Marktwert des Eigenkapitals des Unternehmens, indem man die erwarteten Zahlungsströme mit einem Kapitalisierungszinssatz diskontiert, der sowohl den Zeitwert des Geldes als auch die (durchschnittlichen) Renditeforderungen der Anteilseigner berücksichtigt.[122] Eine unmittelbare Prognose der effektiven Ertragslage besteht nach diesem Ansatz in einer Darstellung der Veränderung des shareholder value in einer bestimmten Periode.[123]

Eine bilanztheoretische Konzeption zur Darstellung dieser Veränderung stellt der ökonomische bzw. kapitaltheoretische Gewinn dar. Er entspricht dem in eine uniforme Zahlungsreihe umgewandelten Gesamtzahlungsstrom des Unternehmens bzw. der Verzinsung des Zukunftserfolgswerts (repräsentiert durch dessen Ertragswert, der sich als Barwert der künftigen Cashflows ergibt) mit dem Kalkulationszinssatz während der Betrachtungsperi-

---

120 Vgl. zu diesem Begriff *Wüstemann*, Institutionenökonomik, 2002, S. 61 f.

121 Vgl. *Moxter*, Rechnungslegungsmythen, 2000, S. 2148; *Streim*, Vermittlung, 2000, S. 115; *Wüstemann*, Institutionenökonomik, 2002, S. 23 f.

122 Vgl. *Rappaport*, Shareholder value, 1999, S. 46-48; *Busse von Colbe*, Shareholder Value, 1997, S. 272; *Riedl*, Performance, 2000, S. 179 f.

123 Vgl. *Moxter*, Rechnungslegungsmythen, 2000, S. 2144.

ode.[124] Der ökonomische Gewinn stellt für die Jahresabschlussadressaten keine zusätzliche entscheidungsrelevante Information dar. Für seine Ermittlung werden die künftigen Nettozahlungsströme vorausgesetzt, die auch für die Berechnung des shareholder value notwendig sind.[125] Vielmehr dient der ökonomische Gewinn als Grundlage für die Bemessung von Ausschüttungen unter der Prämisse der Erhaltung des Ertragswertes des Unternehmens.[126]

Eine isolierte Darstellung des shareholder value und dessen Veränderung in einer Periode ist mit Problemen verbunden. Er basiert auf einer Schätzung künftiger Cashflows. Die prognostizierten Cashflows sind ebenso wie der daraus resultierende shareholder value subjektive Größen.[127] Implizit wird bei seiner Berechnung durch die Unternehmensleitung eine durchschnittliche typisierte Risikoeinstellung[128] und Zeitpräferenz sowie ein vollständig diversifiziertes Portfolio von Einkommensquellen[129] bei den Anteilseignern unterstellt. Bei abweichenden Präferenzen bzw. Voraussetzungen entspricht die Maximierung des shareholder value nur zufällig den Zielen der Anteilseigner.[130] Zudem kann eine Änderung des shareholder value des Unternehmens lediglich auf eine Änderung des Kalkulationszinssatzes zurückzuführen sein. Änderungen künftiger Zahlungsströme lassen sich nicht

---

124 Vgl. *Schneider*, Bilanzgewinn, 1963, S. 457-474; *Seicht*, Bilanztheorien, 1970, S. 511 f.; *Scherrer*, Gewinn, 1993, Sp. 739 f.

125 Vgl. *Wagner*, Periodenabgrenzung, 1994, S. 1181.

126 Vgl. *Scherrer*, Gewinn, 1993, Sp. 739 f. Im Zusammenhang mit der Bemessung von Ausschüttungen ergeben sich konzeptionelle Schwächen des ökonomischen Gewinns. Eine solche Ausschüttungsregel unterliegt insofern einem Zirkelschluss, als die Umwandlung des Gesamtzahlungsstromes in eine uniforme Zahlungsreihe das Vorhandensein eines vollkommenen Kapitalmarktes impliziert. Auf einem solchen wäre aber die Höhe der Ausschüttung unerheblich für die Investoren. Sie könnten am Kapitalmarkt durch Investitionen bzw. Kredite einen Zahlungsstrom in Höhe des ökonomischen Gewinns nachbilden. Vgl hierzu *Wagner*, Periodenabgrenzung, 1994, S. 1181 f.

127 Vgl. *Moxter*, Gewinnkonzeptionen, 1998, S. 218.

128 Vgl. *Henselmann*, Unternehmensrechnungen, 1999, S. 158.

129 Vgl. *Wüstemann*, Institutionenökonomik, 2002, S. 58.

130 Vgl. *Moxter*, Präferenzstruktur, 1964, S. 12; *Moxter*, Grundsätze, 1966, S. 38; *Ballwieser*, Shareholder Value, 1994, S. 1391 f. Nur unter bestimmten Bedingungen entspricht die Maximierung des shareholder value auch der Zielsetzung aller Anteilseigner. Im Hinblick auf das Management von börsennotierten Unternehmen existiert bisher jedoch keine praktisch umsetzbare Alternative zu diesem Konzept; vgl. hierzu ausführlich *Drukarczyk*, Theorie, 1993, S. 75-78; *Ballwieser*, Shareholder Value, 1994, S. 1392 f.

durch eine einwertige Größe sachgerecht abbilden.[131] Daraus folgt, dass unmittelbare Prognosen sich nicht auf die Angabe einer einzigen Größe beschränken dürfen, sondern in differenzierter und mehrwertiger Form zu erfolgen haben. Beispielsweise sind Schätzungen von Bandbreiten oder Wahrscheinlichkeitsverteilungen den Punktschätzungen vorzuziehen.[132]

Die unmittelbaren Prognosen beruhen notwendigerweise auf subjektiven Erwartungen und Einschätzungen der Unternehmensleitung, die sich nicht verifizieren lassen. Dennoch sind differenzierte Prognosen von Zahlungsstromerwartungen und deren Einflussfaktoren für die Jahresabschlussadressaten von hoher Relevanz: Die Prognosen spiegeln die Einschätzung der künftigen Entwicklung aus Sicht der Unternehmensleitung wider, die aufgrund ihres Informationsstandes eine fundiertere Prognose als Unternehmensexterne abgeben kann. Der Anreiz zu vorsätzlichen Fehlprognosen ist dadurch begrenzt, dass bei häufigen und großen Abweichungen zwischen Prognose und tatsächlicher Entwicklung Reputationsverluste für das Unternehmen bzw. für dessen Management zu befürchten sind.[133] Die negativen Auswirkungen von Fehlprognosen lassen sich verringern, indem unmittelbar prognoseorientierte Informationen als solche kenntlich gemacht werden. Dies ermöglicht es den Adressaten, die Unsicherheit dieser Informationen in ihrem Entscheidungskalkül zu berücksichtigen.

Unmittelbare Prognosen können sich auf die künftigen Nettozahlungsströme und deren Determinanten, auf geplante Projekte und Strategien der Unternehmensleitung und deren Auswirkungen auf den künftigen Unternehmenserfolg sowie auf erwartete Entwicklungen auf Beschaffungs- und Absatzmärkten beziehen.[134]

Die mittelbare Prognoseorientierung von Jahresabschlussinformationen besteht in einer geeigneten Aufbereitung und Darstellung von vergangenen Sachverhalten, aus denen sich eine Größe ableiten lässt, die bei Annahme gleichbleibender Rahmenbedingungen als Indikator für die künftigen durchschnittlichen Nettozahlungsströme an die Anteilseigner dient.[135] Zusammen

---

131 Vgl. *Moxter*, Gewinnermittlung, 1982, S. 54; *Kahle*, Informationsversorgung, 2002, S. 99.

132 Vgl. *Labhart*, Value Reporting, 1999, S. 123.

133 Vgl. *Böcking*, Verhältnis, 1998, S. 44 f.; *Moxter*, Rechnungslegungsmythen, 2000, S. 2148.

134 In Anlehnung an *Henselmann*, Unternehmensrechnungen, 1999, S. 116; vgl. auch *Wüstemann*, Institutionenökonomik, 2002, S. 85.

135 Vgl. *Wagner*, Periodenabgrenzung, 1994, S. 1185; *Wüstemann*, Institutionenökonomik, 2002, S. 75.

mit Prognosen und Erwartungen in Bezug auf die künftige Entwicklung dieser Rahmenbedingungen kann sich eine solche Größe als Prognosegrundlage für künftige Unternehmenserfolge eignen. Als ein solcher Indikator kommen bisherige Zahlungsüberschüsse in Betracht. Diese können jedoch im Zeitablauf unregelmäßig anfallen. So lassen zahlungsstrombasierte Prognosen begründete Erwartungen der Unternehmensleitung über den Erfolg von Investitionen als auch Annahmen über die Bildung bzw. Auflösung von Erfolgspotenzialen unberücksichtigt. Alle Auszahlungen einer Periode werden unabhängig von den daraus erwarteten Nutzenströmen den in dieser Periode anfallenden Einzahlungen gegenübergestellt.[136]

Alternativ kann eine periodisierte Gewinngröße als Indikator für die künftigen durchschnittlichen Nettoausschüttungen herangezogen werden.[137] Aus einer betriebswirtschaftlichen Sichtweise heraus spiegelt diese den finanziellen Erfolg wider, der bei einer ständigen Wiederholung der Bedingungen der abgelaufenen Periode im Durchschnitt in jeder künftigen Periode erzielbar und dessen Ausschüttung somit in der Betrachtungsperiode und in jeder künftigen Periode möglich wäre.[138] Die Orientierung an den Informationsinteressen der Anteilseigner ergibt sich daraus, dass der so ermittelte Gewinn ein Effektivausschüttungsniveau ausdrückt, das als erste Komponente eines gleichförmigen Nettoausschüttungsstroms betrachtet werden kann.[139] Durch Kapitalisierung des Nettoausschüttungsstroms lässt sich der Unternehmenswert bestimmen.[140] Der Gewinn wird somit zum Indikator für künftige Ausschüttungserwartungen. Allerdings gibt er diese insofern nur unvollständig wieder, als er keine Aussage über die zeitliche Verteilung der erwarteten Ausschüttungen macht.[141] Darüber hinaus unterstellt diese Konzeption implizit eine kausal-logische Verbindung zwischen[142]

(1) aktuellen und künftigen Gewinnen
(2) künftigen Gewinnen und künftigen Nettoausschüttungen
(3) künftigen Nettoausschüttungen und dem Unternehmenswert

---

136 Vgl. *Wagner*, Periodenabgrenzung, 1994, S. 1186.

137 Vgl. *Engels*, Bemerkungen, 1976, S. 44-48. A. a. *Schneider*, Gewinnermittlung, 1983, S. 1054, der ausführt, dass diese Gewinnkonzeption keine Zusatzinformationen gebe.

138 Vgl. *Moxter*, Bilanzlehre I, 1984, S. 124; *Moxter*, Unternehmensbewertung, 1983, S. 108.

139 Vgl. *Moxter*, Bilanzlehre I, 1984, S. 124.

140 Vgl. *Wagner*, Periodenabgrenzung, 1994, S. 1184.

141 Vgl. *Moxter*, Erwartungen, 1962, S. 610-613; *Moxter*, Gewinnkonzeptionen, 1998, S. 219 f.

142 Vgl. *Beaver*, Financial Reporting, 1989, S. 69.

Als theoretisch fundiert kann bei Beschränkung auf monetäre Ziele nur die dritte Verbindung angesehen werden.[143] Für die Zusammenhänge (1) und (2) liefern weder empirisch-induktive[144] noch logisch-deduktive[145] Forschungsansätze überzeugende Begründungen. Annahme (1) wäre beispielsweise dann erfüllt, wenn sich vergangene Trends auch in der Zukunft fortsetzen.[146] Somit würden stabile Rahmenbedingungen unterstellt werden. In der Realität unterliegt das Umfeld des Unternehmens jedoch einem stetigen Wandel, der in den letzten Jahren mit immer höherer Geschwindigkeit vonstatten ging.[147]

Schließlich stellt sich bei der praktischen Umsetzung dieses Konzeptes die Frage, nach welchen Kriterien die Periodisierung von Zahlungsüberschüssen vorgenommen werden soll. Die Periodisierung erfordert ein Urteil über künftige Entwicklungen (z. B. über den Wertverzehr) und künftige Zahlungsströme (z. B. über die künftigen Einzahlungen, die auf Auszahlungen mit investivem Charakter zurückgehen), wodurch sich Ermessensspielräume für den Jahresabschlussersteller ergeben.[148]

Die Eignung vergangener Gewinne für die Prognose künftiger Erfolge des Unternehmens ist somit beschränkt. Die Auswertung von Vergangenheitsdaten kann Anhaltspunkte für die Bedeutung einzelner Bestimmungsgrößen sowie für die Auswirkungen von Veränderungen dieser Größen auf den Erfolg des Unternehmens geben.[149] Voraussetzung ist, dass bei der Darstellung des Gewinns der Berichtsperiode die Daten im Jahresabschluss so aufgegliedert sind, dass sie den Adressaten eine Analyse des Erfolgs im

---

[143] Vgl. *Moxter*, Unternehmensbewertung, 1983, S. 79; *Henselmann*, Unternehmensrechnungen, 1999, S. 45 f. u. 78 f.

[144] Vgl. *Streim*, Vermittlung, 2000, S. 121 f., wonach in bisherigen Studien diese Zusammenhänge nicht bestätigt werden konnten und die Bedeutung von Jahresabschlüssen vielmehr in der Bestätigung von Prognosen über die künftige Unternehmensentwicklung und nicht in seiner Prognoseeignung liegt.

[145] Vgl. *Streim*, Vermittlung, 2000, S. 122-124, der das Modell von Feltham/Ohlson anführt, das eine Beziehung zwischen Periodengewinnen und künftigen Gewinnen herstellt (vgl. hierzu auch *Labhart*, Value Reporting, 1999, S. 114-116). Er kommt allerdings zu dem Schluss, dass das Modell Prognoseprobleme durch die Annahme einer linearen Entwicklung künftiger Residualgewinne (definiert als Periodengewinn abzüglich kalkulatorischer Zinsen auf das Eigenkapital zu Buchwerten zu Periodenbeginn) „schlicht und einfach wegdefiniert“ (*Streim*, Vermittlung, 2000, S. 124).

[146] Vgl. *Ordelheide*, Wettbewerb, 1998, S. 23; *Streim*, Vermittlung, 2000, S. 125.

[147] Vgl. *Kawlath*, Unternehmenserfolge, 1997, S. 200.

[148] Vgl. *Wagner*, Periodenabgrenzung, 1994, S. 1188-1190; *Schmidt*, Rechnungslegung, 2000, S. 62; *Schreiber/Kahle*, Periodisierung, 2002, Sp. 1640.

[149] Vgl. *AICPA*, Reporting, 1994, Chapter 3; *Moxter*, Gewinnkonzeptionen, 1998, S. 220.

Hinblick auf dessen Struktur und Quellen ermöglichen.[150] Eine solche Aufgliederung dient der Verdeutlichung von Wirkungszusammenhängen zwischen dem finanziellen Erfolg des Unternehmens und dessen Bestimmungsgrößen und schränkt die Manipulierbarkeit des Gewinns ein.[151]

Im Rahmen der mittelbaren Prognoseorientierung können den Kapitalgebern antizipative Daten zur Verfügung gestellt werden, auf deren Grundlage sie Tendenzen in Bezug auf die künftige Erfolgsermittlung ableiten und gegebenenfalls Prognosen über die künftigen Zahlungsströme entwickeln können. Voraussetzung für künftige Cash-Inflows sind Erfolgspotenziale bzw. strategische Wettbewerbsvorteile, wie Produktqualität, Managementqualität, Marktposition und Produktneuentwicklungen. Diese werden in der Regel durch langfristige Investitionen aufgebaut.[152] Im Rahmen des Leistungserstellungs- und Leistungsverwertungsprozesses werden diese Wettbewerbsvorteile realisiert. Die Realisierung vollzieht sich in Stufen: Die Unternehmensleitung trifft Entscheidungen, darauf aufbauend werden entsprechende Verträge geschlossen, die Lieferung bzw. Leistung erfolgt und schließlich kommt es zum Zufluss von Zahlungsmitteln bzw. Zahlungsmitteläquivalenten. Diese Stufen bauen als Glieder einer Kausalkette logisch aufeinander auf, wobei von Glied zu Glied die Wahrscheinlichkeit einer Einzahlung zunimmt. Bei jedem Vorgang des Unternehmensgeschehens besteht so lange Unsicherheit über den daraus resultierenden Erfolg bis schließlich ein unbedingter Zufluss von Zahlungsmitteln stattgefunden hat.[153] Für Hypothesen über die künftigen Zahlungsströme sind somit Informationen über Wettbewerbsvorteile sowie über Erfolge auf den verschiedenen Stufen des Güter- bzw. Leistungserstellungsprozesses notwendig. Die Adressaten sollen dadurch in die Lage versetzt werden, die künftigen Zahlungsströme zwischen dem Unternehmen und seiner Umwelt zumindest approximativ abzuschätzen.[154]

---

150 Vgl. *Coenenberg*, Ertragslage, 1986, S. 162; *Moxter*, Grundwertungen, 1997, S. 355.

151 Vgl. *Schmidt*, Rechungslegung, 2000, S. 63.

152 Vgl. *Hansjürgens*, Investitionen, 1995, S. 1898.

153 Vgl. *Ordelheide*, Periodengewinn, 1988, S. 282 f.

154 Ähnlich *Ordelheide*, Wertpotential, 1999, S. 510, der die IFRS mit den Bilanzierungsvorschriften des dHGB und des öHGB dahingehend untersucht, welches Wertpotenzial des Unternehmens in den jeweiligen Jahresabschlüssen erfasst wird.

II. Steuerungs- und kontrollfunktionale Interpretation

1. Notwendigkeit von steuerungs- und kontrollrelevanten Informationen

Die zweite oben angeführte Möglichkeit zur Konkretisierung der Informationsfunktion ist die Interpretation des Jahresabschlusses als Steuerungs- und Kontrollinstrument. Diese Interpretation hat vor allem bei Jahresabschlüssen von Publikumskapitalgesellschaften Bedeutung. Bei diesen stehen in der Regel auch die Eigentümer außerhalb der Unternehmensleitung. Das Verhältnis zwischen Unternehmensleitung und Eigentümern ist von asymmetrischer Information geprägt. Das Management hat einen besseren Einblick in die Lage und Entwicklung des Unternehmens als Externe. Unterstellt man der Unternehmensleitung als Ziel eine Maximierung des eigenen Nutzens, muss dieses Ziel nicht deckungsgleich sein mit den Zielen der Eigentümer, nämlich im finanziellen Bereich der nachhaltigen Steigerung des Unternehmenswerts.[155] Aus dieser Konstellation ergeben sich Kosten infolge von Managemententscheidungen, die sich aus Sicht der Eigentümer als suboptimal erweisen (residual loss), infolge von Kontrollmaßnahmen (monitoring costs) und infolge einer Einengung des Entscheidungsspielraums durch spezielle Regelungen des Anreizsystems (bonding costs).[156] Der Jahresabschluss kann unter Steuerungs- und Kontrollaspekten einen Beitrag zur Verringerung dieser Kosten leisten. Er dient als Anknüpfungspunkt für Anreizsysteme[157] sowie als Rechenschaftsinstrument der Unternehmensleitung in Bezug auf ihre Tätigkeit in der vergangenen Periode.[158]

2. Konkretisierung

Durch das Setzen von Anreizen soll die Unternehmensleitung dazu motiviert werden, sich bei ihren Entscheidungen an den Zielen der Eigentümer zu orientieren. Ein Anreizsystem stellen leistungsabhängige Vergütungsbestandteile dar.[159] Als Bemessungsgrundlage können die Entwicklung des

---

[155] Vgl. *Schildbach*, Jahresabschluß, 1986, S. 73 f.; *Leffson*, GoB, 1987, S. 56 f.; *Franke*, Agency-Theorie, 1993, Sp. 45-47; zu den unterschiedlichen Zielen vgl. *Drukarczyk*, Theorie, 1993, S. 7, 621 f.; der steuerungs- und kontrollorientierte Ansatz baut auf die Prinzipal-Agent- bzw. Agency-Theorie auf. Vgl. zu diesem Zusammenhang ausführlich *Hartmann-Wendels*, Informationsökonomie, 1991, S. 145-190 m. w. N.

[156] Vgl. *Drukarczyk*, Theorie, 1993, S. 622.

[157] Vgl. *Ballwieser*, Informationsfunktion, 1985, S. 26; *Hartmann-Wendels*, Informationsökonomie, 1991, S. 359 f.; *Drukarczyk*, Theorie, 1993, S. 8 f.

[158] Vgl. *Leffson*, GoB, 1987, S. 66; *Hartmann-Wendels*, Informationsökonomie, 1991, S. 354 f.; *Drukarczyk*, Theorie, 1993, S. 8 f.

[159] Vgl. *Hirst*, Rechenschaftspflicht, 1998, S. 98 f.

Aktienkurses (bereinigt um Dividenden) oder jahresabschlussbasierte Kennzahlen dienen.[160] Bei letzteren ist Voraussetzung, dass sich aus dem Jahresabschluss eine Erfolgsgröße ergibt oder ableiten lässt, die ein Maß für die Veränderung des Unternehmenswerts darstellt. Diese Veränderung wird bei Anreizsystemen als Zielgröße der Anteilseigner unterstellt.[161] Durch finanzielle Anreize, die sich an der jahresabschlussbasierten Erfolgsgröße orientieren, sollen die Interessen der Unternehmensleitung mit denen der Eigentümer verknüpft werden. Auf diese Weise soll der residual loss infolge suboptimaler Entscheidungen verringert werden.[162]

Hieraus ergeben sich eine inhaltliche und eine qualitative Anforderung an die Ausgestaltung des Jahresabschlusses. Inhaltlich muss er Informationen für die Ermittlung unternehmenswertorientierter Kennzahlen bzw. Erfolgsgrößen bereitstellen, die als Anknüpfungspunkt für Anreizsysteme verwendet werden können. Unter qualitativen Gesichtspunkten sind die Bilanzierungsregeln so auszugestalten, dass die Bemessungsgrundlage der erfolgsabhängigen Vergütung nicht durch die Unternehmensleitung beeinflusst werden kann. Die Möglichkeit zu solchen Beeinflussungen besteht sowohl bei jahresabschlussbasierten als auch bei aktienkursbasierten Bemessungsgrundlagen. Bei letzterer kann die Beeinflussung nur indirekt erfolgen, indem das Management die Informationen des Jahresabschlusses so darstellt, dass sich kurzfristige Aktienkurssteigerungen ergeben.[163]

Neben der Bemessung von leistungsorientierten Vergütungsbestandteilen dient der Jahresabschluss der Kontrolle der Leistung des Managements.[164] Dafür gibt es mehrere Beurteilungskriterien. Im Jahresabschluss wird primär der finanzielle Erfolg der Periode herangezogen.[165] Für die Kontrolle ist es notwendig, geeignete Sollmaßstäbe zu entwickeln. Erst auf Grundlage eines Soll-Ist-Vergleichs lassen sich Aussagen über die Leistung des Man-

---

[160] Vgl. dazu ausführlich *Kelle*, Stock Options, 2002, S. 22-26.

[161] Vgl. *Elschen*, Prinzipal-Agent, 1998, S. 559.

[162] Weniger relevant ist das Ziel, den Arbeitseinsatz der Unternehmensleitung zu steigern. Hierbei würde man einen kausalen Zusammenhang zwischen finanziellen Anreizen für das Management, dessen Arbeitseinsatz und dem Erfolg des Unternehmens unterstellen. Diese Annahme ist in der Realität nicht eindeutig gegeben; so auch *Laux*, Erfolgsbeteiligungen, 1994, S. 1263 f.

[163] Vgl. *Hoffmann/Lüdenbach*, Rechnungslegung, 2002, S. 542 f.

[164] Vgl. *Moxter*, Gewinnermittlung, 1982, S. 219; *Leffson*, GoB, 1987, S. 67 f.; *Böcking*, Verhältnis, 1998, S. 25; *Streim*, Vermittlung, 2000, S. 114.

[165] Vgl. *Leffson*, Rechenschaft, 1968, S. 8-10; *Baetge*, Objektivierung, 1970, S. 24; *Drukarczyk*, Theorie, 1993, S. 623.

agements treffen[166] und die gebotenen Mitwirkungsrechte ausüben[167] bzw. bei einer unbefriedigenden Entwicklung die Anteile verkaufen. Die Festlegung der Sollvorgaben obliegt den Adressaten des Jahresabschlusses. Erfolge vergangener Perioden oder anderer vergleichbarer Unternehmen bzw. Investitionsobjekte können hierfür Anhaltspunkte sein.[168] Zusätzlich sind detaillierte Informationen über die geplanten Entscheidungen der Unternehmensleitung sowie über mögliche Alternativen zu diesen Entscheidungen notwendig.[169]

Die Erfolgskontrolle bezieht sich auf eine vergangene Periode. Sie kann bisherige Erwartungen der Jahresabschlussadressaten bestätigen oder widerlegen. Außerdem ist sie trotz ihrer Bezugnahme auf eine abgelaufene Berichtsperiode auch zukunftsorientiert. Die Entscheidungen des Managements induzieren einen Erfolgsstrom, der sich regelmäßig über mehrere Berichtsperioden erstreckt, wobei bezüglich der sich künftigen noch ergebenden Erfolgsbeiträge aus noch nicht vollständig abgeschlossenen Transaktionen Unsicherheit besteht.[170] Für eine Beurteilung der Leistung des Managements sind Informationen über alle Erfolgsbestandteile der Periode in differenzierter Form notwendig. Dazu zählen sowohl die operativen Erfolge aus dem Leistungserstellungs- und Leistungsverwertungsprozess der Periode als auch die Veränderungen von Erfolgspotenzialen, die auf Dispositionen der Unternehmensleitung in der Periode zurückzuführen sind.[171] Beide beeinflussen die Veränderung des Unternehmenswertes in der Periode. Neben dieser inhaltlichen Anforderung ergibt sich aus der Kontrollfunktion die Notwendigkeit, die Bilanzierungsregeln so auszugestalten, dass opportunistisches Verhalten des Managements bei der Rechenschaft über die Erfolge der vergangenen Periode so weit wie möglich unterbunden wird. Der Zweck eines solchen Verhaltens besteht für das Management darin, die Entscheidungen der Unternehmenseigner über die Fortsetzung des Arbeitsverhältnisses und der Eigen- und Fremdkapitalgeber über die Bereitstellung (zusätzlicher) Mittel zu ihren Gunsten zu beeinflussen.[172]

---

166 Vgl. *Moxter*, Gewinnermittlung, 1982, S. 220; *Drukarczyk*, Theorie, 1993, S. 623; *Wüstemann*, Institutionenökonomik, 2002, S. 59.

167 Vgl. *Egner*, Bilanzen, 1974, S. 31 f.; *Moxter*, Gewinnermittlung, 1982, S. 219.

168 Vgl. *Moxter*, Gewinnermittlung, 1982, S. 220.

169 Vgl. *Moxter*, Gewinnermittlung, 1982, S. 220; *Flury*, Gewinnerläuterungsprinzipien, 1999, S. 44, 58.

170 Vgl. *Laux/Liermann*, Erfolgskontrolle, 1986, S. 13.

171 Vgl. *Streim*, Vermittlung, 2000, S. 115.

172 Vgl. *Hoffmann/Lüdenbach*, Rechnungslegung, 2002, S. 542.

Ein Vergleich des Informationsbedarfs für die Beurteilung der in der Periode erbrachten operativen und strategischen Managementleistung mit demjenigen für die Einschätzung der künftigen Entwicklung des Unternehmens ergibt eine grundsätzliche Übereinstimmung. Für beide Teilaufgaben des Jahresabschlusses sind differenzierte Informationen über künftige Nettozahlungsströme zwischen dem Unternehmen und den Kapitalgebern bzw. dem Unternehmen und seiner Umwelt und deren Veränderung in der Betrachtungsperiode notwendig. Unterschiede bestehen lediglich in zwei Punkten: im Rahmen der Prognose der Unternehmensentwicklung durch die Jahresabschlussadressaten sind geplante bzw. mögliche künftige Entscheidungen der Unternehmensleitung relevant,[173] während derartige Informationen für die Beurteilung der Leistung des Managements in der abgelaufenen Periode von untergeordneter Bedeutung sind. Hierfür werden nur die Dispositionen dieses Zeitraums, mögliche Entscheidungsalternativen sowie deren künftige Wirkungen betrachtet. Hingegen verleiht die Steuerungs- und insbesondere die Kontrollfunktion der Forderung nach Unbeeinflussbarkeit der Jahresabschlussinformationen ein vergleichsweise stärkeres Gewicht. Gleichwohl ergibt sich aus beiden Teilaspekten der Informationsfunktion die gemeinsame Anforderung an den Jahresabschluss, Informationen für die Prognose bzw. Einschätzung der wirtschaftlichen Entwicklung des Unternehmens bereitzustellen.

E. Aussagemöglichkeiten und -grenzen des Jahresabschlusses

I. Beschränkung auf finanzielle Informationen

Empirische Erhebungen deuten darauf hin, dass antizipative Daten für die Planung und Entscheidung der Stakeholder von Bedeutung sind.[174] Der Jahresabschluss ist aufgrund seiner Vergangenheitsorientierung und seiner Fokussierung auf finanzielle Größen nur bedingt für die Bereitstellung solcher Daten geeignet.[175] Vor allem Daten zu Wettbewerbsvorteilen sind häufig nicht (wie z. B. Unternehmensstrategien) oder nur durch Kennzahlen und Indikatoren (wie z. B. Marktanteil, Produktqualität und Kundenzufriedenheit)

---

[173] Vgl. *Streim*, Vermittlung, 2000, S. 115.

[174] Zu Erhebungen der Informationsansprüche von institutionellen Anlegern und Privatanlegern vgl. *Hütten*, Geschäftsbericht, 2000, S. 243-245; zu den Ansprüchen von Investoren vgl. *Mueller*, Model, 1998, S. 76 f. Auch die von der AICPA im Rahmen einer Untersuchung der Informationsbedürfnisse durchgeführten Befragungen von Adressaten der externen Rechnungslegung (Jenkins Report) bestätigt die große Bedeutung solcher antizipativer Größen, vgl. *AICPA*, Reporting, 1994.

[175] Vgl. *Kawlath*, Unternehmenserfolge, 1997, S. 199 f.; *Flury*, Gewinnerläuterungsprinzipien, 1999, S. 48; *Streim*, Vermittlung, 2000, S. 126 f.

quantifizierbar.[176] Über die nicht-finanziellen Faktoren kann nur außerhalb der Bilanz und der Erfolgsrechnung berichtet werden.[177] In Frage kommen eine freiwillige[178] oder eine geprüfte[179] Publikation im Anhang bzw. in den notes oder im Lagebericht. Die Vorschläge zur Erfassung von nicht-finanziellen Größen reichen von externen Balanced Scorecards[180] bzw. Intellectual Property Statements[181] bis zu Ursache-Wirkungs-Diagrammen[182].

Die Hauptaufgabe des Jahresabschlusses besteht indes in einer quantitativen Abbildung der wirtschaftlichen Lage des Unternehmens. Unter Beachtung dieser Restriktion stellt sich die Frage, auf welche Weise sich strategische Investitionen sowie Zahlungsstromerwartungen und deren Determinanten im Jahresabschluss abbilden lassen [183] und wie diese zum Teil auf Prognosen der Unternehmensleitung beruhenden Größen beispielsweise durch zusätzliche Erläuterungen oder disaggregierte Ergänzungsrechnungen verdeutlicht werden können.[184]

II. Kosten im Zusammenhang mit der Bereitstellung und Auswertung entscheidungsrelevanter Informationen

Bei der Forderung nach Vermittlung entscheidungsrelevanter Informationen durch den Jahresabschluss sind die Kosten der Bereitstellung und Auswertung dieser Informationen zu beachten. Dabei werden Kosten umfassend definiert als in Geldeinheiten bewertete negative Erfolgskomponenten, die durch die Informationsermittlung und -vermittlung sowohl beim Ersteller als auch bei den Adressaten des Jahresabschlusses entstehen. Dazu zählen sowohl direkte Kosten durch die Datenermittlung und -verarbeitung sowie der Veröffentlichung und Prüfung der Informationen als auch indirekte Kos-

---

176 Vgl. *Coenenberg*, Jahresabschluss, 2003, S. 923.

177 Vgl. *FASB*, Challenges, 2001, S. 52.

178 Vgl. *Küting/Ulrich*, Abbildung, 2001, S. 1003.

179 Vgl. *Coenenberg*, Ertragslage, 1986, S. 162 f.; *Kawlath*, Unternehmenserfolge, 1997, S. 206.

180 Vgl. *Günther*, Rechnungslegung, 2002, Sp. 2671; *FASB*, Challenges, 2001, S. 30-32.

181 Vgl. *Maul/Menninger*, Ergänzung, 2000, S. 531-533. Einige Unternehmen haben bereits solche Aufstellungen zu nicht-finanziellen Faktoren veröffentlicht. So z. B. Skandia ASF, vgl. *FASB*, Challenges, 2001, S. 32-37, CELEMI, vgl. *Klingebiel*, Entwicklungslinien, 2001, S. 57-59 und Shell, vgl. *Eccles u. a.*, ValueReporting, 2002, S. 213-218.

182 Vgl. *Günther*, Rechnungslegung, 2002, Sp. 2671; als Beispiel sei das Value Chain Scoreboard angeführt, vgl. *Lev*, Intangibles, 2001, S. 110-118.

183 Vgl. *Moxter*, Rechnungslegungsmythen, 2000, S. 2145.

184 Vgl. *Ordelheide*, Rechnungslegung, 1999, S. 234; Moxter, Rechnungslegungsmythen, 2000, S. 2148.

ten durch eventuelle Wettbewerbsnachteile bei dem Unternehmen und durch die Auswertungszeit bei den Adressaten.[185]

Theoretisch sind den Kosten die Nutzeffekte der Informationen gegenüberzustellen. Auf individueller Ebene bestehen diese Nutzeffekte in einer Verbesserung der Entscheidungsqualität für die Adressaten und einer Verminderung der Kapitalkosten für die Ersteller infolge einer Verringerung von Informationsasymmetrien zwischen der Unternehmensleitung und den Kapitalgebern. Auf gesellschaftlicher Ebene ergeben sich Vorteile durch eine Annäherung an eine gesamtwirtschaftlich optimale Kapitalallokation.[186] Die Nutzeffekte sind in objektive Größen wie Geldeinheiten zu transformieren. In der Praxis lassen sich weder die Kosten noch die Nutzeffekte exakt quantifizieren. Aus dem Kosten-Nutzen-Kalkül folgt jedoch zumindest eine Fokussierung des Jahresabschlusses auf solche Informationen, die von den Adressaten nicht oder nur schwer anderweitig beschafft werden können oder für die das Management des Unternehmens aufgrund seiner Stellung die beste Informationsquelle darstellt.[187] Die Entscheidung über die Publikation von solchen Informationen hat sich an deren Vereinbarkeit mit den Quantifizierungs- und Objektivierungserfordernissen des Jahresabschlusses zu orientieren. Andererseits sind die Relevanz der Informationen und deren Verwendbarkeit für die Prognose der künftigen Entwicklung des Unternehmens (predictive value) sowie für die Überprüfung bisheriger Erwartungen (feedback value) im Rahmen der Entscheidungsprozesse der Eigentümer und Fremdkapitalgeber des Unternehmens zu beachten.

---

185 Vgl. *Gray/Radebaugh/Roberts*, Cost, 1990, S. 607, die in ihrer empirischen Studie die Bedeutung dieser Faktoren für US-amerikanische und britische Unternehmen untersucht haben.

186 Vgl. *Ballwieser*, Jahresabschlußverbesserungen, 1982, S. 781 und 789 f.; *Schredelseker*, Nutzen, 1985, S. 131-133, der allerdings aus der modernen Kapitalmarkttheorie Zweifel ableitet, ob Rechnungslegungsinformationen für Kapitalanleger überhaupt nützlich sein können.

187 Vgl. *Knutson/Napolitano*, Evaluating, 1998, S. 172.

Teil 3: Grundlagen der Erfolgs- und Vermögensmessung

A. Konzeptionelle Grundlagen

Erfolg bezeichnet das Ergebnis bzw. den Zielerreichungsgrad eines Handelns.[188] Erfolg ist eine relative Größe. Er bezieht sich auf ein Zielsystem.

Vermögen lässt sich definieren als der in der Verfügungsmacht eines Wirtschaftssubjektes befindliche Bestand an Gütern, die einer bestimmten Zielerreichung dienen.[189] Das Vermögen ist abhängig von der Abgrenzung der Verfügungsmacht, von der Definition von Gütern und von der Festlegung eines Zielsystems. Stellt man auf die gesamten in der Verfügungsmacht stehenden Güter ab, handelt es sich um das Bruttovermögen. Bringt man Schulden im Sinne von Belastungen des Vermögens zum Abzug, bildet die Restgröße das Nettovermögen.[190]

Ökonomische Problemstellungen erfordern eine Messung des Erfolgs und des Vermögens. Bei einer Messung handelt es sich um eine quantitative Abbildung nach bestimmten Regeln.[191] Bei der Messung von Erfolg und Vermögen kommen keine Naturgesetze, sondern zweckabhängige Hypothesen zur Anwendung.[192]

Bei der Erfolgsmessung lassen sich traditionelle und wertorientierte Formen unterscheiden. Bei der traditionellen Erfolgsmessung steht der Erfolg aus dem betrieblichen Leistungserstellungs- und Leistungsverwertungsprozess des Unternehmens im Mittelpunkt.[193] Es existieren verschiedene Grundformen. Im engeren Sinn versteht man unter der traditionellen Erfolgsmessung die Bildung einer Differenz zwischen einer Output- und einer Input-Größe. Im weiteren Sinn fällt auch die Ermittlung einer Wirtschaftlichkeitsgröße als Relation zwischen einem erzielten Ergebnis und dem Mitteleinsatz sowie die Ermittlung einer Rentabilitätsgröße als Relation zwischen einer Überschussgröße und einer anderen Größe, wie Vermögen, Eigenkapital oder Umsatz, unter die traditionelle Erfolgsmessung.[194]

---

188 Vgl. *Pohmer/Bea*, Erfolg, 1970, Sp. 454; *Coenenberg*, Jahresabschluss, 2003, S. 12.

189 Vgl. *Wossidlo*, Vermögen, 1981, Sp. 1669; *Moxter*, Vermögenslage, 1986, S. 346; *Coenenberg*, Jahresabschluss, 2003, S. 12.

190 Vgl. *Moxter*, Vermögenslage, 1986, S. 346.

191 Vgl. zum Begriff Messung *Mattessich*, Messung, 1971, Sp. 1105; *Szyperski/Richter*, Messung, 1981, Sp. 1207.

192 Vgl. *Mattessich*, Messung, 1971, Sp. 1105.

193 Vgl. *Schmidt*, Zielsysteme, 1993, Sp. 4797.

194 Vgl. *Pohmer/Bea*, Erfolg, 1970, Sp. 454 f.

Der traditionelle Unternehmenserfolg im engeren Sinn wird in seiner positiven Ausprägung als Gewinn, in seiner negativen Ausprägung als Verlust bezeichnet und ergibt sich bei einer dynamischen Betrachtung als positive bzw. negative Differenz zwischen:[195]

(1) Leistungen und Kosten
(2) Einzahlungen und Auszahlungen
(3) Einnahmen und Ausgaben
(4) Erträgen und Aufwendungen

Die erste Differenz wird in der unternehmensinternen Kosten- und Leistungsrechung ermittelt. Sie kann kalkulatorischen oder wertmäßigen Charakter besitzen.[196] Das heißt es wird zum Teil auf Wertgrößen abgestellt, die nicht auf Zahlungen, sondern auf individuelle Nutzenerwartungen im Rahmen eines bestimmten Entscheidungsproblems zurückzuführen sind.[197]

Die Differenzen (2) bis (4) beziehen sich auf unterschiedliche Stufen des Erfolgskonkretisierungsprozesses. Die Summen der Differenzen stimmen in der Totalperiode eines Unternehmens überein. Bei Einstellung der Unternehmenstätigkeit sind alle Transaktionen abgeschlossen und mit Ausnahme von Sachliquidationen wird grundsätzlich das gesamte Vermögen des Unternehmens in cash umgewandelt.[198] Die Differenzen stellen das Resultat von Cashflowrechnungen (2), Finanzierungsrechnungen (3) sowie Gewinn- und Verlustrechnungen (4) dar.[199]

Nach der statischen Betrachtungsweise ergibt sich, wenn man von Transaktionen mit Anteilseignern in ihrer Funktion als Anteilseigner absieht, der Unternehmenserfolg einer Periode als Differenz zwischen dem Vermögen am Ende und dem Vermögen am Beginn einer Periode.[200]

Bei der wertorientierten Erfolgsmessung steht neben dem kurzfristigen, operativen Ergebnis aus dem betrieblichen Leistungserstellungs- und Leis-

---

[195] Vgl. *Scherrer*, Gewinn, 1993, Sp. 738; *Hauschildt*, Gewinn, 1998, S. 288.

[196] Vgl. *Küpper*, Kosten, 1998, S. 459.

[197] Vgl. *Scherrer*, Kostenrechnung, 1999, S. 11.

[198] Vgl. *Stützel*, Bilanztheorie, 1967, S. 321; *Egger*, Aufwand, 1993, Sp. 89. Bei der praktischen Umsetzung im Rahmen der externen Rechnungslegung kann es zu Abweichungen kommen. Dies ist z. B. der Fall wenn Wertsteigerungen unmittelbar den Rücklagen zugerechnet werden, ohne dass sie als Ertrag in der Gewinn- und Verlustrechnung erscheinen.

[199] Vgl. *Coenenberg*, Rechnungswesen, 1993, Sp. 3680.

[200] Vgl. *Scherrer*, Gewinn, 1993, Sp. 740 f.

tungsverwertungsprozess der Aufbau von Wertpotenzialen bzw. strategischen Wettbewerbsvorteilen, die künftig zu nachhaltigen positiven Ergebnisbeiträgen führen, im Mittelpunkt. Ziel der wertorientierten Erfolgsmessung ist es, die gesamte Wertänderung eines Unternehmens in einer Periode abzubilden.[201] Im Hinblick auf die angewandten Instrumente unterscheidet sich die wertorientierte Erfolgsmessung von der traditionellen Erfolgsmessung durch die Betonung der Eigenkapitalkosten, die im Rahmen der Ermittlung des Periodenerfolgs berücksichtigt werden.[202] Weitere Unterschiede bestehen darin, dass die Risiken der künftigen Entwicklung sowie der Zeitwert des Geldes beachtet werden.[203]

Es existieren verschiedene Grundformen der wertorientierten Erfolgsmessung. Bei einer dynamischen Betrachtung können zum einen Residualgewinne ermittelt werden, indem von einer traditionellen Erfolgsgröße im engeren Sinne die Kosten des zu Periodenbeginn investierten Kapitals in Abzug gebracht werden.[204] Zum anderen lassen sich wertorientierte Rentabilitätskennzahlen ermitteln, denen die Kapitalkosten vergleichend gegenübergestellt werden.

Bei der Vermögensmessung lassen sich die Gesamtbewertung des Unternehmens und die Einzelbewertung der einzelnen Vermögens- und Schuldposten eines Unternehmens unterscheiden. Bei der Gesamtbewertung ergibt sich das Effektivvermögen als Wert der künftigen Beiträge, die das Unternehmen zu den Zielsystemen der Bewertungsadressaten leistet.[205] Betrachtet man nur finanzielle Ziele, ergibt sich das Effektivvermögen als Wert der Nettozahlungsströme zwischen dem Unternehmen und den Bewertungsadressaten oder zwischen dem Unternehmen und seiner Umwelt. Die Ermittlung des Effektivvermögens eines Unternehmens ist in zweifacher Hinsicht subjektiv: zum einen haben die Bewertungsadressaten bzw. Bezugspersonen unterschiedliche Ziele und Präferenzen, wie Zeit- und Unsicherheitspräferenzen, zum anderen besitzen sie verschiedene Erwartungen

---

201 Vgl. *Küting/Heiden/Lorson*, Performancemessung, 2000, S. 15 f.; *Gladen*, Berichtssysteme, 2001, S. 128.

202 Vgl. *Ballwieser*, Grundlagen, 2000, S. 165; *Küting/Heiden/Lorson*, Performancemessung, 2000, S. 3; *Gladen*, Berichtssysteme, 2001, S. 133.

203 Vgl. *Günther/Landrock/Muche*, Performancemaße, 2000, S. 70; *Küting/Heiden/Lorson*, Performance-Messung, 2000, S. 15.

204 Vgl. *Stewart*, Quest, 1991, S. 137; *Hostettler*, EVA, 1997, S. 38.

205 Vgl. *Henselmann*, Unternehmensrechnungen, 1999, S. 19; *Ballwieser/Coenenberg/Schultze*, Unternehmensbewertung, 2002, Sp. 2413.

bezüglich der künftigen Nettozahlungsströme.[206] Als Instrumente zur Ermittlung des Unternehmenswerts im Rahmen einer Gesamtbewertung dienen verschiedene Discounted Cashflow (DCF)-Verfahren. Daneben werden Residualwertansätze und Multiplikatorverfahren angewandt.[207]

Bei der Einzelbewertung resultiert das Unternehmensvermögen als Summe der Werte der Vermögensposten abzüglich der Summe der Werte der Schuldposten.[208] Hierbei ist das Mengengerüst abhängig von der Erfassung und Abgrenzung der einzelnen Posten und das Wertgerüst von der Bewertung dieser Posten. Die Bewertung wird durch die zugrunde liegenden Annahmen bestimmt, die sich in unterschiedlichen Wertkonzepten niederschlagen. Die drei Grundformen dieser Wertkonzepte sind Anschaffungswert, die Zeitwert und Ertragswert.[209]

Zwischen der Erfolgs- und der Vermögensmessung besteht ein enger Zusammenhang. Bei einer statischen Betrachtung ist dies unmittelbar aus der Erfolgsermittlung ersichtlich. Der Unternehmenserfolg stellt eine Differenz zwischen zwei Vermögensgrößen dar.[210]

Zudem können die bei einer dynamischen Erfolgsermittlung resultierenden Überschussgrößen[211] als Ausgangspunkt für die Ermittlung des Effektivvermögens eines Unternehmens, z. B. bei der Prognose von künftigen Überschüssen, dienen.

Erfolgs- und Vermögensmessung spiegeln die Ertragslage eines Unternehmens wider. Die Messungen unterscheiden sich nicht nur in den angewandten Messinstrumenten, sondern auch in dem zeitlichen Bezugsobjekt. Bei der Erfolgsmessung steht das Ergebnis einer vergangenen Periode im Mittelpunkt, während sich die Vermögensmessung auf das Erfolgspotenzial konzentriert, aus dem die Erfolge künftiger Perioden resultieren. Die Erfolgsmessung gibt die relative Ertragslage einer bestimmten Periode, die Vermögensmessung die absolute Ertragslage im Sinne der Erfolge künftiger Perioden wieder.[212]

---

206 Vgl. *Moxter*, Unternehmensbewertung, 1983, S. 23 f.; *Henselmann*, Unternehmensrechnungen, 1999, S. 20.
207 Vgl. hierzu ausführlich Teil 3 B. III. 5.
208 Vgl. *Moxter*, Vermögenslage, 1986, S. 347.
209 Vgl. *Mattessich*, Messung, 1970, Sp. 1106-1108 sowie die Erläuterungen in Teil 5 B. I.
210 Vgl. *Scherrer*, Gewinn, 1993, Sp. 740 f.
211 Vgl. *Scherrer*, Gewinn, 1993, Sp. 740.
212 Vgl. *Coenenberg*, Ertragslage, 1986, S. 157.

B. Zusammenhang mit dem Jahresabschluss

I. Modelltheoretischer Zusammenhang

Der Jahresabschluss stellt ein Modell zur Abbildung des Realsystems Unternehmen dar. Der Abbildungsprozess im Rahmen der Modellbildung kann jedoch keine neutrale und strukturgleiche Transformation der Realität in ein vereinfachtes Modell leisten; vielmehr bildet sich Realität erst durch die komplexitätsreduzierende Übertragung in ein Modell heraus. Komplexitätsreduktion mittels Vernachlässigung oder Hervorhebung von Strukturen ist bei jeder Form von Wahrnehmung und Modellbildung notwendig, um reale Sachverhalte zu erfassen und darzustellen.[213]

Die Modellbildung erfolgt nicht um ihrer selbst willen, sondern dient dazu, Entscheidungsprobleme zu definieren und zu lösen.[214] Es besteht ein enger Zusammenhang zwischen Modellierung und zweckorientierter Nutzung des Modells im Rahmen von Entscheidungsprozessen. Dabei ergibt sich ein Zielkonflikt zwischen der Integration aller zweckrelevanten Informationen und der Anwendbarkeit des Modells. Mit der Erweiterung eines Modells um Variablen und mit zunehmender Berücksichtigung von Interdependenzbeziehungen bzw. alternativen Entwicklungen nimmt die Komplexität des Modells zu. Damit steigen auch die Kosten für die Beschaffung zusätzlicher Informationen sowie für die Generierung und Anwendung des Modells. Andererseits besteht bei einfach strukturierten Modellen die Gefahr, dass sie zu suboptimalen Entscheidungen führen.

Diese allgemeinen modelltheoretischen Erwägungen treffen auch auf den Jahresabschluss zu, dem ebenfalls eine Komplexitätsreduktion immanent ist. Diese vollzieht sich in einem mehrstufigen Strukturgebungs- und Verdichtungsprozess, der sich anhand eines übergeordneten informationstheoretischen Informations- und Entscheidungsmodells verdeutlichen lässt.[215]

Auf der ersten Stufe erfolgt eine selektive Erfassung von realen Sachverhalten des Unternehmensgeschehens nach vorgegebenen Abbildungsregeln. Die Gewinnung von Ausgangsinformationen im Rahmen dieses Erfassungsmodells kann auf drei Arten erfolgen: Bei einem Teil der abzubildenden Sachverhalte kann eine direkte Messung durchgeführt werden, wie z. B. bei Mengenänderungen und Änderungen von Zahlungsmittelbestän-

---

213 Vgl. *Ballwieser*, Aggregation, 1993, Sp. 50.

214 Vgl. *Ballwieser*, Komplexitätsreduktion, 1990, S. 30.

215 Vgl. zum Aufbau dieses Informations- und Entscheidungsmodells, auf das sich die folgenden Ausführungen beziehen *Szyperski*, Informationssystem, 1970, Sp. 1511 f.

den. Ist eine direkte Messung nicht möglich bzw. gestaltet sie sich schwierig, kommen alternativ indirekte, objektivierte Zuordnungsverfahren, wie Abschreibungs- oder Verbrauchsfolgeverfahren, zur Anwendung. Sie beruhen auf empirisch-fundierten Hypothesen. Eine weitere Möglichkeit stellt die Erfassung mittels subjektiver Hypothesen auf der Basis von Expertenwissen dar. Ein Beispiel hierfür ist der Ansatz und die Bewertung von Rückstellungen.[216]

Die zweite Stufe des komplexitätsreduzierenden Informations- und Entscheidungsmodells bildet das Aufbereitungsmodell. Darin werden die Ausgangsinformationen des Erfassungsmodells durch die spezifische Abbildungssyntax der Buchhaltung aggregiert und modifiziert. Der Jahresabschluss stellt dann das an Unternehmensexterne veröffentlichte Ergebnis des Aufbereitungsmodells dar. Zusammen mit dem Erfassungsmodell bildet das Aufbereitungsmodell das Ermittlungsmodell. Der Zweck des Ermittlungsmodells ist jedoch nicht, wie es die Bezeichnung und obige Ausführungen unter Umständen vermuten lassen, die Ermittlung bzw. Messung eines allgemein gültigen Periodenerfolgs und Reinvermögens eines Unternehmens. Vielmehr dient es der Ermittlung planungs- und entscheidungsrelevanter Informationen und deren Bereitstellung im Rahmen des Jahresabschlusses.

Der Jahresabschluss stellt zwar nicht die einzige, aber doch eine wesentliche Informationsquelle im Rahmen der Prognose- und Entscheidungsmodelle der Adressaten dar.[217] Im Rahmen dieser Prognose- und Entscheidungsmodelle erfolgt zunächst eine Sammlung, Aufbereitung und Analyse von Informationen. Anschließend werden auf der Basis von Wirkungshypothesen, die an die aktuellen Ausgangsbedingungen anknüpfen, Prognosen über künftige Entwicklungen angestellt. Schließlich werden die gewonnenen deskriptiven und prognostischen Informationen im Hinblick auf individuelle Präferenzen evaluiert und unter Berücksichtigung der gewonnenen Informationen die jeweiligen Entscheidungen getroffen.

Das Kernstück dieses Informations- und Entscheidungsmodells stellt die Erfolgs- und Vermögensmessung dar. Sie erfolgt nicht nur im Rahmen der Anwendung verschiedener Instrumente der Erfolgs- und Vermögensmessung durch die Jahresabschlussadressaten, sondern bereits im Rahmen der Er-

---

[216] Vgl. *Szyperski*, Informationssystem, 1970, Sp. 1512 f.; *Richter*, Rechnungswesen, 2002, S. 212.

[217] Vgl. zur Bedeutung im Rahmen der Aktienanalyse *Ordelheide*, Aktienanalyse, 1998, S. 506 f., der zum Beleg zahlreiche empirische Studien anführt.

mittlung und Aufbereitung der Jahresabschlussinformationen. Grund hierfür ist, dass es im Rahmen des Jahrsabschlusses zu einer Bereitstellung von Erfolgs- und Vermögensgrößen kommt. Die Ermittlung dieser Größen basiert auf einer von subjektiven Denkmustern und Präferenzen geprägten Komplexitätsreduktion.

Die Informationen des Jahresabschlusses bilden den Input für die Prognose- und Entscheidungsmodelle der Adressaten. Deren Entscheidung sollte und wird sich nicht ausschließlich auf die Ausprägung einer einzigen Kennzahl gründen, sondern zumindest auch deren Zusammensetzung und Einflussgrößen sowie gegebenenfalls auch alternative Kennzahlen und weitere Zusatzinformationen einbeziehen.[218] Denn selbst eine Kennzahl, die individuelle Präferenzen und Erwartungen des Entscheiders berücksichtigt, kann nicht alle relevanten Aspekte des Unternehmensgeschehens widerspiegeln.

Kernproblem bei der Komplexitätsreduktion im Rahmen des erläuterten Informations- und Entscheidungssystems ist, dass die Erfassung und Aufbereitung der Modelldaten normativen Buchungs- bzw. Rechnungslegungsregel unterliegt. Diese Regeln beeinflussen Art, Umfang und Qualität der Jahresabschlussinformationen. Vom Informationsangebot des Jahresabschlusses sind die Aussagemöglichkeiten und -grenzen der externen Erfolgs- und Vermögensmessung abhängig.[219] Die Analyse- und Aufbereitungsmethoden, die der Ermittlung von Kennzahlen im Rahmen der Erfolgs- und Vermögensmessung vorangehen, können den Ausgangsinformationen keinen zusätzlichen empirischen Gehalt verleihen, weil aus externer Sicht ein Rückgriff auf das Realsystem Unternehmen sowie auf das unternehmensinterne Erfassungsmodell verwehrt bleibt.[220]

II. Zusammenhang nach IFRS

Das Interesse der Jahresabschlussadressaten eines Unternehmens ist auf das Effektivvermögen und auf dessen Veränderung in einer Periode gerichtet. Die Messung dieses Vermögens und Erfolgs ist ein subjektiver Pro-

[218] Gleicher Ansicht sind *Tichy/Barborka*, Zusatzinformationen, 1999, S. 622 f.

[219] Ähnlich auch *Drukarczyk*, Finanzierung, 2003, S. 133 f.

[220] Dementsprechend definiert Schneider die Jahresabschlussanalyse auch als bloße „Neuordnung der Elemente zahlenmäßiger Abbilder in Jahresabschlüssen [...] unter betriebswirtschaftlichen Ordnungsmerkmalen, die dem [...] Jahresabschluß [...] nach Gesetz und GoB nicht innewohnen, aber einzelne Wissenswünsche von Empfängern der Rechnungslegung besser zu erfüllen glauben“, *Schneider*, Bilanzanalyse, 1989, S. 634.

zess. Jahresabschlussinformationen stellen darin einen wichtigen Baustein dar. Sie dienen als Ausgangspunkt der Analyse[221] und als nachträgliche Bestätigung von Erwartungen. Ergänzt werden sie durch Informationen aus verschiedenen anderen Quellen. All diese Informationen fügen sich zu einem von individuellen Präferenzen und Erwartungen geprägtem Bild von der (künftigen) Entwicklung des Unternehmens zusammen.

In den IFRS wird keine unmittelbare Aussage über die Vermögensmessung getroffen. Es wird lediglich angeführt, dass im Jahresabschluss verschiedene Wertkonzepte zur Anwendung kommen. Als Beispiele werden historical cost, current cost, realisable value und present value genannt.[222]

Im Hinblick auf die Erfolgsmessung wird im Framework die unmittelbare Verwendbarkeit der nach den Regelungen der IFRS ermittelten periodisierten Gewinngröße durch die Adressaten unterstrichen. Im Framework wird angeführt, dass ein durch Periodisierung von Zahlungsströmen ermittelter „[p]rofit is frequently used as a measure of performance or as the basis for other measures, such as return on investment or earnings per share“[223] und dass “several measures of enterprise performance”[224] ermittelt werden, wie z. B. “gross margin, profit from ordinary activities [...] and net profit”[225]. Es wird keine Aussage getroffen, auf welche Ziele sich diese Erfolgsmessung bezieht.[226]

Durch obige Aussagen wird der Gewinn in den Mittelpunkt gestellt, ihm wird der Stellenwert eines zentralen Informationsträgers zuerkannt.[227] Dies ist nur dann zu rechtfertigen, wenn der Gewinn ein Indikator ist, der zumindest die Entwicklung der relativen Ertragslage des Unternehmens widerspiegelt.[228] Eine zusätzliche Bedingung für die Eignung des Gewinns als zentralem Informationsträger für die künftige Entwicklung des Unternehmens ist, dass die Veränderung des Nettozahlungsstroms zwischen Unternehmen

221 So auch *Johnson/Lennard*, Performance, 1998, Tz. 1.3. in der vom IASC in Verbindung mit vier angelsächsischen Standardsettern erarbeiteten Studie “Reporting Financial Performance”.

222 Vgl. F. 100.

223 F. 69.

224 F. 73.

225 F. 73.

226 Vgl. *Moxter*, Rechnungslegungsmythen, 2000, S. 2144.

227 Vgl. *Moxter*, Rechnungslegungskonzeptionen, 2000, S. 65; *Wüstemann*, Institutionenökonomik, 2002, S. 66.

228 Vgl. *Baetge*, Objektivierung, 1970, S. 31; *Leffson*, GoB, 1987, S. 71; *Moxter*, Bilanzlehre I, 1984, im Rahmen einer Beurteilung der dynamische Bilanztheorie von Schmalenbach.

und seiner Umwelt vollständig positiv korreliert ist mit der Veränderung der Zielbeiträge des Unternehmens für die einzelnen Jahresabschlussadressaten.[229] Die Globalgröße Gewinn kann diese beiden Bedingungen jedoch aus konzeptionellen Gründen nicht erfüllen. Bei dem Periodengewinn handelt es sich um eine einwertige Größe, die nur den operativen Teil des Periodenerfolgs, nicht aber die Veränderung der Erfolgspotenziale des Unternehmens erfasst. Der Gewinn kann somit die Entwicklung der Ertragslage, die aus Entscheidungen bzw. Ereignissen einer Periode resultieren nicht aufzeigen. Auch die zweite Bedingung dafür, dass der Gewinn als zentraler Informationsträger dienen kann, ist wegen der verschiedenen Präferenzen der Adressaten nicht erfüllt.[230]

Aus den angeführten Gründen ist die Bedeutung des Periodengewinns zu relativieren. Die Komponenten des Gewinns, deren Einflussfaktoren und Risiken sowie ergänzende prognoseorientierte Erläuterungen sind in den Vordergrund zu stellen.[231]

III. Zusammenhang am Beispiel von Instrumenten der Erfolgs- und Vermögensmessung

1. Periodenerfolgszahlen

Periodenerfolgszahlen umfassen Jahresüberschüsse bzw. -fehlbeträge, modifizierte bzw. bereinigte Periodenergebniszahlen und Cashflows. Die Modifikationen und Bereinigungen können von den Adressaten des Jahresabschlusses selbst durchgeführt werden[232] oder sich an normativ festgelegten Schemata, wie bei dem Ergebnis nach DVFA/SG, orientieren. Vielfach werden von Unternehmen so genannte Pro-Forma-Earnings ermittelt und publiziert. Darunter sind Periodenerfolgsgrößen zu verstehen, bei denen der Jahresüberschuss bzw. -fehlbetrag um unternehmensindividuell definierte Sondereinflüsse korrigiert wurde, um die Vergleichbarkeit und Prognoseorientierung zu erhöhen. Die Anpassungen lassen sich allerdings nur schwer nachvollziehen, wenn, wie es in der Praxis zu beobachten ist, das jeweilige

---

229 Zu diesen beiden Bedingungen, unter denen der Gewinn als zentraler Informationsträger geeignet wäre vgl. *Wüstemann*, Institutionenökonomik, 2002, S. 67.

230 Vgl. *Wüstemann*, Institutionenökonomik, 2002, S. 67 f.

231 Vgl. *Flury*, Gewinnerläuterungsprinzipien, 1999, S. 57; *Moxter*, Rechnungslegungsmythen, 2000, S. 2148.

232 Beispielsweise berechnet die Rating-Agentur Standard & Poor`s eine korrigierte Erfolgsgröße (core earnings), in die alle operativen Ergebniskomponenten (z. B. auch für Stock Options) einbezogen werden, nicht-operative Bestandteile hingegen (z. B. Erträge aus Pensionsfondsvermögen, Goodwillabschreibungen) außen vor bleiben; vgl. *Hillebrandt/ Sellhorn*, Pro-Forma-Earnings, 2002, S. 154 m. w. N.

Berechnungsschema nicht veröffentlicht oder nur ungenau beschrieben wird.[233]

Die Publikation von Pro-Forma-Earnings stellt ein Höchstmaß an Komplexitätsreduktion dar. Das Unternehmen übernimmt die Aufbereitung von Jahresabschlussinformationen sowie deren Verdichtung zu einer Kennzahl, ohne dass die Regeln, nach denen diese Aufbereitung erfolgt, vollständig transparent gemacht werden. Gleichzeitig kann auf diese Weise die Wahl der Instrumente der Erfolgs- und Vermögensmessung beeinflusst werden, indem die dem Jahresabschluss ergänzende Berichterstattung im Lagebericht auf die Pro-Forma-Earnings fokussiert ist. Zudem kann diese Kennzahl durch eine Ad hoc-Meldungen früher publiziert werden als der geprüfte Jahresabschluss.[234] In diesem Fall ist die Erfolgsmessung auf der Basis von Periodenergebnissen nicht nur durch die Aussagegrenzen von Gewinnen beeinflusst.[235] Auch die intransparente und eventuell opportunistische Aufbereitung und Modifizierung des Jahresüberschusses bzw. -fehlbetrages bei der Veröffentlichung von Pro-Forma-Earnings wirkt sich negativ auf den Aussagegehalt des Periodenergebnisses aus.

2. Kapitalrentabilitätszahlen

Weitere Instrumente der externen Erfolgs- und Vermögensmessung stellen Kapitalrentabilitäten dar. Sie werden unmittelbar oder mittelbar im Rahmen von Kennzahlensystemen oder von Multiplikatorverfahren angewandt.[236] Betrachtet wird speziell der Return on Invested Capital (ROIC)[237], der konzeptionelle Mängel vermeidet, indem er im Gegensatz zu Eigenkapitalrenditen weitestgehend unabhängig von der Kapitalstruktur ist.[238] Außerdem ist der ROIC aufgrund von Modifizierungen frei von Inkonsistenzen zwischen der Zähler- und Nennergröße wie sie beispielsweise bei der Gesamt-

---

233 Vgl. *Hillebrandt/Sellhorn*, Pro-Forma-Earnings, 2002, S. 153; *Kley/Vater*, Pro-forma-Gewinne, 2003, S. 45 u. 47.

234 Vgl. *Kley/Vater*, Pro-forma-Gewinne, 2003, S. 48.

235 Vgl. hierzu Teil 3 B. II.

236 Vgl. *Schulz*, Aktienmarketing, 1999, S. 221 f.; *Günther/Landrock/Muche*, Performancemaße, 2000, S. 73.

237 Alternativ sind für die Rendite des betriebsnotwendigen Kapitals auch die Bezeichnungen Return on Capital Employed (ROCE) oder Return on Net Assets (RONA) gebräuchlich. Zudem existieren unterschiedliche Definitionen für diese Rentabilitätskennzahl, vgl. *Arbeitskreis Externe Unternehmensrechnung der Schmalenbach-Gesellschaft*, Empfehlungen, 1996, S. 1989; *Hebertinger*, Wertsteigerungsmaße, 2002, S. 107 f.

238 Vgl. *Drukarczyk*, Finanzierung, 2003, S. 141 f.; *Rappaport*, Shareholder value, 1999, S. 35 f.

kapitalrentabilität auftreten.[239] Der ROIC ist definiert als Quotient aus den Earnings before Interest and Taxes (EBIT) und dem investierten Kapital in Höhe der Bilanzsumme zu Beginn der Betrachtungsperiode bzw. zum letzten Bilanzstichtag abzüglich der Pensionsrückstellungen und der Verbindlichkeiten aus Lieferungen und Leistungen.[240] Beide Komponenten dieser Kennzahl werden unmittelbar aus dem Jahresabschluss abgeleitet. Die Höhe des ROIC ist abhängig vom Zusammenhang zwischen dem im Jahresabschluss erfassten Erfolg und Vermögen. Vernachlässigt man Kapitaleinlagen und Ausschüttungen, lassen sich drei Alternativen unterscheiden:

(1) Alle Komponenten des Ergebnisses einer Periode entsprechen einer gleich hohen Veränderung des Reinvermögens in der Periode bzw. alle Reinvermögensänderungen sind ergebniswirksam.[241]
(2) Nicht alle Vermögensänderungen spiegeln sich als Komponenten im Ergebnis der Periode wider, wie es z. B. bei der ergebnisneutralen Erfassung von Wertänderungen der Fall ist.
(3) Das Ergebnis enthält Komponenten, die mit keiner gleich hohe Veränderung des Vermögens in der Periode korrespondieren. Dies kann auf ein so genanntes Recycling, also eine nachträgliche Ergebniswirksamkeit von in früheren Perioden ergebnisneutral behandelten Vermögensänderungen zurückzuführen sein.

Je nachdem welche dieser drei Alternativen dem jeweiligen Rechnungslegungssystem zugrunde liegt, variiert c. p. die Höhe des ROIC.

Weiterhin ist die Höhe des ROIC in allen drei obigen Fällen abhängig vom Umfang des im Jahresabschluss erfassten Vermögens. Ein Einflussfaktor ist das so genannte Wertpotenzial. Es gibt Auskunft darüber, inwieweit sich nach den Normen eines bestimmten Rechnungslegungssystems in der Bilanz das Effektivvermögen eines Unternehmens approximieren lässt.[242] Das Wertpotenzial eines Rechnungslegungssystems ist abhängig von den Kriterien für die Erfassung von Vermögens- und Schuldpositionen und von der Konzeption, die der Bewertung zugrunde liegt.

---

239 Vgl. *Schüler*, Performance, 1998, S. 39.

240 Alternativ kann der ROIC auch nach Steuern definiert werden, vgl. zu diesen beiden Definitionen *Schüler*, Performance-Messung, 1998, S. 39; *Drukarczyk*, Finanzierung, 2003, S. 142.

241 Vgl. *Busse von Colbe*, Verrechnung, 1992, S. 127 f.; *Ordelheide*, Bedeutung, 1998, S. 516.

242 Vgl. *Ordelheide*, Wertpotential, 1999, S. 510; *Wüstemann*, Institutionenökonomik, 2002, S. 63 f.

Ein weiterer Einflussfaktor auf den Umfang des im Jahresabschluss erfassten Vermögens und damit auf die Höhe des ROIC stellt der Determiniertheitsgrad eines Rechnungslegungssystems dar. Er beschreibt das Vorhandensein von Wahlrechten und Ermessensspielräumen.[243] Erst aus dem Zusammenwirken von Wertpotenzial und Determiniertheitsgrad ergibt sich die Höhe des angesetzten Vermögens.

Je nach Ausgestaltung der oben beschriebenen Parameter eines Rechnungslegungssystems resultieren unterschiedliche Werte für den ROIC. Veränderungen dieser Renditegröße können sich bei Umstellung der Bilanzierung auf ein anderes Rechnungslegungssystem, bei Normenänderungen innerhalb eines Rechnungslegungssystems[244] oder bei abweichender Ausübung von Wahlrechten ergeben. Daneben ist der Aussagegehalt des ROIC im Hinblick auf die Zielsetzungen der Erfolgs- und Vermögensmessung abhängig von den obigen Parametern. So spiegelt der ROIC die relative Ertragslage zutreffend wider, wenn als Vermögensgröße im Nenner der Unternehmenswert zu Beginn der Betrachtungsperiode und als Erfolgsgröße im Zähler die Veränderung desselben in der Betrachtungsperiode nach Bereinigung um eventuelle Transaktionen mit den Eigenkapitalgebern zum Ansatz kommen.[245] Werden andere Größen für die Berechnung zugrunde gelegt, stellt der ROIC lediglich eine Approximation für die Beurteilung der relativen Ertragslage dar, bei der sich weder Ausmaß noch Richtung der Abweichung von der Rendite feststellen lassen.[246]

3. Wertorientierte Rentabilitätskennzahlen

In einem weiteren Beispiel wird der Zusammenhang zwischen dem Jahresabschluss und wertorientierten Rentabilitätskennzahlen, insbesondere dem CFROI untersucht. Bei diesem Instrument der Erfolgs- und Vermögensmessung wird als investiertes Kapital die so genannte Bruttoinvestitionsbasis herangezogen, die sich grundsätzlich aus allen in der Bilanz erfassten Aktiva zusammensetzt. Korrekturen sind lediglich dahingehend vorzunehmen, dass unabhängig von der Behandlung im Jahresabschluss die Barwerte al-

---

243 Vgl. *Ordelheide*, Wertpotential, 1999, S. 522.

244 Vgl. hierzu das Beispiel bei *Lorson/Schedler*, Unternehmenswertorientierung, 2002, S. 277-287.

245 Vgl. *Rappaport*, Shareholder value, 1999, S. 25, der diese Rentabilität als DCF-Rendite bezeichnet. Dirrigl verwendet dementsprechend diese Rendite als „Referenzpunkt für die Beurteilung anderer [...] Performance-Maßstäbe" (*Dirrigl*, Wertorientierung, 1998, S. 567).

246 Vgl. *Solomon*, Return, 1966, S. 240; *Rappaport*, Shareholder value, 1999, S. 26 f.; *Küting/Heiden/Lorson*, Performancemessung, 2000, S. 16.

ler künftigen Leasingraten sowie aller künftigen Zahlungen für gemietete bzw. gepachtete Aktiva addiert[247] und alle nicht verzinslichen Verbindlichkeiten subtrahiert[248] werden. Die Bewertung der Bruttoinvestitionsbasis erfolgt zu einem speziellen Wiederbeschaffungsneupreis. Zur Ermittlung dieses Wiederbeschaffungsneupreises werden zu den Buchwerten der Aktiva die kumulierten Abschreibungen addiert und das Ergebnis um die Preissteigerungsraten des Bruttoinlandprodukts erhöht, um eine Angleichung an das aktuelle Preisniveau zu erreichen.[249] Die Höhe des eingesetzten Kapitals ist nach dieser Definition zu einem geringeren Grade abhängig von der Ausgestaltung des Jahresabschlusses als bei den bisher untersuchten Instrumenten der Erfolgs- und Vermögensmessung. Änderungen der Bewertungsregeln haben nahezu keinen Einfluss auf die Bruttoinvestitionsbasis, da sie auf der Basis inflationierter historischer Anschaffungs- und Herstellungskosten berechnet wird. Anders verhält es sich mit Änderungen der Ansatzregeln. Grundsätzlich werden nur solche Aktiva berücksichtigt, die in der Bilanz aktiviert sind. Damit bedingt die Änderung der Ansatzregeln unmittelbar eine Änderung der Bruttoinvestitionsbasis und damit in der Regel eine Änderung des CFROI.[250] Es wird deshalb vorgeschlagen, Forschungs- und Entwicklungs- sowie Werbungsaufwendungen zu kapitalisieren und der Bruttoinvestitionsbasis hinzuzurechnen.[251] Diese Nachaktivierungen sind abhängig davon, ob Höhe und Charakter der entsprechenden Aufwendungen aus dem Jahresabschluss erkennbar sind. Der Zweck der Berücksichtigung von Nachaktivierungen im Rahmen der Bruttoinvestitionsbasis besteht nicht in der Approximation des Unternehmenswerts,[252] sondern in einer Standardisierung dieser Größe bezüglich unterschiedlicher Ansatzkriterien in verschiedenen Rechnungslegungssystemen. Ein Verzicht auf die Nachaktivierung wird als vertretbar erachtet, wenn zu erwarten ist, dass sich Erfolgswirkungen aus früherer und aktueller Werbe- bzw. Forschungs- und Entwicklungstätigkeit weitgehend ausgleichen.[253]

Als Erfolgsgröße im Rahmen der Bestimmung des CFROI dient ein Nettocashflow vor Zinsen und Investitionen und nach Steuern, der indirekt aus

---

247 Vgl. *Lewis*, Steigerung, 1995, S. 41, 60 f.; *Hachmeister*, Erfolgsgröße, 1997, S. 562.

248 Vgl. *Hachmeister*, Erfolgsgröße, 1997, S. 564. Rückstellungen werden auch als nichtverzinsliche Verbindlichkeiten betrachtet und deshalb subtrahiert, vgl. *Lewis*, Steigerung, 1995, S. 61 f.; kritisch hierzu *Schüler*, Performance-Messung, 1998, S. 47.

249 Vgl. *Lewis*, Steigerung, 1995, S. 52 f.

250 Vgl. *Hachmeister*, Erfolgsgröße, 1997, S. 568 f., der hiefür einen formalen Nachweis erbringt.

251 Vgl. *Schüler*, Performance-Messung, 1998, S. 47.

252 Vgl. *Lewis*, Steigerung, 1995, S. 57 f.

253 Vgl. *Lewis*, Steigerung, 1995, S. 170.

dem, z. B. nach dem Schema der DVFA/SG, bereinigten operativen Periodengewinn ermittelt werden soll. Zu dem Periodengewinn sind die Zinsaufwendungen der Periode zu addieren. Dies dient einer Nivellierung der Auswirkungen verschiedener Kapitalstrukturen.[254] Dem Umstand, dass die Investitionsausgaben der Periode den Nettocashflow nicht verringern, liegt die Annahme zugrunde, dass für die Betrachtungsperiode keine Investitionen getätigt werden. Zu berücksichtigen sind nur die vorhandenen Investitionsprojekte.[255] Weitere Korrekturen an der Cashflowgröße sind erforderlich in Bezug auf Ausgaben, die bei der Ermittlung der Bruttoinvestitionsbasis nachträglich aktiviert wurden.

Der CFROI berechnet sich als interner Zinsfuß einer Investition in Höhe der Bruttoinvestitionsbasis. Dabei wird für den Cashflow eine standardisierte Entwicklung über eine bestimmte Betrachtungsperiode angenommen. So kann die Konstanz des Cashflows oder eine sich eventuell im Zeitablauf verändernde Wachstumsrate unterstellt werden.[256] Die Länge der Betrachtungsperiode umfasst die durchschnittliche Lebensdauer der vorhandenen Investitionsprojekte. Zur Ermittlung der Länge der Betrachtungsperiode auf der Grundlage von Jahresabschlussdaten werden die historischen Anschaffungs- und Herstellungskosten des abnutzbaren Sachanlagevermögens durch denjenigen Abschreibungsaufwand der Periode dividiert, der auf lineare Abschreibungen zurückgeht.[257] Diese Berechnung wird erschwert, wenn andere Abschreibungsmethoden, wie degressive Abschreibungen oder steuerlich bedingte Abschreibungen, vorgenommen wurden. Das gilt insbesondere in den Fällen, in denen die nicht-linearen Abschreibungen nicht separat im Jahresabschluss angegeben sind.[258]

Die Basisdaten für die Ermittlung des CFROI sind weitgehend standardisiert und damit im Vergleich zu den zuvor untersuchten Instrumenten der externen Erfolgs- und Vermögensmessung in geringerem Maße von der Ausgestaltung des Jahresabschlusses beeinflusst. So ist die Höhe der Bruttoinvestitionsbasis zwar von Ansatzvorschriften, aber nur in geringem Ausmaß von Bewertungsvorschriften abhängig. Zudem werden die Auswirkungen unterschiedlicher Ansatzrestriktionen insofern ausgeglichen, als bei separatem Ausweis von Forschungs-, Entwicklungs- und Werbeaufwendungen Nachaktivierungen vorgenommen werden. Problematisch kann die hohe

254 Vgl. *Hebertinger*, Wertsteigerungsmaße, 2002, S. 162.

255 Vgl. *Hachmeister*, Erfolgsgröße, 1997, S. 564.

256 Vgl. *Hachmeister*, Erfolgsgröße, 1997, S. 567 f.; *Kames*, Unternehmensbewertung, 2000, S. 132.

257 Vgl. *Lewis*, Steigerung, 1995, S. 43; *Schüler*, Performance-Messung, 1998, S. 46.

258 Vgl. *Hachmeister*, Erfolgsgröße, 1997, S. 569.

Sensibilität des CFROI bezüglich der Länge der Betrachtungsperiode sein. Wenn sich diese nicht zutreffend retrograd aus den im Jahresabschluss ausgewiesenen Abschreibungsaufwendungen und den historischen Anschaffungskosten bestimmen lässt, weil das betrachtete Unternehmen mehrere Investitionsobjekte mit unterschiedlichen Nutzungsdauern umfasst oder verschiedene Abschreibungsmethoden zur Anwendung kommen, kann der CFROI falsche Signale in Bezug auf die Erfolgsentwicklung des Unternehmens liefern. Die Berechnung des internen Zinsfußes erfolgt in diesen Fällen über eine zu kurze oder zu lange Periode.[259]

Nachteil der Standardisierungen und der Immunisierung gegen alternative Ausgestaltungen des Jahresabschlusses ist der eingeschränkte Aussagegehalt der Kennzahl. Wegen der nutzungsdauerbezogenen Berechnung kann kein Zusammenhang des CFROI mit dem Unternehmenswert hergestellt werden.[260] Zudem bleiben durch die Verwendung einer Cashflowgröße Veränderungen des Erfolgspotenzials unberücksichtigt.[261] Die Erfolgs- und Vermögensmessung anhand des CFROI beschränkt sich auf die Beurteilung und Überprüfung vergangener Investitionsentscheidungen, gibt aber keinen Aufschluss über die künftige Entwicklung.[262]

4. Residualgewinne

Die Beziehung zwischen Jahresabschluss und externer Erfolgs- und Vermögensmessung wird auch deutlich am Beispiel von Residualgewinnen, wie dem Economic Value Added (EVA). Bei der Ermittlung des EVA wird ein operativer Periodenerfolg nach Steuern den Kapitalkosten der Periode gegenübergestellt, die sich aus der Verzinsung des zu Beginn der Periode investierten Kapitals mit einem Gesamtkapitalkostensatz ergeben.[263] Da dieses Konzept auf ähnliche bzw. gleiche aus dem Jahresabschluss abgeleitete Basisgrößen aufbaut (Periodenerfolgsgröße, investiertes Kapital) wie der ROIC, ergeben sich für beide Kennzahlen grundsätzlich die gleichen Beziehungen zu den Jahresabschlussinformationen. Unterschiede bestehen

---

259 Vgl. *Hostettler*, EVA, 1996, S. 72; *Hachmeister*, Erfolgsgröße, 1997, S. 569 f.

260 Vgl. *Hesse*, Unternehmenserfolg, 1996, S. 157 f.; *Kames*, Unternehmensbewertung, 2000, S. 135. Die Ursache hierfür ist, dass der implizit für die Berechnung des Kapitaldienstes auf die Bruttoinvestitionsbasis verwendete CFROI höher ist als der Kalkulationszinsfuß zur Diskontierung der Cashflows; vgl. *Hebertinger*, Wertsteigerungsmaße, 2002, S. 165.

261 Vgl. *Hachmeister*, Erfolgsgröße, 1997, S. 572; *Hebertinger*, Wertsteigerungsmaße, 2002, S. 165.

262 Vgl. *Busse von Colbe*, Cash-Flow-Return, 1998, S. 167; *Hebertinger*, Wertsteigerungsmaße, 2002, S. 165.

263 Zu den unterschiedlichen Varianten vgl. *KPMG*, Value, 2000, S. 15 f.

insofern, als die Basisgrößen nicht wie beim ROIC direkt aus der Bilanz oder der sonstigen Berichterstattung des Unternehmens übernommen werden, sondern Anpassungen vorgenommen werden. Sie betreffen die Eliminierung nicht-operativer Bestandteile, die Berücksichtigung versteckter Finanzierungsquellen, wie Leasinggeschäfte, die Korrektur von Verzerrungen aufgrund von Ansatzrestriktionen, Bilanzierungsspielräumen sowie von Bewertungen zu den (fortgeführten) Anschaffungs- und Herstellungskosten und schließlich eine den Anpassungen entsprechende Korrektur der Steuerbelastungen.[264] Die genannten Korrekturen sind konsistent bei der Erfolgsgröße, bei der Kapitalgröße und beim Kapitalkostensatz vorzunehmen.[265] Im Rahmen der externen Erfolgs- und Vermögensmessung sind Art und Umfang der Korrekturen von den durch den Jahresabschluss bereit gestellten Informationen abhängig. Bei dem Fehlen entsprechender Angaben können sich Informationslücken auftun.[266]

Trotz der Anpassungen ergibt sich beim EVA eine Abhängigkeit der Aussagemöglichkeiten der Kennzahl von den zugrunde liegenden Jahresabschlussinformationen. Die Anpassungen können lediglich eine Annäherung des investierten Kapitals an den Unternehmenswert bewirken. Solange dieser nicht in voller Höhe als investiertes Kapital zum Ansatz kommt bleibt der EVA lediglich eine Approximation für die eigentlich interessierende relative Ertragslage des Unternehmens.[267] Wird der Unternehmenswert aber zum Periodenanfang und -ende berechnet, ist die Bestimmung eines EVA überflüssig. Die Veränderung des Unternehmenswerts gibt dann unmittelbar die relative Ertragslage wieder. Gegen diese Argumentation lässt sich einwenden, dass die Kompatibilität zwischen EVA und der DCF-Methode unabhängig ist vom Umfang des investierten Kapitals. Demnach gibt ein EVA auf der Basis von Buchwerten die relative Ertragslage insofern wieder, als der Barwert der periodischen EVAs zuzüglich des investierten Kapitals auf

[264] Vgl. *Stewart*, Quest, 1991, S. 742, 744; *Günther*, Controlling, 1997, S. 234 f.; zu den einzelnen Bereinigungen auch im Rahmen der verschiedenen Rechnungslegungssysteme vgl. ausführlich *Hostettler*, EVA, 1997, S. 97-149; zu HGB *Schüler*, Performance-Messung, 1998, S. 90-155; zu HGB, IFRS und US-GAAP *Eidel*, Verfahren, 1999, S. 228-304. In der Praxis ist der Umfang dieser Bereinigungen jedoch weit geringer als in der Literatur gefordert; vgl. *KPMG*, Value, 2000, S. 19 mit Bezug auf die interne Erfolgs- und Vermögensmessung.

[265] Vgl. *Hostettler*, EVA, 1997, S. 95.

[266] Vgl. *Schneider*, Unternehmensrechung, 1998, S. 1476; *Küting/Heiden/Lorson*, Performance, 2000, S. 33.

[267] Schneider führt hierzu überspitzt aus: „Dieser Economic Value Added beleidigt schon durch seine Benennung die ökonomische Wissenschaft; denn er wird aus dem Jahresabschluß abgeleitet und errechnet sich als fragwürdig korrigierte Gewinngröße vor sog. Finanzierungskosten", *Schneider*, Unternehmensrechnung, 1998, S. 1476.

Buchwertbasis den gleichen Unternehmenswert ergibt wie bei Anwendung der DCF-Methode.[268] Dieser Einwand bezieht sich auf eine investitionstheoretische Betrachtung, mit der Annahme, dass alle künftigen EVAs bekannt sind. Bei der Bestimmung der relativen Ertragslage im Rahmen der externen Erfolgs- und Vermögensmessung lassen sich aber bei einem Ansatz des investierten Kapitals unterhalb des Unternehmenswertes aus dem EVA einer Periode in der Regel keine eindeutigen Aussagen über die Veränderung des Unternehmenswerts in dieser Periode treffen.[269] Dies liegt daran, dass auch zahlreiche Anpassungen und Korrekturen von Jahresabschlusszahlen und ergänzende Annahmen eine Prognose künftiger Erfolge nicht ersetzen können.[270]

5. Verfahren der Unternehmenswertermittlung

Der Unternehmenswert ergibt sich unter Anwendung von Discounted Cashflow (DCF)-Methoden als Barwert der aus der Sicht des Bewertenden erwarteten Zahlungsströme zwischen den Bewertungsadressaten und dem betrachteten Unternehmen bzw. approximativ als Barwert der zu erwartenden Zahlungsströme zwischen dem Unternehmen und seiner Umwelt. Alternativ werden entweder die an die Eigentümer fließenden Zahlungsströme mit einem das Investitions- und Finanzierungsrisiko berücksichtigenden Diskontierungssatz abgezinst und unmittelbar der Wert des Eigenkapitals des Unternehmens errechnet (Equity-Methode) oder es wird der Wert des Gesamtkapitals des Unternehmens ermittelt, von dem der Marktwert des Fremdkapitals zum Abzug kommt (Entity-Methode).[271] Bei der Entity-Methode bestimmt sich der Wert des Gesamtkapitals entweder nach dem Adjusted Present Value (APV)-, dem Weighted Average Cost of Capital (WACC)-, oder dem Capital Cash Flow-Ansatz.[272] Die Ansätze basieren auf den künftigen Zahlungsüberschüssen, die nach Abzug der Unternehmenssteuern und nach Durchführung der geplanten Investitionen den Eigen- und Fremdkapitalgebern verbleiben (Free Cash Flows (FCFs)).[273] Die Free Cash Flows sind je nach zugrunde liegender Bewertungsmethode verschieden

---

268 Vgl. *Hesse*, Unternehmenserfolg, 1996, S. 129.

269 Vgl. *Kames*, Unternehmensbewertung, 2000, S. 130; *Richter/Honold*, EVA, 1999, S. 273; so auch *Schüler*, Jahresabschlussdaten, 2001, S. 153.

270 Vgl. *Schneider*, Unternehmensrechnung, 1998, S. 1476 u. 1478.

271 Vgl. *Ballwieser/Coenenberg/Schultze*, Unternehmensbewertung, 2002, Sp. 2420 f.

272 Vgl. zu diesen Ansätzen ausführlich *Drukarczyk*, Unternehmensbewertung, 2002, S. 204-427.

273 Vgl. *Metze*, Marktwertkonzept, 2000, S. 71; *Ballwieser/Coenenberg/Schultze*, Unternehmensbewertung, 2002, Sp. 2421 f.

definiert.[274] Unterschiede ergeben sich bei der Berücksichtigung der Steuervorteile des Fremdkapitals.[275] Zum Teil werden die FCFs nur auf die Eigenkapitalgeber bezogen.[276] Für die Prognose künftiger Free Cash Flows erfolgt vielfach eine Aufteilung des Prognosezeitraums in eine Phase, für die explizit die FCFs geplant werden und in eine bzw. mehrere weitere Phase(n), für die Annahmen über die weitere Entwicklung der FCFs getroffen werden.[277]

Die Inputdaten für die Anwendung der DCF-Methoden lassen sich aus Jahresabschlüssen nicht direkt ermitteln. Aus diesem Grund wurden alternative Instrumente zur Messung der absoluten Ertragslage eines Unternehmens entwickelt.[278] Den Instrumenten gemein ist eine stärkere Bezugnahme auf Jahresabschlussinformationen.[279] Auf deren Grundlage wird der Erfolg einer vergangenen Periode bestimmt, anschließend der Erfolg für künftige Perioden geschätzt und daraus ein Unternehmenswert ermittelt.[280] Solche Alternativmethoden sind Residualgewinn- und Ertragswertansätze. Daneben werden auch Multiplikatoransätze für die Messung der absoluten Ertragslage eingesetzt. Das Hauptanwendungsgebiet der Multiplikatoransätze liegt jedoch in der Beurteilung der relativen Wettbewerbsposition des Unternehmens im Vergleich zu seinen Konkurrenten und in der Beurteilung von Über- und Unterbewertungen der Unternehmensanteile am Kapitalmarkt.[281]

Bei Abstellen auf Residualgewinnansätze, wie dem EVA, ergibt sich ein Unternehmenswert als Barwert der erwarteten Residualgewinne zuzüglich des zum Bezugszeitpunkt der Bewertung vorhandenen Vermögens zu Buchwerten.[282] Der Ertragswertansatz stellt direkt auf die Periodengewinne des Unternehmens ab, die um nicht zahlungswirksame Bestandteile bereinigt werden. Nach dem Ansatz ergibt sich der Wert des Unternehmens aus der Diskontierung der erfolgswirtschaftlichen Einzahlungsüberschüsse auf den

---

[274] Vgl. *Riedl*, Performance, 2000, S. 227.

[275] Vgl. dazu im Einzelnen *Ballwieser/Coenenberg/Schultze*, Unternehmensbewertung, 2002, Sp. 2422-2425.

[276] Vgl. *Riedl*, Performance, 2000, S. 229.

[277] Vgl. ausführlich hierzu *Henselmann*, Unternehmensrechnungen, 1999, S. 95-100 u. 118-127.

[278] Vgl. *Hachmeister*, Shareholder Value, 1997, S. 828 f.

[279] Vgl. *Wesner*, Möglichkeiten, 2000, S. 298.

[280] Vgl. *Eidel*, Verfahren, 1999, S. 49.

[281] Vgl. dazu ausführlich *Achleitner/Dresig*, Unternehmensbewertung, 2002, Sp. 2437-2440.

[282] Vgl. *Riedl*, Performance, 2000, S. 237; *Ballwieser/Coenenberg/Schultze*, Unternehmensbewertung, 2002, Sp. 2427.

Bewertungszeitpunkt.[283] Je nach Umfang der Bereinigungen, auch im Hinblick auf die Ausschüttungsfähigkeit der einzelnen Erfolgsbestandteile, ist der Übergang zu den DCF-Methoden fließend.

Bei den Multiplikatormethoden wird ein marktorientierter Wert eines Unternehmens ermittelt, der sich unabhängig von konkreten Bewertungsadressaten im gewöhnlichen Geschäftsverkehr ergeben würde.[284] Hierfür wird auf die Börsenkapitalisierung der Anteile von vergleichbaren Unternehmen abgestellt. Diese wird zu einer Variable in Beziehung gesetzt, die dazu dient, unterschiedliche Größen von Unternehmen zu berücksichtigen. Dem Vorgehen liegt die Annahme zugrunde, dass die jeweilige Bezugsgröße direkt proportional zum Marktwert des Unternehmens ist.[285] Als Bezugsgrößen werden zwar auch Umsatz- und Kapitalgrößen eingesetzt, in der Regel kommen aber Erfolgskennzahlen, wie (modifizierte) Jahresüberschüsse der laufenden bzw. der folgenden Periode, zur Anwendung.

C. Implikationen für den Fortgang der Untersuchung

Aus konzeptioneller Sicht sind vor allem der individuelle Unternehmenswert zur Erfassung der absoluten Ertragslage und die nach Ursachen gegliederte[286] Veränderung dieses Unternehmenswerts während einer Periode zur Erfassung der relativen Ertragslage als Instrumente der externen Erfolgs- und Vermögensmessung geeignet.[287] Das Problem bei der praktischen Anwendung dieser Instrumente ist das Sammeln der notwendigen Informationen. Diese können aus dem gegenwärtigen Jahresabschluss nicht unmittelbar abgeleitet werden.[288] Eine Alternative stellt das Setzen von Annahmen dar. So lassen sich bei Annahme konstanter Umweltbedingungen als repräsentativ betrachtete Erfolgsgrößen, wie der Periodenerfolg, nach einem bestimmten Muster extrapolieren. Daraus wird ein Unternehmenswert bestimmt.

---

283 Vgl. *Küting/Eidel*, Performance-Messung, 1999, S. 830; *Riedl*, Performance, 2000, S. 240 f.

284 Vgl. *Henselmann*, Unternehmensrechnungen, 1999, S. 219; *Achleitner/Dresig*, Unternehmensbewertung, 2002, Sp. 2433.

285 Vgl. *Henselmann*, Unternehmensrechnungen, 1999, S. 249.

286 Durch eine Aufgliederung wird die nicht dem Management des Unternehmens zuzurechnende Veränderung des Unternehmenswerts transparent gemacht, die beispielsweise auf Änderungen des Kalkulationszinssatzes beruht; vgl. *Ballwieser*, Shareholder Value, 1994, S. 1400.

287 Vgl. *Moxter*, Rechnungslegungsmythen, 2000, S. 2144.

288 Vgl. *Moxter*, Bilanzlehre II, 1986, S. 151; *Hostettler*, EVA, 1997, S. 3.

Zudem wird im Rahmen der externen Erfolgs- und Vermögensmessung auf andere Instrumente zurückgegriffen, wie auf die oben untersuchten Pro-Forma-Earnings, ROIC, EVA oder CFROI. Als Basisgrößen für die Ermittlung dieser Kennzahlen kommen Gewinn- bzw. Cashflowgrößen und Kapitalgrößen zur Anwendung, die sich unmittelbar oder nach bestimmten Modifikationen der Bilanz bzw. der Gewinn- und Verlustrechnung entnehmen lassen. Diesen Basisgrößen kommt der Stellenwert von zentralen Informationsträgern zu. Ihre Aussagefähigkeit begrenzt unmittelbar die Aussagefähigkeit der daraus ermittelten Kennzahlen.[289] Wie gezeigt, haben sowohl die Wahl eines bestimmten Rechnungslegungssystems bzw. Normenänderungen als auch die konkrete Anwendung von Normen bei vorhandenen Wahlrechten bzw. Ermessensspielräumen Einfluss auf die Höhe der genannten Basisgrößen. Dies beeinträchtigt die Eignung der dargestellten Kennzahlen, die Veränderung des Unternehmenswerts zu quantifizieren bzw. zu approximieren oder zumindest die Richtung dieser Änderung zutreffend wiederzugeben.

Die Regelungs- und Ermessensabhängigkeit besteht vor allem bei Pro-Forma-Earnings, Gewinnen und Kapitalrenditen. Dagegen ist sie bei dem EVA, aufgrund umfangreicher Bereinigungsmaßnahmen weniger ausgeprägt. Bei dem CFROI ist die Abhängigkeit von den jeweiligen Jahresabschlussnormen und deren Anwendung relativ gering. Es liegen mehrere standardisierende Annahmen zugrunde. Allen Kennzahlen ist gemein, dass sie keine eindeutigen Signale über die Veränderung des Unternehmenswerts geben. Eine Ausnahme stellt der Fall dar, dass im Jahresabschluss der gesamte Unternehmenswert bzw. dessen Veränderung in einer Betrachtungsperiode abgebildet wird. Dies ist aber in der Regel nicht der Fall. Außerdem wäre dann die Ermittlung der Kennzahlen überflüssig.

Bei der Konzipierung eines auf die Bereitstellung planungs- und kontrollorientierter Informationen gerichteten Jahresabschlusses ist sowohl die in dem durch Rechnungslegungsregeln determinierten Erfassungs- und Aufbereitungsmodell als auch die in den Auswertungs-, Prognose- und Entscheidungsmodellen der Adressaten ablaufende Erfolgs- und Vermögensmessung zu berücksichtigen.[290] Aufgrund der engen Verknüpfung zwischen Jahresabschluss und Erfolgs- und Vermögensmessung sind beide nicht isoliert

289 Ähnlich *Beaver*, Financial Reporting, 1998, S. 56 in Bezug auf earnings und rates of return.

290 Vgl. *Pohlmann*, Bewertungskonzeptionen, 1981, S. 149.

zu betrachten werden, sondern es ist auf ein übergeordnetes Informations- und Entscheidungsmodell abzustellen, das beide umfasst.[291]

Als problematisch sind zwei Entwicklungen zu sehen, die jeweils von einer isolierten Betrachtung ausgehen. Zum einen wird bei der Weiterentwicklung bzw. Modifizierung von Instrumenten der externen Erfolgs- und Vermögensmessung unmittelbar an gewinnorientierten Größen angeknüpft.[292] Diese sind aber, wie gezeigt, nicht als zentrale Informationsträger in Bezug auf die wirtschaftliche Lage eines Unternehmens geeignet. Zum anderen ist die an der Erfolgs- und Vermögensmessung orientierte Fortentwicklung des Jahresabschlusses, wie sie in Projekten des IASB und FASB diskutiert wird, auf die aktuellen Verfahren und Instrumente der Erfolgs- und Vermögensmessung ausgerichtet. Erörtert werden ausschließlich Darstellungs- bzw. Ausweisfragen[293] mit dem Ziel „to ascertain that sufficient information is contained in the financial statements to permit calculation of key financial measures used by investors and creditors"[294]. Im Mittelpunkt steht eine Bereitstellung von Basisgrößen für verschiedene Instrumente der Erfolgs- und Vermögensmessung, denen, wie erörtert, konzeptionelle Mängel anhaften.

Dieser Arbeit wird eine andere Vorgehensweise zugrunde gelegt. Dabei geht es nicht nur um eine bloße Veränderung von Darstellungsregeln. Auch Änderungsvorschläge bezüglich der Ausgestaltung des Jahresabschlusses, die eine Erhöhung des Wertpotenzials eines Rechnungslegungssystems oder eine Veränderung von dessen Determiniertheitsgrad bezwecken[295] greifen zu kurz. Diese Vorschlägen implizieren die Absicht, eine möglichst genaue Abbildung des Periodenergebnisses und Vermögens eines Unter-

---

291 Ähnlich schon *Crandall*, Information, 1969, S. 461 und später auch *Dirrigl*, Wertorientierung, 1998, S. 541 f.

292 Kritisch hierzu auch *Streim*, Generalnorm, 1994, S. 402; *Dirrigl*, Wertorientierung, 1998, S. 575 und Lorson/Schedler, die insbesondere in der Abhängigkeit von Normenänderungen eine „Achillesferse der (unternehmenswertorientierten und) harmonisierten Unternehmensrechnung" (*Lorson/Schedler*, Unternehmenswertorientierung, 2002, S. 277) sehen.

293 Vgl. *IASB/ASB*, Reporting, 2003, S. 1: "The project scope [...] focuses on issues of presentation"; *FASB*, Performance, 2003, Project Objectives: "The project will focus on [...] classification and aggregation, and display of specified items and summarized amounts".

294 *FASB*, Performance, 2003, Project Objectives.

295 So auch Ordelheide, wenn er ausführt, dass die Fähigkeit eines Jahresabschlusses, Erwartungen über künftige Zahlungsströme wiederzugeben mit „dem Kriterium des Wertpotentials [...] komplexitätsreduzierend erfaßt" (*Ordelheide*, Wertpotential, 1999, S. 524) wird.

nehmens zu erhalten, die als zentrale Informationsträger im Rahmen der externen Erfolgs- und Vermögensmessung dienen.[296] Da in einer Welt mit einem unvollkommenen und unvollständigen Marktsystem keine allgemeingültigen zentralen Informationsträger ermittelt werden können,[297] ist diese Vorgehensweise nicht zielführend.

Im Folgenden werden Möglichkeiten zur Einschränkung der dem Jahresabschluss zugrunde liegenden Komplexitätsreduktion im Sinne einer Bereitstellung zusätzlicher Informationen an die Adressaten erörtert.[298] Ausgangspunkt stellen nicht die oben beschriebenen Instrumente der Erfolgs- und Vermögensmessung dar, sondern es wird auf ein Referenzmodell zur Abbildung des Unternehmensgeschehens abgestellt, welches eng mit der Ermittlung eines benutzerindividuellen Unternehmenswerts in Verbindung steht. Das Modell orientiert sich an der oben definierten Zwecksetzung des Jahresabschlusses, nämlich der Bereitstellung planungs- bzw. entscheidungsrelevanter sowie steuerungs- bzw. kontrollrelevanter Informationen als Grundlage für die Erfolgs- und Vermögensmessung der Adressaten.[299] Aus diesem Modell werden inhaltliche Anforderungen an den Jahresabschluss abgeleitet. Außer Acht gelassen werden zunächst Einschränkungen, die sich aus Gründen der praktischen Umsetzbarkeit bzw. Anwendbarkeit des Modells ergeben.

Im Anschluss an den Entwurf des Referenzmodells werden wirkungsbedingte Grenzen der Informationsbereitstellung untersucht. Aus den Informationsansprüchen und -grenzen ergeben sich die inhaltlichen Anforderungen, die aus Sicht der Erfolgs- und Vermögensmessung an den Jahresabschluss zu stellen sind.

---

296 Vgl. *Wüstemann*, Institutionenökonomik, 2002, S. 64.

297 Vgl. *Beaver/Demski*, Nature, 1979, S. 41 f.; *Schildbach*, Rechnungslegungsideale, 1995, S. 2636.

298 Änlich *Knutson/Napolitano*, Criteria, 1998, S. 172.

299 Vgl. zu diesem Vorgehen *Pellens*, Rechnungslegung, 2001, S. 618; *Ballwieser*, Komplexitätsreduktion, 1990, S. 45 f. mit Bezug auf Modelle zum Zwecke der Unternehmensbewertung sowie *Lange*, Jahresabschlußinformationen, 1989, S. 203, der bei einer Evaluierung potenzieller vergangenheitsorientierter Zusatzinformationsinstrumente einen Detail-Finanzplan und einen Plan-Vermögensstatus als Referenzmodelle heranzieht. Eine ähnliche Vorgehensweise zieht auch Moxter in Betracht, wenn er fordert, dass alle in gegenwärtigen Jahresabschlüssen „vereinfachungs- oder objektivierungsbedingt herangezogenen Hilfsgrößen [...] sich hinsichtlich ihrer Eignung als Entscheidungsgrundlage an den Nettoausschüttungserwartungen messen lassen" (*Moxter*, Auskunftsverweigerungsrecht, 1998, S. 311) müssen.

Den inhaltlichen Anforderungen werden qualitativen Anforderungen an Jahresabschlussinformationen gegenübergestellt. Von Bedeutung ist dabei, dass Ersteller und Nutzer des Jahresabschlusses in der Regel nicht identisch sind und das Verhältnis zwischen diesen beiden Gruppen teilweise von Interessenskonflikten geprägt ist.[300] Zu berücksichtigen sind die in umfassender Weise zu interpretierenden Kosten im Zusammenhang mit der Modellbildung sowie dessen Auswertung. Neben der Integration geeigneter Vorkehrungen zur Entschärfung des Konflikts ist bei der Konstruktion des Jahresabschlussmodells als weitere Nebenbedingung die Beschränkung auf finanzielle Informationen relevant. Da der Abbildung der ökonomischen Konsequenzen des betrieblichen Geschehens im Jahresabschluss Messvorgänge zugrunde liegen,[301] sind bei der Aggregation von Daten messtheoretische Prinzipien als Nebenbedingungen der Modellkonstruktion zu beachten.

[300] Vgl. hierzu Teil 2 D. II. 1. dieser Arbeit.

[301] Vgl. *Mattessich*, Messung, 1970, Sp. 1106, der ausführt, dass Bewertung immer eine Messung darstellt sowie *Schneider*, Rechnungswesen, 1997, S. 3 f., mit Bezug auf das betriebswirtschaftliche Rechnungswesen unter das auch der Jahresabschluss zu subsumieren ist.

Teil 4: Anforderungen an den Jahresabschluss

A. Inhaltliche Anforderungen

Die inhaltlichen Anforderungen an den Jahresabschluss ergeben sich aus einer wertenden Gegenüberstellung der Informationsinteressen der Adressaten mit den Informationsgrenzen, die aus einer antizipativen Wirkungsanalyse einer Veröffentlichung aller für die Informationsinteressen relevanten Informationen resultieren.[302]

I. Informationsinteressen

1. Informationsinteressensynthetisches Referenzmodell

Aus den obigen Ausführungen ergibt sich, dass bei der Informationsfunktion des Jahresabschlusses der Zielstrom der Kapitalgeber in Form von künftigen Zahlungsströmen zwischen dem Unternehmen und den Kapitalgebern sowie zwischen dem Unternehmen und seiner übrigen Umwelt im Mittelpunkt stehen. Von Interesse sind Höhe, zeitliche Struktur und Unsicherheitsgrad dieser künftigen Zahlungsströme, die Veränderungen dieser Größen im Zeitablauf sowie die Ursachen der Veränderungen.[303] Die zeitliche Struktur interessiert insofern, als sich nur aufgrund solcher Angaben unterschiedliche Präferenzen bezüglich des zeitlichen Eintretens von Zahlungen berücksichtigen lassen. Auch hinsichtlich des Unsicherheitsgrads verschiedener künftiger Zahlungsströme bestehen divergierende Präferenzen bei den Bezugspersonen der Erfolgs- und Vermögensmessung, so dass in dem Referenzmodell eine Wiedergabe von Bandbreiten oder Wahrscheinlichkeitsverteilungen künftigen Zahlungen notwendig ist.[304]

Im Hinblick auf das zeitliche Bezugsobjekt des Referenzmodells ist eine Differenzierung vorzunehmen. Zum einen bezieht sich das Modell im Sinne

---

[302] Vgl. zu dieser Vorgehensweise *Moxter*, Rechnungslegung, 2003, S. 227.

[303] Demnach handelt es sich bei dem Referenzmodell aufgrund der Berücksichtigung mehrwertiger Vorstellungen um ein stochastisches Modell für die Abbildung der ökonomisch relevanten Sachverhalte des Realsystems Unternehmen. Gleichzeitig ist das Referenzmodell als Verlaufsmodell zu qualifizieren, weil es anders als Zustandsmodelle Veränderungen sowie deren Ursachen im Rahmen des Modells abbildet. (Vgl. zu diesen Arten von Modellen *Berthel*, Modelle, 1970, Sp. 1124 f.) Damit wird auch die Komplexitätsreduktion auf ein geringes Maß beschränkt.

[304] Vgl. zu dem Problem der Berücksichtigung des Unsicherheitsgrades mittels einer mehrwertigen Planung der künftigen Zahlungsströme *Ballwieser*, Komplexitätsreduktion, 1990, S. 177 f.; *Drukarczyk/Richter*, Valuing, 1996, S. 23 f.; *Adam*, Planung, 1996, S. 209.

einer Kontrollorientierung auf die Entwicklungen und Entscheidungen einer vergangenen Berichtsperiode. Bezüglich der zeitlichen Dimension der daraus resultierenden Zahlungsströme ist auf die gesamte restliche Lebensdauer des Unternehmens abzustellen. Im Mittelpunkt der Betrachtung stehen allerdings die Zahlungsströme bis zu einem bestimmten Planungshorizont. Dieser ist so zu bestimmen, dass für die Periode bis zum Erreichen des Planungshorizonts mit hinreichender Sicherheit Aussagen über die Entwicklung der Zahlungsströme möglich sind.[305]

Neben den Zahlungsströmen, die auf bereits getroffene Entscheidungen des Managements zurückgehen, sind im Sinne einer Prognoseorientierung Zahlungsströme wiederzugeben, die aus geplanten Entscheidungen der Unternehmensleitung erwartet werden.[306] Hieraus lassen sich sowohl die relative Ertragslage als Veränderung der erwarteten Nettozahlungsströme innerhalb einer Periode als auch die absolute Ertragslage als aggregierter Wert aller künftigen Nettozahlungsströme bestimmen.[307] Daneben spielen Sollgrößen, die sich aus der Annahme von alternativen Entscheidungen ableiten lassen, für die künftigen Nettozahlungsströme eine Rolle. Erst Sollzahlungsströme erlauben im Rahmen einer Abweichungsanalyse eine Beurteilung der Tätigkeit des Managements im Hinblick auf die Ausrichtung auf die Ziele der Unternehmenseigentümer.[308]

Der Prognose von Zahlungsströmen sind verschiedene Szenarien bezüglich der künftigen Entwicklung von Einflussfaktoren und deren Wirkungen auf die Zahlungsstromdeterminanten zugrunde zu legen. Zu betrachten ist das Szenario, dem die höchste Eintrittswahrscheinlichkeit beigelegt wird und zumindest ein optimistisches und ein pessimistisches Szenario.[309] Die Zahlungsstromprognosen sind um die Offenlegung sämtlicher Annahmen und um Angaben über Bestimmungs- und Einflussgrößen der künftigen Zahlungsströme, insbesondere um Angaben über deren erwartete Veränderungen in den betrachteten Szenarien, zu ergänzen.[310]

Die Ergänzungen der Zahlungsstromprognosen umfassen mehrwertige Prognosen der künftigen Entwicklungen der für die effektive Ertragslage des

305 Vgl. *Moxter*, Rechnungslegung, 2003, S. 259.
306 Vgl. *Moxter*, Auskunftsverweigerungsrecht, 1998, S. 310.
307 Vgl. *Moxter*, Vorteile, 1999, S. 501 f.
308 Vgl. *Moxter*, Auskunftsverweigerungsrecht, 1998, S. 310; *Moxter*, Vorteile, 1999, S. 502; *Flury*, Gewinnerläuterungsprinzipien, 1999, S. 44.
309 Vgl. *Mag*, Planung, 1993, Sp. 3206 f.; mit einer ähnlichen Vorgehensweise *Moxter*, Rechnungslegung, 2003, S. 258-262.
310 Vgl. *Tyrell*, Planbilanz, 2000, S. 62.

Unternehmens relevanten Einflussgrößen und eine Darstellung der Wirkungszusammenhänge zwischen den einzelnen Einflussgrößen. Ferner sind die Auswirkungen der Einflussgrößen auf die künftigen Nettozahlungsströme zwischen dem Unternehmen und seiner Umwelt sowie zwischen dem Unternehmen und seinen Kapitalgebern zu erläutern.

Das dargestellte Referenzmodell setzt eine simultane strategische Unternehmensplanung voraus.[311] Demnach sind bei der Planung alle Bestimmungs- und Einflussfaktoren als veränderlich zu betrachten und die Teilpläne für verschiedene betriebliche Bereiche, wie Beschaffung, Produktion, Absatz, Investition oder Finanzierung, unter Beachtung aller Interdependenzen in gegenseitiger Abstimmung festzulegen.[312] Interdependenzbeziehungen bestehen auch zwischen den Zahlungsstromprognosen und den betrieblichen Teilplänen. Die Zahlungsströme bauen auf den Ergebnissen der Teilpläne auf und gleichzeitig sind die Teilpläne von der Finanz- bzw. Ausschüttungsplanung abhängig.[313] Problematisch ist die Aufteilung der künftigen Einzahlungsüberschüsse des Unternehmens auf interne Verwendung in Form von Selbstfinanzierung und auf Zahlungen an die Eigenkapitalgeber in Form von Ausschüttungen. Letztere sind an Vorgaben bezüglich einer den Präferenzen aller Eigenkapitalgeber adäquaten Ausschüttungsstruktur und der zugrunde gelegten Kapitalerhaltungskonzeption zu bemessen,[314] wofür die künftigen Zahlungsströme des Unternehmens bekannt sein müssen. Darüber hinaus sind rechtliche Rahmenbedingungen, wie Ausschüttungssperren, zu beachten.

Ein Modell, das sowohl die Interdependenzen als auch mögliche künftige Entwicklungen[315] inklusive des Extremfalls einer Unternehmensliquidation[316] sowie mögliche Unternehmensstrategien und die jeweils resultierenden Zahlungsströme differenziert nach Höhe, zeitlicher Struktur und Unsicherheitsgrad darstellt, entspricht dem planungs- und kontrollorientierten Informationsbedarf der Jahresabschlussadressaten. Es dient im Folgenden als Referenzmodell für die inhaltlichen Informationsinteressen der Jahresabschlussadressaten.

---

311 Vgl. *Moxter*, Bilanzlehre I, 1984, S. 152; *Lange*, Jahresabschlußinformationen, 1989, S. 123.

312 Vgl. *Koch*, Planungssysteme, 2002, Sp. 3253.

313 Vgl. *Moxter*, Unternehmensbewertung, 1983, S. 104; *Lange*, Jahresabschlußinformationen, 1989, S. 110 f.

314 Vgl. *Drukarczyk*, Theorie, 1993, S. 70.

315 Vgl. *Moxter*, Bilanzlehre I, 1984, S. 152.

316 Vgl. *Lange*, Jahresabschlußinformationen, 1989, S. 16.

2. Charakteristika der Informationsinteressen

Die Charakteristika der Informationsinteressen dienen der Operationalisierung des Prinzips Entscheidungsrelevanz bzw. Entscheidungsnützlichkeit. Bei informations- bzw. rechnungslegungstheoretischen Erörterungen wird das Prinzip oft mit unterschiedlichen, teilweise abstrakten Bedeutungen belegt und mit verschiedenen Ansätzen in Verbindung gebracht. Die Bandbreite möglicher Interpretationen reicht von einer allgemeingültigen Maxime für jede Form von Kommunikation[317] bis zu einer detaillierten Festlegung eines aus empirischen Untersuchungen gewonnenen Katalogs von speziellen Einzelinformationen.[318] Auch die Begriffsbestimmung durch internationale Standardsetter, wie das IASB, im Rahmen der Formulierung von Anforderungen an Rechnungslegungsnormen ist abstrakt.[319] Zudem weist sie Zirkelbezüge auf. So wird im Framework zu den IFRS ausgeführt: „To be useful, information must be relevant to decision-making needs of users. Information has the quality of relevance when it influences the economic decisions of users[...]“[320].

Durch eine Bezugnahme auf das dargestellte Referenzmodell lässt sich eine Konkretisierung bzw. Operationalisierung des zentralen Prinzips der Entscheidungsrelevanz erreichen. Es lassen sich die folgende Charakteristika von entscheidungsrelevanten Informationen ableiten:[321]

(1) Zahlungsorientierung
(2) Berücksichtigung der Unsicherheit
(3) Berücksichtigung der Struktur künftiger Zahlungen bzw. Erfolge
(4) Gesamtwertorientierung
(5) Prognoseorientierung und Berücksichtigung von direkten Prognosen
(6) Kontrollorientierung

Die Charakteristika (1) bis (3) ergeben sich unmittelbar aus den Kernelementen des Referenzmodells, nämlich den künftigen Zahlungsströmen zwi-

---

317 Vgl. *Hoffmann/Lüdenbach*, Rechnungslegung, 2002, S. 544.

318 Vgl. zu diesem Ansatz im Rahmen der behavioral accounting research sowie zu weiteren Ansätzen der Operationalisierung des Entscheidungsnützlichkeitsprinzips *Hütten*, Geschäftsbericht, 2000, S. 228-234.

319 Vgl. auch *Hoffmann/Lüdenbach*, Rechnungslegung, 2002, S. 544; *Mujkanovic*, Fair Value, 2002, S. 75 f.

320 F. 26.

321 Vgl. hierzu *Günther*, Rechnungslegung, 2002, Sp. 2661 und *AICPA*, Reporting, 1994, Chapter 3. Qualitative Anforderungen, die ebenfalls mit dem Prinzip der Entscheidungsrelevanz in Verbindung stehen, werden im nächsten Abschnitt erörtert.

schen dem Unternehmen und seiner Umwelt bzw. zwischen dem Unternehmen und den Eigenkapitalgebern mit den jeweiligen Determinanten Höhe, zeitliche Struktur und Unsicherheit. Dabei sind die Charakteristika (2) und (3) auf die Verschiedenheit von Zeit- bzw. Unsicherheitspräferenzen zurückzuführen.

Die Gesamtwertorientierung (4) leitet sich aus der Anforderung ab, alle Verbund- und Synergieeffekte eines Unternehmens zu beachten. Da sich das Interesse der Adressaten insbesondere auf künftige Entwicklungen bezieht, ist die Prognoseorientierung der Darstellung und die Berücksichtigung von direkten Prognosen (5) ein wesentliches Charakteristikum von entscheidungsrelevanten Informationen. Eng verknüpft mit der Prognoseorientierung ist die Kontrollorientierung (6), die sich durch die Möglichkeit einer Gegenüberstellung von geplanten bzw. erwarteten und tatsächlich eingetretenen Entwicklungen ergibt.

II. Wirkungsbedingte Informationsgrenzen

Im Gegensatz zu den schon angesprochenen allgemeinen Grenzen von Jahresabschlüssen[322] wird im Folgenden auf wirkungsbedingte Grenzen einer Bereitstellung von planungs- und kontrollrelevanten Informationen durch den Jahresabschluss eingegangen. Die Bereitstellung verursacht Kosten für die Ermittlung und Veröffentlichung der Informationen. Diesen Kosten stehen die erwarteten positiven Wirkungen auf die Adressaten und insbesondere die Entscheidungen der Kapitalgeber gegenüber. Aufgrund der allgemeinen Veröffentlichung von Jahresabschlüssen ergeben sich Auswirkungen auf Märkte, die mit dem betrachteten Unternehmen in Verbindung stehen.[323] Diese Auswirkungen sind in der Regel nicht nur positiv und müssen bei dem theoretischen Kosten-Nutzen-Kalkül bezüglich der Frage nach einer Bereitstellung bestimmter Informationen berücksichtigt werden. Die Kosten der Informationsbereitstellung und deren Nutzen lassen sich nicht exakt quantifizieren. Es ist aber die Frage zu diskutieren, inwieweit es möglich und notwendig ist, wesentliche negative Auswirkungen auf andere Märkte zu verhindern oder zumindest einzuschränken, indem die nach dem obigen Referenzmodell grundsätzlich bereitzustellenden Informationen modifiziert bzw. begrenzt werden.[324]

---

[322] Vgl. Teil 2 E.

[323] Vgl. *Moxter*, Rechenschaft, 1976, S. 97; *Flury*, Gewinnerläuterungsprinzipien, 1999, S. 47; *Kirchner*, Entscheidungsnützlichkeit, 2000, S. 45.

[324] Vgl. *Moxter*, Rechnungslegung, 2003, S. 227.

Die Festlegung des Umfangs der bereitzustellenden Informationen hat die unterschiedlichen Interessen der Adressaten zu berücksichtigen.[325] Ziel ist es, einen hypothetischen Konsens zwischen den Adressaten[326] herzustellen. Die Festlegung erfolgt durch eine Definition von Informationsansprüchen als diejenige Teilmenge der Informationsinteressen, die als schutzwürdig angesehen wird. Um wirkungsbedingte Informationsgrenzen zu identifizieren, erfolgt keine Gegenüberstellung von Kosten und Nutzen einer Bereitstellung bestimmter Informationen aus dem Blickwinkel einer gesamtwirtschaftlichen Effizienzbetrachtung im neoklassischen Sinne. Es wird vielmehr auf die individuellen Entscheidungen einzelner Marktteilnehmer und deren Auswirkungen abgestellt, wobei für diese Eigennutzorientierung, unvollkommene Information sowie begrenzte Rationalität[327] unterstellt werden.[328]

Zunächst werden die Wirkungen einer pflichtmäßigen Bereitstellung von entscheidungsrelevanten Informationen auf den Kapitalmarkt analysiert. Aufgrund der Verfügbarkeit entscheidungsrelevanter Informationen sinken die Kosten der Informationsbeschaffung bei den Kapitalgebern.[329] Die Reaktionszeiten auf Veränderungen der wirtschaftlichen Lage von Unternehmen verkürzen sich. Durch die transparentere Informationsbereitstellung kommt es zu einer Intensivierung des Wettbewerbs auf dem Kapitalmarkt.[330] Unklar ist, inwieweit es infolge von Nachweis- und Glaubwürdigkeitsproblemen überhaupt möglich ist, die für Entscheidungen der Kapitalgeber notwendigen zukunftsorientierten Informationen bereit zu stellen.[331] Diese Fragestellung betrifft vorwiegend die qualitativen Eigenschaften von Informationen, die im nächsten Kapitel betrachtet werden.[332]

---

325 Vgl. *Baetge*, Rechnungslegungszwecke, 1976, S. 23; *Lange*, Jahresabschlußinformationen, 1989, S. 202.

326 Vgl. *Kirchner*, Entscheidungsnützlichkeit, 2000, S. 48 f.; *Schmidt*, Rechnungslegung, 2000, S. 39.

327 Es wird also kein vollkommen rationaler Nutzenmaximierer im Sinne eines homo oecono-micus unterstellt; vgl. hierzu *Wüstemann*, Institutionenökonomik, 2002, S. 13 f.

328 Vgl. *Kirchner*, Bilanzrecht, 1997, S. 273 f.; *Schmidt*, Rechnungslegung, 2000, S. 39; *Kampmann*, Kapitalstruktur, 2001, S. 24.

329 Vgl. *Hax*, Rechnungslegungsvorschriften, 1988, S. 198; *Schmidt*, Rechnungslegung, 2000, S. 43.

330 Vgl. *Kirchner*, Entscheidungsnützlichkeit, 2000, S. 54.

331 Vgl. *Lange*, Jahresabschlußinformationen, 1989, S. 202; *Goerdeler*, Publizität, 1992, S. 241; *Moxter*, Rechnungslegung, 2003, S. 228 f.

332 Vgl. Teil 4 B. Ein weiteres mögliches Problem im Zusammenhang mit der Bereitstellung entscheidungsrelevanter Informationen stellen Rent-Seeking-Aktivitäten der Standardsetter dar; vgl. hierzu ausführlich *Kirchner*, Entscheidungsnützlichkeit, 2000, S. 54 f. Auf diese politischen Aspekte der Regulierung wird im Rahmen dieser Arbeit nicht eingegangen.

Für den Fremdkapitalmarkt gelten grundsätzlich die gleichen Überlegungen wie für den Eigenkapitalmarkt. Grund hierfür ist, dass transparente Informationen für die Kreditentscheidung bereitgestellt werden und die Notwendigkeit entsprechender Kreditvereinbarungen entfällt. Eine Ausnahme stellt der Fall dar, dass sich ein Unternehmen in einer finanziell schwierigen Lage befindet. Sobald über diesen Umstand Informationen veröffentlicht werden, können entsprechende Reaktionen von Gläubigern in Form von Kreditkündigungen zu einer Insolvenz des Unternehmens führen.[333] Andererseits kann die Bereitstellung von detaillierten Informationen über die Finanzlage und über die effektive Ertragslage dieses Problem entschärfen. Das Unternehmen ist in diesem Fall gezwungen, frühzeitig entsprechende Gegenmaßnahmen zu ergreifen.

Auswirkungen hat die Bereitstellung von entscheidungsrelevanten Informationen auch auf den Produktmarkt. Vorteile ergeben sich in Form einer Verringerung von Transaktionskosten bei langfristigen Vertragsbeziehungen, da Jahresabschlussinformationen als Informationsbasis herangezogen werden können. Diesen Vorteilen stehen negative Wirkungen durch eine Beeinträchtigung von Wettbewerbsvorteilen durch Konkurrenten gegenüber.[334] Eine pflichtmäßige Publikation von Informationen über aktuelle Forschungsprojekte und über die Entwicklung innovativer Produkte kann die Reaktionszeiten von Wettbewerbern verkürzen, wodurch sich die Erfolge des Unternehmens aus einem Informationsvorsprung verringern. Der Anreiz für Innovationen sinkt.[335]

Zur Begrenzung der negativen Wirkungen von entscheidungsnützlichen Informationen, insbesondere auf dem Produktmarkt, sind solche von einer pflichtmäßigen Bereitstellung auszunehmen, die Konkurrenten konkrete Hinweise über aktuelle Innovationen des Unternehmens geben können. Dies gilt nicht für Informationen über erwartete künftige Erfolge aus den Innovationen, die im Rahmen der externen Erfolgs- und Vermögensmessung von Relevanz sind.[336]

B. Qualitative Anforderungen

Neben den wirkungsbedingten Informationsgrenzen existieren qualitative Anforderungen an die im Jahresabschluss bereitgestellten Informationen,

---

333 Vgl. *Moxter*, Rechnungslegung, 2003, S. 227.

334 Vgl. *Clemm*, Aufgaben, 1987, S. 100; *Lange*, Jahresabschlußinformationen, 1989, S. 202; *Flury*, Gewinnerläuterungsprinzipien, 1999, S. 47

335 Vgl. *Kirchner*, Entscheidungsnützlichkeit, 2000, S. 61.

336 Vgl. *Kirchner*, Entscheidungsnützlichkeit, 2000, S. 65.

die ebenfalls eine beschränkende bzw. modifizierende Wirkung auf das lediglich inhaltliche Anforderungen berücksichtigende Referenzmodell haben.

I. Diskussion qualitativer Anforderungen

1. Glaubwürdigkeit

Glaubwürdigkeit basiert auf dem Prinzip der Vertrauensbildung und stellt eine wesentliche Grundlage für die Komplexitätsreduktion dar.[337] Die Glaubwürdigkeit von Informationen stellt ein Ersatzkriterium für die eigentlich interessierende Anforderung der Wahrheit dar.[338] Nur in wenigen Ausnahmefällen bezieht sich die Berichterstattung im Rahmen des Jahresabschlusses auf objektive Informationen, die sich unabhängig von subjektiven Einschätzungen beobachten bzw. direkt messen lassen. Objektivität beschreibt ein für alle rationalen Personen einsichtiges Merkmal eines Betrachtungsobjektes.[339] Der Jahresabschluss kann keine objektive Abbildung der Realität sein, da Selektionen von Sachverhalten sowie Schätzungen notwendig sind.[340] In diesem Sinne existieren die abzubildenden Größen Reinvermögen und Gewinn nicht als solche, sondern werden erst durch deren Ermittlung determiniert.

Die Vertrauensbildung ist umso wichtiger, je unterschiedlicher die Interessen zwischen Informationsersteller und -adressaten sind. Dass ein solcher Interessenskonflikt auch zwischen Erstellern und Empfängern des Jahresabschlusses besteht, wurde bereits dargestellt.[341] Wurde durch Vertrauensbildung eine bestimmte Glaubwürdigkeit aufgebaut, ermöglicht dies einen Verzicht auf eine detaillierte Kontrolle sämtlicher erhaltener Daten.[342] Eine solche umfassende Kontrolle wäre in Bezug auf Jahresabschlussinformationen aufgrund der externen Stellung der Adressaten nicht möglich.

Im Kontext der Ermittlung und Bereitstellung von Informationen durch den Jahresabschluss kann die Vertrauensbildung erfolgen, indem allgemein anerkannte und eindeutige Regeln für die Erfassung bzw. Aggregation von Geschäftsvorfällen festgelegt und die Adressaten über sie in Kenntnis ge-

[337] Vgl. *Luhmann*, Vertrauen, 1973, S. 7 f.
[338] Ähnlich *Hebertinger*, Wertsteigerungsmaße, 2002, S. 53.
[339] Vgl. *Ijiri*, Measurement, 1975, S. 36; *Kuhner*, Bewertungskonzeptionen, 1994, S. 159.
[340] Vgl. *Ijiri/Jaedicke*, Reliability, 1966, S. 476; *Ballwieser*, Jahresabschlußverbesserungen, 1982, S. 775 f.; *Hartle*, Entobjektivierung, 1984, S. 24.
[341] Vgl. Teil 2 D. II. 1.
[342] Vgl. *Janik*, Investor, 2002, S. 97.

setzt werden.[343] Zweck dieser Regeln ist es, dass gleiche Tatbestände von unterschiedlichen sachverständigen Personen im Jahresabschluss möglichst gleich abgebildet werden. Hierfür werden Objektivierungsprinzipien eingesetzt.[344] Darunter sind Prinzipien und Methoden zu subsumieren, die Subjektives in der Weise darstellen, dass es zweifelsfrei nachvollziehbar, also intersubjektiv nachprüfbar wird.[345] Die Nachvollziehbarkeit muss sowohl für die Adressaten als auch für einen neutralen Dritten gegeben sein, der die Jahresabschlussinformationen in regelmäßigen Abständen im Hinblick auf die Einhaltung der festgelegten Regeln überprüft. Methodisch kann die Objektivierung im Sinne der intersubjektiven Nachprüfbarkeit durch Standardisierungen, Vereinfachungen und Verwendung von Indikatoren bzw. Surrogaten erfolgen, die an beobachtbare unternehmensexterne Transaktionen, wie z. B. Marktprozesse,[346] oder interne Transaktionen, wie z. B. bestimmte Dokumentationsver-fahren,[347] anknüpfen.

Durch die Adressaten müssen sich die Informationen des Jahresabschlusses insofern nachvollziehen lassen, als sich deren Ermittlung und Darstellung an den festgelegten Regeln orientiert. Objektivierung bedeutet nicht nur, dass die Adressaten unmittelbar die Plausibilität von Informationen einschätzen können, sondern auch, dass ihnen die Möglichkeit gegeben wird, der erwarteten Entwicklung ex-post das tatsächliche Ergebnis gegenüberzustellen. Daraus lassen sich im Sinne des Aufbaus von erfahrungsbedingtem Vertrauen Rückschlüsse auf die Qualität der Prognosen und die Glaubwürdigkeit des Jahresabschlusserstellers[348] ziehen.

Schließlich müssen die Informationen einer externen Prüfung durch unabhängige Prüfer zugänglich sein. Bei zukunftsorientierten Daten können externe Prüfer keine umfassende Sicherstellung der Glaubwürdigkeit von Jah-

---

343 Vgl. *Leffson*, GoB, 1987, S. 104-107; *Baetge*, Rechnungslegungszwecke, 1976, S. 17.

344 Vgl. *Baetge*, Objektivierung, 1970, S. 16 f., 21; *Leffson*, GoB, 1987, S. 67, 81 f.

345 Vgl. *Beisse*, Gläubigerschutz, 1993, S. 83; *Kuhner*, Bewertungskonzeptionen, 1994, S. 159; im Ergebnis ebenso *Baetge*, Objektivierung, 1970, S. 17 f.; *Popper*, Logik, 1989, S. 18; *Leffson*, GoB, 1987, S. 81, wobei die ersten beiden Autoren eine abweichende Begriffsfestlegung vornehmen und von „objektiv" anstelle von „objektiviert" sprechen. Leffson verwendet zwar die Bezeichnung „Objektivierung", nennt die sich dabei ergebenden Daten aber „objektiv".

346 Vgl. *Wüstemann*, Institutionenökonomik, 2002, S. 62.

347 Vgl. *Kuhner*, Bewertungskonzeptionen, 1993, S. 166.

348 Für eine Berücksichtigung der von den Adressaten wahrgenommenen Glaubwürdigkeit des Jahresabschlusserstellers im Rahmen der Beurteilung der Glaubwürdigkeit der von ihm bereitgestellten Informationen spricht sich auch Moxter aus; vgl. *Moxter*, Rechnungslegung, 2003, S. 229.

resabschlussinformationen leisten, sondern lediglich Aussagen über deren Plausibilität machen. Voraussetzung hiefür ist eine Dokumentation und Erläuterung von Daten, um die Nachvollziehbarkeit der den Prognosen zugrunde liegenden Annahmen zu gewährleisten.[349]

Die Forderung nach Glaubwürdigkeit ist eine zentrale Anforderung an die vom Jahresabschluss bereitgestellten Informationen.[350] Sie besitzt indes keinen Absolutheitsanspruch,[351] sondern lediglich den Rang einer grundsätzlichen Anforderung, die es bis zu einem bestimmten Niveau zu erfüllen gilt. Dieses Niveau ist abhängig von den Auswirkungen der jeweiligen Objektivierungsprinzipien auf die Vermittlung der nach dem Referenzmodell notwendigen Informationen und von den Risikoeinstellungen der einzelnen Adressaten. So wird ein risikoaverser Adressat größeren Wert auf die Glaubwürdigkeit von Informationen legen als ein risikofreudiger, selbst wenn sich durch die Anwendung von Objektivierungsprinzipien entsprechende Verzerrungen ergeben.

2. Vergleichbarkeit

Eine weitere qualitative Anforderung, die an die Informationen des Jahresabschlusses gestellt wird, ist die Vergleichbarkeit. Erst die Gegenüberstellung mit vorangegangenen Perioden oder mit ähnlichen Wettbewerbern ermöglicht es den Adressaten, die wirtschaftliche Lage des betrachteten Unternehmens einzuschätzen und entsprechende Konsequenzen zu ziehen.[352] Ohne intertemporale Vergleichbarkeit können die Adressaten nur schwer feststellen, ob Veränderungen von Jahresabschlussdaten im Zeitablauf auf Veränderungen der wirtschaftlichen Lage des Unternehmens oder lediglich auf einen Wechsel von Bilanzierungsmethoden bzw. Darstellungsweisen zurückzuführen sind.[353] Die zwischenbetriebliche Vergleichbarkeit ist für die Adressaten von Bedeutung bei der Bewertung von alternativen Aktionen im Rahmen ihrer Entscheidungsprozesse.

Folgerungen aus der Forderung nach Vergleichbarkeit sind die statische und dynamische Stetigkeit von Jahresabschlussinformationen. Nach der statischen Stetigkeit sind gleichartige Transaktionen oder Ereignisse im Jah-

---

349 Vgl. *Niehus*, Prüfung, 1998, S. 492 f.

350 Vgl. *Beisse*, Gläubigerschutz, 1993, S. 83; *Wüstemann*, Institutionenökonomik, 2002, S. 62.

351 Vgl. *Edwards/Bell*, Income, 1961, S. 283; a. A. *Schmidt*, Rechnungslegung, 2000, S. 18-22, der quasi-absolute Anforderungen an das Objektivierungsniveau stellt.

352 Vgl. *Leffson*, GoB, 1987, S. 186.

353 Vgl. *Leffson*, GoB, 1987, S. 428-431.

resabschluss gleich abzubilden.[354] Dabei ist auf den wirtschaftlichen Gehalt und nicht die rechtliche Gestaltung von Sachverhalten abzustellen.

Dem Jahresabschluss müssen grundsätzlich die gleichen Ermittlungs- und Darstellungsmethoden zugrunde liegen wie den zum Vergleich angegebenen Jahresabschlüssen vergangener Jahre.[355] Diese Forderung wird als dynamische Stetigkeit bezeichnet und dient der intertemporalen Vergleichbarkeit. Eine Einschränkung der dynamischen Stetigkeit ergibt sich für Fällen, in denen sich getroffene Ansatz-, Ausweis- und Bewertungsentscheidungen aufgrund neuer Informationen bzw. Ereignisse zu einer unzutreffenden bzw. missverständlichen Abbildung von Sachverhalten im Jahresabschluss führen. Die Art der der Erfassung ist dann zu ändern und Art, Ursache und Auswirkungen der Änderung sind zu erläutern.[356] Bei Vornahme von Änderungen sind darüber hinaus die Vorjahresangaben entsprechend anzupassen. Da solche Änderungen bei prognoseorientierten Informationen häufiger zu erwarten sind, kann dem Vergleichbarkeitsgrundsatz nicht der Rang einer starren Nebenbedingung beigemessen werden. Zudem ist zu beachten, dass aufgrund der Komplexitätsreduktion bei der Ermittlung und Bereitstellung der Jahresabschlussdaten diese von der individuellen Wahrnehmung der Ersteller geprägt sind, die nur zum Teil durch feste Regeln begrenzt werden kann. Schließlich steht das Kriterium der Vergleichbarkeit im engen Zusammenhang mit der Anforderung der Objektivierung. Eine eigenständige Bedeutung weist die Anforderung der Vergleichbarkeit allerdings in Bezug auf die Darstellung von Informationen auf.

3. Vollständigkeit

Voraussetzung für die Verwendbarkeit von Jahresabschlussinformationen ist die Beachtung des Grundsatzes der Vollständigkeit. Seine Begründung ist darin zu sehen, dass es durch das Weglassen von Daten entweder bei der Ermittlung oder Darstellung von Informationen im Rahmen des Jahresabschlusses zu einer Verzerrung des beim Adressaten entstehenden Bildes von der wirtschaftlichen Lage des Unternehmens kommen kann.[357] Dadurch steigt die Wahrscheinlichkeit, dass die Adressaten suboptimale Entscheidungen auf Grundlage der Informationen treffen.[358]

---

354 Vgl. *Mujkanovic*, Fair Value, 2002, S. 100.
355 Vgl. *Leffson*, GoB, 1987, S. 433.
356 Vgl. *Moxter*, Rechnungslegung, 2003, S. 232.
357 Vgl. *Moxter*, Rechenschaft, 1976, S. 92.
358 Vgl. *Kubin*, Aktionär, 1998, S. 534.

Nach dem Postulat der Vollständigkeit sind in den Jahresabschluss alle Informationen aufzunehmen, die den Informationsansprüchen der Jahresabschlussadressaten entsprechen.[359] Die Verpflichtung, diese Informationen bereitzustellen, ergibt sich bereits implizit aus den inhaltlichen Anforderungen an den Jahresabschluss. Das Vollständigkeitskriterium unterstreicht lediglich, dass keine den Ansprüchen der Adressaten entsprechende Information weggelassen werden darf, hat aber ansonsten keine eigenständige Bedeutung.[360]

4. Verständlichkeit

Eine weitere Anforderung an Jahresabschlussinformationen ist deren Verständlichkeit. Abgestellt wird auf die Kenntnisse und Fähigkeiten eines fiktiven Adressaten, der mit ökonomischen Sachverhalten und mit den Grundlagen der Buchführung vertraut ist.[361]

Voraussetzung für Verständlichkeit ist, dass die Adressaten in der Lage sind, die Zahlen des Jahresabschlusses nachzuvollziehen und sich ein Bild von der wirtschaftlichen Lage des Unternehmens zu machen. Dieses Bild darf nicht irreführend für die Adressaten sein.[362]

Die Anforderung der Verständlichkeit steht in engem Zusammenhang mit der Aggregation von Einzeldaten. Die Vielzahl, Komplexität und Unsicherheit über die Wirkungen der realen Unternehmensprozesse[363] erfordert die Bereitstellung von umfangreichen Detailinformationen. Dabei kann es zu einem information overload der Adressaten kommen, wenn sie nicht mehr in der Lage sind, die zahlreichen Informationen zu verarbeiten. Andererseits kann die Bereitstellung von hochaggregierten Informationen den inhaltlichen Anforderungen nicht gerecht werden.[364] Einer Lösung dieses Problems steht die Relationalität des Verständlichkeitsgrundsatzes im Hinblick auf die Vorkenntnisse und die Aufnahmefähigkeit bzw. -bereitschaft der Adressaten entgegen. Aufgrund der starken Heterogenität der Jahresabschlussadressaten lassen sich kaum konkrete Folgerungen aus der Anforderung der Verständlichkeit ableiten.[365]

359 Vgl. *Leffson*, GoB, 1987, S. 220; *Moxter*, Rechenschaft, 1976, S. 92.
360 Ähnlich *Moxter*, Rechnungslegung, 2003, S. 231, der dem Vollständigkeitskriterium lediglich den Rang eines Formalgrundsatzes zuweist.
361 Vgl. *Leffson*, GoB, 1987, S. 209.
362 Vgl. *Leffson*, GoB, 1987, S. 209 f.
363 Vgl. *Moxter*, Rechenschaft, 1976, S. 93 f.
364 Vgl. zu diesem Konflikt *Moxter*, Rechnungslegung, 2003, S. 231 f.
365 Vgl. *Moxter*, Rechnungslegung, 2003, S. 232.

5. Aggregationskonsistenz

In engem Zusammenhang mit der Verständlichkeit steht die Anforderung der Aggregationskonsistenz. Sie hat ihre konzeptionelle Grundlage in der Messtheorie.[366] Im Jahresabschluss ist es notwendig zu aggregieren, also gleichartige Daten zusammenzufassen, damit es zu keinem information overload der Adressaten kommt. Zudem stellt die Aggregation eine Möglichkeit dar, Einzelinformationen, die unter Konkurrenzgesichtspunkten geheim gehalten werden sollen,[367] durch Zusammenfassung mit anderen Informationen den Adressaten nicht direkt offen zu legen.

Auf der höchsten Aggregationsstufe ergeben sich der Periodengewinn des Unternehmens in einem bestimmten Zeitraum und das Reinvermögen des Unternehmens zu einem bestimmten Stichtag. Beide Größen sind, nicht objektiv bestimmbar, da sie lediglich auf individueller Ebene ermittelt werden können.[368] Es liegt keine direkte Messung im Sinne einer relationserhaltenden quantitativen Abbildung von empirischen Sachverhalten vor.[369] Die komplexitätsreduzierende Ermittlung von Erfolgs- und Vermögensgrößen wird unter Einhaltung bestimmter Regeln im Rahmen eines umfassenden Informationsermittlungs- und Informationsverwertungsprozesses durchgeführt,[370] so dass die Erfolgs- und Vermögensmessung eine indirekte bzw. mittelbare Messung darstellt. Der Prozess ist komplexer als die direkte Messung. Es treten Störgrößen, wie Unsicherheiten bezüglich künftiger Umweltzustände und Fehleranfälligkeiten, vor allem aufgrund von Eigeninteressen der Messenden auf.[371] Die Unsicherheit führt bei Fehlen eines vollkommenen und vollständigen Marktsystems dazu, dass die Aggregierbarkeit im Sinne der Additivität von Werten anders als in der Messtheorie nicht ohne weiteres gewährleistet ist.[372] Zudem bestehen unterschiedliche Zeit- und Unsicherheitspräferenzen, die zu unterschiedlichen Aggregationsmechanismen und damit in der Regel zu unterschiedlichen Ergebnissen führen.[373]

---

366 Vgl. hierzu grundlegend *Mattessich*, Messung, 1970, Sp. 1105 f.

367 Vgl. Teil 4 A. II.

368 Vgl. Teil 4 B. I. 1.

369 Vgl. *Hartle*, Entobjektivierung, 1984, S. 15-17.

370 Vgl. *Mock*, Criteria, 1976, S. 41 f.

371 Vgl. *Mock*, Criteria, 1976, S. 42-45.

372 Vgl. *Larson/Schattke*, Additivity, 1966, S. 639; *Mock*, Criteria, 1976, S. 46; *Pohlmann*, Bewertungskonzeptionen, 1981, S. 102.

373 Vgl. *Beaver/Demski*, Nature, 1979, S. 41 f.

Von Bedeutung ist in diesem Zusammenhang die Konsistenz der zu aggregierenden Größen. Bei der Bewertung im Rahmen des Jahresabschlusses kommen hierfür in Betracht:

- der Zeitpunkt, auf den sich die Wertermittlung bezieht
- die Fiktion, die der Wertermittlung zugrunde liegt (Reproduktion bzw. Wiederbeschaffung, Veräußerung, Nutzung)
- die Bezugnahme auf tatsächliche Marktpreise sowie die Beschaffenheit der zugrunde gelegten Märkte
- die Unsicherheit des Wertes

Die Wertermittlung kann sich grundsätzlich auf vergangene, gegenwärtige oder künftige Zeitpunkte beziehen.[374] Im Rahmen des Jahresabschlusses ist konsistent auf einen dieser Zeitpunkte abzustellen. Andernfalls kann es durch Wertmaßeinheitsänderungen infolge von Inflation zu Verzerrungen bei der Aggregation kommen.[375]

Zu Verzerrungen führt im Rahmen der Aggregation auch die Vermischung von input-bezogenen Werten in Form von Wiederbeschaffungs- oder Rekonstruktionskosten, output-bezogenen Werten in Form von Veräußerungswerten und nutzungsbezogenen Werten in Form von Barwerten der erwarteten Cashflows aus dem Gebrauch oder einer sonstigen Verwertung.[376]

Ferner können Verzerrungen auftreten, wenn die zu aggregierenden Posten mit unterschiedlichen Arten von Marktpreisen bewertet werden. So kann auf tatsächliche Marktpreise oder auf hypothetische Marktwerte auf der Basis von Bewertungsmodellen, wie z. B. DCF-Verfahren oder Optionspreismodellen, abgestellt werden.[377] Auch effektive Marktpreise lassen sich nicht problemlos aggregieren, wenn sie nicht eindeutig bestimmt sind. Unterschiede ergeben sich sowohl aufgrund unterschiedlicher Marktformen und -größen als auch aufgrund einer Beeinflussung durch individuelle Präferenzen sowie aufgrund von Transaktionskosten. Bezüglich der Marktformen können sowohl auf der Angebots- als auch auf der Nachfrageseite monopolistische, oligopolistische und polypolistische Strukturen bestehen, die in der Regel zu unterschiedlichen Preisen führen. Daneben ist die Preisbildung auf Märkten häufig abhängig von sachlichen (z. B. bezüglich Art bzw. Qualität der gehandelten Güter), persönlichen (z. B. bezüglich der Sympathie ge-

---

374 Vgl. *Edwards/Bell*, Income, 1961, S. 75.

375 Vgl. *Lim*, Mathematical, 1966, S. 647; *Mock*, Criteria, 1976, S. 46 f.

376 Vgl. *Lim*, Mathematical, 1966, S. 647.

377 So auch *Schildbach*, Zeitbewertung, 1999, S. 181, der hierbei von synthetischen Werten spricht.

genüber verschiedenen Anbietern), zeitlichen und räumlichen (z. B. bezüglich verschiedener Lieferzeiten bzw. Verkaufsorte) Präferenzen.[378]

Werte können zudem im Hinblick auf die Dimension Unsicherheit differieren. So ist der Wert der Kasse bei gehaltenen inländischen Sorten mit absoluter Sicherheit zu ermitteln, während sich für den Wert von Forderungen aus Lieferungen und Leistungen nur ein Konfidenzintervall bestimmen lässt, in dem der tatsächliche Wert mit einer bestimmten Sicherheit liegt.[379]

Die messtheoretische Voraussetzung der Aggregationskonsistenz bezüglich aller erläuterten Dimensionen ist bei der Jahresabschlusserstellung nur schwer umsetzbar. Es fehlen notwendige Daten, und bei den erforderlichen Modifikationen der vorhandenen Daten oder Schätzungen treten Konflikte mit der Glaubwürdigkeit der Informationen auf. In diesen Fällen sind Durchbrechungen im Sinne der Aggregation von theoretisch nicht aggregierbaren Größen nur schwer zu vermeiden. Dem hat eine Abwägung voranzugehen zwischen dem Ausmaß der Beeinträchtigung der Aussagekraft der Informationen durch die Vornahme der Aggregation und der Bedeutung des konfligierenden Grundsatzes. Zudem relativiert sich die Beeinträchtigung der Aussagekraft bei Durchbrechungen, wenn deren Auswirkungen erläutert werden.[380]

6. Wirtschaftlichkeit

Ein unmittelbarer Ausfluss des allgemeinen Kosten-Nutzen-Kalküls ist das Wirtschaftlichkeitskriterium. Im Gegensatz zu den formulierten wirkungsbedingten Informationsgrenzen, bei denen die mittelbaren Kosten der Informationsbereitstellung im Mittelpunkt stehen, bezieht sich das Kriterium der Wirtschaftlichkeit auf die direkten Kosten der Informationsgenerierung und -bereitstellung im Verhältnis zum unmittelbaren Nutzen der Jahresabschlussadressaten.

Bei der Jahresabschlusserstellung wird Wirtschaftlichkeit durch das Wesentlichkeitskriterium spezifiziert. Dieses wird aus informationstheoretischer Sicht so interpretiert, dass nur dann bestimmte Einzelinformationen nicht gesondert dargestellt werden müssen, wenn es dadurch zu keiner Beeinflussung der Entscheidungsprozesse von Adressaten kommen kann.[381] Eine Operationalisierung des Wesentlichkeitskriteriums besteht in einer Festle-

[378] Vgl. *Hilke*, Markt, 1993, Sp. 2772.
[379] Vgl. *Baetge*, Objektivierung, 1970, S. 37 f.
[380] Vgl. *Knutson/Napolitano*, Evaluating, 1998, S. 175.
[381] Vgl. *Leffson*, GoB, 1987, S. 182 f.; ausführlich *Jung*, Wesentlichkeit, 1997, S. 20-55.

gung von relativen Wesentlichkeitsgrenzen, deren Unterschreiten dem Jahresabschlussersteller die Möglichkeit gibt, eine bestimmte Einzelinformation wegzulassen bzw. mit anderen Informationen zusammenzufassen.[382]

Eine allgemeingültige Konkretisierung des Wirtschaftlichkeitskriteriums in Hinblick auf die Frage, welche Informationen ihrer Art nach in den Jahresabschluss aufgenommen werden sollen und mit welchem Detailliertheitsgrad dies zu geschehen hat, gestaltet sich schwierig. Der Anwendernutzen von einzelnen Informationen lässt sich nicht genau bestimmen. Zurückzuführen ist dies auf die Relationalität dieser Größe. So ist der Anwendernutzen abhängig von den speziellen Interessen der einzelnen Informationsadressaten und dem „informationellen Kontext“[383], wie dem Vorwissen aus anderen Informationsquellen. Aus diesem Grund lassen sich kaum konkrete Folgerungen aus dem Kriterium ableiten. Es stellt einen allgemeinen Grundsatz und keine restriktive Anforderung dar.

C. Verhältnis zwischen qualitativen und inhaltlichen Anforderungen

Aus der Diskussion verschiedener qualitativer Anforderungen ergibt sich, dass die Jahresabschlussinformationen vor allem der Anforderung der Glaubwürdigkeit zu genügen haben. Diese ist durch ein entsprechendes Objektivierungsniveau sicherzustellen. Darüber hinaus ist bei der Zusammenfassung von Posten die Anforderung der Aggregationskonsistenz und bei der Darstellung bzw. Gliederung die Anforderung der Vergleichbarkeit zu beachten. Die anderen diskutierten Anforderungen stellen zwar ebenfalls nicht zu vernachlässigende qualitative Anforderungen dar, treten aber in ihrer Bedeutung hinter die inhaltlichen Anforderungen zurück[384] oder stehen in enger Verbindung mit den inhaltlichen Anforderungen bzw. mit der Anforderung der Glaubwürdigkeit.

Für das die inhaltlichen Anforderungen an den Jahresabschluss wiedergebende Referenzmodell sind Schätzungen notwendig, die von subjektiven Wertungen und Präferenzen geprägt sind. Da sich die Interessen der Unternehmensleitung von denen der unternehmensexternen Jahresabschlussadressaten unterscheiden, ist die Anforderung der Glaubwürdigkeit bei den vom Referenzmodell bereitgestellten Informationen nicht erfüllt. Aus diesem

---

382 Vgl. *Ballwieser*, Informations-GoB, 2002, S. 116. Zu den Alternativen und auch Problemen einer Festlegung von Schwellenwerten als Operationalisierung des Wesentlichkeitskriteriums vgl. *Leffson*, GoB, 1987, S. 183-185; *Scherrer*, in: Kölner Kommentar zum AktG, 2003, § 304 Rn. 62 u. § 308 Rn 57.

383 *Gasser*, Variationen, 2002, S. 743.

384 So auch *Sterling*, Theory, 1981, S. 90.

Grund ist die Anwendung von Objektivierungsprinzipien notwendig, die den Ermessensspielraum der Informationsbereitsteller beschränken.[385] Der Nachteil der Objektivierungsprinzipien besteht darin, dass die Zielstromverbundenheit im Sinne der Wiedergabe der den Interessen der Jahresabschlussadressaten entsprechenden Informationen eingeschränkt wird, indem standardisierte Annahmen zugrunde gelegt werden oder Surrogatgrößen Anwendung finden.

Der Konflikt zwischen Objektivierung und der Wiedergabe des Zielstroms der Kapitalgeber spiegelt sich wider in der Problematik von Wahlrechten und Ermessensspielräumen bei der Bilanzierung. Wahlrechte und Ermessensspielräume eröffnen dem Management die Möglichkeit, die Bilanzierungsalternative zu wählen, die aus seiner Sicht die wirtschaftliche Lage des Unternehmens am besten wiedergibt. Daneben lassen sich durch die Ausübung von Wahlrechten und die Gestaltung von Ermessensspielräumen Erwartungen über künftige Entwicklungen signalisieren. Aufgrund des geschilderten Interessenkonfliktes hat das Management gleichzeitig einen Anreiz, die wirtschaftliche Lage des Unternehmens zu seinen Gunsten darzustellen.[386] Die daraus resultierenden ermessensbedingten Verzerrungen lassen sich durch eindeutige und nachprüfbare Regelungen, die den Ermessensspielraum entsprechend begrenzen, reduzieren. Gleichwohl können Objektivierungsmethoden im Konflikt mit den aus Sicht des Jahresabschlusserstellers zutreffenden, subjektiv wahren Erwartungen[387] stehen.[388] Objektivierungsmethoden bedingen mitunter systematische Verzerrungen, so dass die sich ergebende Abbildung nicht mit den Erwartungen des Managements übereinstimmt (objektivierungsbedingte Verzerrungen).[389] Deshalb hat bei Anwendung von Objektivierungsmethoden eine Abwägung zwischen den ermessens- und objektivierungsbedingten Verzerrungen unter Berücksichtigung der Informationsansprüche der Jahresabschlussadressaten zu erfolgen.

---

385 Vgl. *Baetge*, Objektivierung, 1970, S. 16; *Moxter*, Gewinnermittlung, 1982, S. 98; *Beisse*, Gläubigerschutz, 1993, S. 83; *Kuhner*, Bewertungskonzeptionen, 1994, S. 162; *Berndt*, Rechnungsabgrenzung, 1998, S. 42-44; *Flury*, Gewinnerläuterungsprinzipien, 1999, S. 17; *Wüstemann*, Institutionenökonomik, 2002, S. 62.

386 Vgl. *Streim/Leippe*, Neubewertung, 2001, S. 403; *Hartmann-Wendels*, Rechnungslegung, 1991, S. 362.

387 Vgl. *Leffson*, GoB, 1987, S. 199.

388 Vgl. *Baetge*, Rechnungslegungszwecke, 1976, S. 28.

389 Vgl. *Moxter*, Gewinnermittlung, 1982, S. 223 f.; *Böcking*, Verbindlichkeitsbilanzierung, 1994, S. 8; *Kuhner*, Bewertungskonzeptionen, 1994, S. 163; *Laux*, Unternehmensrechnung, 1999, S. 438.

Teil 5: Berücksichtigung der Anforderungen im Rahmen der IFRS

Inwieweit die IFRS[390] den dargestellten inhaltlichen und qualitativen Anforderungen folgen, wird anhand des Ansatzes bzw. der Erfassung von Positionen (recognition[391]), deren Bewertung (measurement) und deren Darstellung bzw. Erläuterung (presentation) untersucht. Die Beurteilung ist auf die zentralen Prinzipien des Jahresabschlusses fokussiert. In diesem Zusammenhang wird exemplarisch auf Einzelregelungen in einzelnen Standards eingegangen, die diese Prinzipien konkretisieren, ergänzen oder zum Teil durchbrechen. Es wird erörtert, wie der Konflikt zwischen den inhaltlichen und qualitativen Anforderungen gelöst wurde. Im Mittelpunkt stehen die Wahlrechte und Ermessensspielräume sowie die den Objektivierungsprinzipien zugrunde liegenden Annahmen und Standardisierungen. Die Untersuchung der wesentlichen Prinzipien mündet in eine Gesamtwürdigung der IFRS im Hinblick auf die Erfüllung der inhaltlichen und qualitativen Anforderungen.

A. Recognition

I. Accrual principle als Basisannahme

Eine wesentliche Rolle bei der recognition von Jahresabschlusselementen nach IFRS spielt das accrual principle. Es zählt zusammen mit dem going concern principle zu den Basisannahmen der Rechnungslegung.[392] Das accrual principle besagt, dass für die Erfassung der finanziellen Auswirkungen von Ereignissen und Transaktionen die Zeitpunkte der entsprechenden Zahlungen unerheblich sind. Die Auswirkungen sind in der Berichtsperiode zu berücksichtigen, in der das jeweilige Ereignis bzw. die jeweilige Transaktion sich ereignet.[393] Zur Bestimmung des Zeitpunkts der Erfassung von Aufwendungen und Erträgen werden aus diesem allgemeinen Grundsatz der Periodisierung von Zahlungen das revenue recognition principle, das matching principle und das deferral pinciple abgeleitet.[394]

---

390 Zugrunde gelegt wird der Stand der IFRS vor Beendigung des Improvement Project sowie des Business Combinations Project (Phase 1). Auf Änderungen von Standards im Rahmen dieser Projekte wird hingewiesen.

391 Vgl. zur Definition von recognition F. 82.

392 Das Framework der IFRS spricht von „Underlying Assumptions" (Überschrift zu F. 22 und 23).

393 Vgl. F. 22 und IAS 1.26 (rev. 1997).

394 Vgl. *Grau*, Gewinnrealisierung, 2002, S. 53; *Pilhofer*, Gewinnrealisierung, 2002, S. 138; zu den ersten beiden Prinzipien vgl. *Streim*, Vermittlung, 2000, S. 117.

Das revenue recognition principle bezieht sich auf den Zeitpunkt der Erfassung von income aus operativen Leistungen. Das Prinzip basiert auf den allgemeinen Regeln zur Erfassung von income. Die Erfassung wird an die Zunahme eines asset bzw. an die Abnahme einer liability geknüpft wird.[395] Daneben finden sich eine Reihe von Einzelregelungen, die für bestimmte Sachverhalte jeweils die Bedingungen bzw. Zeitpunkte einer Erfassung von Erträgen festlegen. Grundsätzlich wird auf den Zeitpunkt der Lieferung bzw. Leistung im Rahmen eines Umsatzaktes abgestellt. Ausnahmen ergeben sich z. B. bei construction contracts.[396]

Das matching principle regelt die Erfassung von expenses. Sie hat nach dem Prinzip dann zu erfolgen, wenn das zugehörigen income ausgewiesen wird.[397] Nicht direkt einer Ertragskomponente zurechenbare Ausgaben sind nach einem systematischen und einsichtigen Verfahren zu periodisieren. Sofort ergebniswirksam zu erfassen sind Ausgaben, die keinen künftigen ökonomischen Nutzen erwarten lassen.[398]

Auf die Erfassung von zeitraumbezogenen Ausgaben und Einnahmen bezieht sich das deferral principle. Dabei handelt es sich im Rahmen der IFRS nicht um ein Prinzip als solches, sondern um eine Zusammenfassung von verschiedenen Regelungen zur Periodisierung zeitraumbezogener Ausgaben und Einnahmen.[399] Das deferral principle ergänzt das revenue recognition principle.

Das accrual principle stellt eine normative Vorgabe für die Rechnungslegungsregeln nach IFRS dar,[400] die nicht begründet wird. Es bleibt lediglich bei der Andeutung, die sich aus seiner Anwendung ergebenden vergangenheits- und zukunftsbezogenen Informationen seien „most useful to users in making economic decisions“[401].

Die Anwendung des accrual principle bezweckt eine Objektivierung der Prognose von Zahlungsströmen, indem durch eine prognoseorientierte Aufbereitung und Darstellung von vergangenen Sachverhalten eine einwertige Periodenerfolgsgröße ermittelt wird, die bei Annahme gleichbleibender Rahmenbedingungen als Indikator für die künftigen durchschnittlichen Nettozah-

395 Vgl. F. 92 f.
396 Vgl. hierzu Teil 5 A. II. 1. a) 4).
397 Vgl. F. 95 und IAS 1.26 (rev. 1997).
398 Vgl. F. 96 f.
399 Vgl. *Pilhofer*, Gewinnrealisierung, 2002, S. 140 f.
400 Vgl. *Alexander*, Stability, 1997, S. 756; *Mujkanovic*, Fair Value, 2002, S. 69.
401 F. 22.

lungsströme dient. Der Zusammenhang zwischen der Periodenerfolgsgröße und den künftigen Zahlungsströmen zwischen den Jahresabschlussadressaten und dem Unternehmen bzw. zwischen dem Unternehmen und seiner Umwelt lässt sich nicht schlüssig begründen.[402] Insbesondere die Verwendung des Periodenerfolgs als zentraler Informationsträger ist als problematisch einzustufen. Im Rahmen einer Gesamtbetrachtung ist der Periodenerfolg zusammen mit entsprechenden Aufgliederungen und Erläuterungen von Bedeutung für die Ermittlung und Beurteilung der effektiven Ertragslage eines Unternehmens.[403] Als subsidiärer Informationsträger bildet er eine wichtige Input-Größe für Prognose- und Entscheidungsprozesse der Jahresabschlussadressaten.[404]

Ohne Berücksichtigung ergänzender Zuordnungs- bzw. Abgrenzungsregelungen lässt sich keine weitergehende Beurteilung des accrual principle vornehmen.[405] Aus diesem Grund spielen bei der Würdigung des accrual principle als grundlegender Bestimmungsfaktor der recognition die Konkretisierungen, Beschränkungen und Ergänzungen des Prinzips eine entscheidende Rolle.

II. Gewinnermittlungsprinzipien als Konkretisierung des accrual principle

Die allgemeine Basisannahme des accrual principle wird durch Regelungen im Framework und in einzelnen IAS ergänzt. Die Regelungen definieren die positiven und negativen Komponenten des Periodenerfolgs und legen den Zeitpunkt für deren Erfassung fest.

Die positiven Erfolgskomponenten werden als income bezeichnet und sind definiert als „increases in economic benefits [...] in the form of inflows or enhancements of assets or decreases of liabilities that result in increases in equity, other than those relating to contributions for equity participants"[406]. Analog sind expenses definiert als „outflows or depletions of assets or incurrences of liabilities that result in decreases in equity"[407]. Daneben haben als income bzw. expenses qualifizierte Erfolgskomponenten weiteren Restrikti-

---

402 Vgl. Teil 2 D. I. 2.

403 Vgl. *Moxter*, Prüfung, 1996, S. 677.

404 Vgl. *Wüstemann*, Institutionenökonomik, 2002, S. 69 f., der empirische Belege hierzu anführt.

405 Vgl. hierzu mit Bezugnahme auf das matching principle *Moxter*, matching principle, 1995, S. 489.

406 F. 70 (a).

407 F. 70 (b).

onen zu genügen, um erfasst zu werden. Zum einen muss der jeweilige Zu- bzw. Abfluss des künftigen ökonomischen Nutzens wahrscheinlich (probable) sein. Zum anderen muss sich der Wert des income bzw. der expenses zuverlässig bestimmen lassen.[408]

Der Zeitpunkt der Erfassung von income und expenses wird vor allem durch das revenue recognition bzw. durch das matching principle determiniert.

1. Revenue recognition principle

a) Einzelregelungen

1) Lieferungen

Der revenue aus einer Lieferung (sale of goods) ist nach IAS 18.14 (rev. 1993) zu erfassen, wenn zusätzlich zu den Restriktionen der Wahrscheinlichkeit und der zuverlässigen Messbarkeit des künftigen Nutzens die folgenden Voraussetzungen kumulativ erfüllt sind:

(1) Das veräußernde Unternehmen muss die wichtigsten Chancen und Risiken aus dem Eigentum (significant risks and rewards of ownership) übertragen.[409]
(2) Dem Unternehmen verbleibt weder ein regelmäßig mit dem Eigentum verbundenes Verfügungsrecht noch eine faktische Verfügungsmacht.[410]
(3) Die mit dem Veräußerungsgeschäft korrespondierenden Kosten müssen sich zuverlässig bestimmen lassen.[411]

Die Übertragung der wichtigsten mit dem Eigentum verbundenen Chancen und Risiken (1) fällt nach IFRS grundsätzlich mit dem rechtlichen Übergang des Eigentums zusammen. Da es hiervon Ausnahmen gibt, ist jeweils eine Beurteilung unter Berücksichtigung aller Umstände des Einzelfalls erforderlich.[412] Diese allgemeine Aussage stellt keine weiteren Anhaltspunkte für die Bestimmung des obigen Zeitpunktes zur Verfügung.[413] Auch die Aufzählung von Beispielsfällen,[414] in denen im Sinne des IAS 18.14 (a) (rev. 1993) die wichtigsten Risiken und Chancen noch nicht übergegangen sind, vermag diese Voraussetzung nicht ausreichend zu konkretisieren, da interpretati-

[408] Vgl. F. 83 (a) und (b).
[409] Vgl. IAS 18.14 (a) (rev. 1993).
[410] Vgl. IAS 18.14 (b) (rev. 1993).
[411] Vgl. IAS 18.14 (e) (rev. 1993).
[412] Vgl. IAS 18.15 (rev. 1993).
[413] Ähnlich *Grau*, Gewinnrealisierung, 2002, S. 89.
[414] Vgl. IAS 18.16 (rev. 1993).

onsbedürftige Formulierungen, wie „significant" oder „normal", verwendet werden, und es sich bei den Beispielen um Einzelfälle handelt, deren Übertragbarkeit auf ähnliche, jedoch nicht identische Fälle, die aufgrund der Vertragsfreiheit auftreten können, unklar bleibt.[415]

Die Erläuterungen des unbestimmten Begriffes „significant" in Bezug auf den Umfang der zu übertragenden Chancen und Risiken beschränken sich auf eine Nennung von Einzelfällen. So verbleibt nach IFRS bei einem Eigentumsvorbehalt bei dem veräußernden Unternehmen lediglich ein „insignificant risk of ownership"[416]. Die Aussage steht unter dem Vorbehalt „if the enterprise has transferred the significant risks and rewards of ownership"[417], so dass sich ein logischer Zirkelschluss ergibt. Der zweite Fall bezieht sich auf ein Rückgaberecht bei Nichtgefallen. Hierbei steht einer Erfassung von revenue nichts im Wege, wenn der Verkäufer die künftigen Rückflüsse zuverlässig schätzen kann (reliably estimate) und eine entsprechende liability für die erwarteten Rückerstattungen ansetzt.[418] Fraglich bleibt, wann die Zuverlässigkeit einer Schätzung gegeben ist. Insgesamt ist für viele Fälle eine ausgeprägte Ermessensabhängigkeit der Voraussetzung einer Übertragung der wichtigsten Chancen und Risiken zu konstatieren.[419]

Nach Voraussetzung (2) für eine Erfassung von revenue aus der Lieferung von Erzeugnissen bzw. Waren darf das Unternehmen keine nachhaltigen, regelmäßig mit dem Eigentum verbundenen Verfügungsrechte (continuing managerial involvement) und keine faktische Verfügungsmacht (effective control) mehr über das veräußerte Gut besitzen.[420] Die Voraussetzung ist ermessensabhängig. Es bleibt unklar, welche Verfügungsrechte einem regelmäßig mit dem Eigentum verbundenen Recht gleichgestellt werden können.[421] Zudem lässt sich nach dem Grundsatz der wirtschaftlichen Betrachtungsweise (substance over form)[422] jede „continuing managerial control", die einem regelmäßig mit dem Eigentum verbundenen Verfügungsrecht gleichwertig und von nachhaltiger Dauer ist, unter die Terminologie „significant [...] rewards of ownership"[423] subsumieren. Daraus folgt, dass die Voraussetzung (2) als ein Spezialfall der Voraussetzung (1) betrachtet werden

---

415 Vgl. *Grau*, Gewinnrealisierung, 2002, S. 89.
416 IAS 18.17 (rev. 1993).
417 IAS 18.17 (rev. 1993).
418 Vgl. IAS 18.17 (rev. 1993).
419 Gleicher Ansicht *Grau*, Gewinnrealisierung, 2002, S. 91
420 Vgl. IAS 18.14 (b) (rev. 1993).
421 Vgl. *Grau*, Gewinnrealisierung, 2002, S. 94.
422 Vgl. hierzu F. 35.
423 IAS 18.14 (a) (rev. 1993).

kann. Eine analoge Argumentation ist in Bezug auf die effective control möglich. Somit kommt der zweiten Voraussetzung für die Erfassung von revenues aus Lieferungen keine eigenständige Bedeutung zu.[424]

Einen Ausfluss des matching principle stellt Voraussetzung (3) dar. Nach IAS 18.14 (e) (rev. 1993) müssen sich die mit dem Veräußerungsgeschäft korrespondierenden Kosten zuverlässig messen lassen (measured reliably); nur so wird eine adäquate Gegenüberstellung von korrespondierenden revenues und expenses möglich. Die Regelung bezieht sich auf Kosten, die vor und, wie bei Garantiefällen, voraussichtlich nach der Lieferung, entstehen. Die IFRS gehen davon aus, dass Voraussetzung (3) in der Regel erfüllt ist, wenn die übrigen Voraussetzungen gegeben sind.[425] In Zweifelsfällen wird eine Beurteilung des jeweiligen Sachverhalts notwendig, die eine Auslegung eines unbestimmten Begriffs (reliably) notwendig macht und damit vom Ermessen des Bilanzierenden abhängig ist.

Der Anhang zu IAS 18 (rev. 1993) enthält Beispiele für die Bestimmung des Zeitpunktes der Erfassung von revenues aus Lieferungen. Diese stellen mitunter keine echte Konkretisierung der obigen Regelungen dar, da sie ähnlich interpretationsbedürftig sind. Es finden sich Formulierungen wie „it is probable that delivery will be made“, „the usual payment terms apply“, „the installation process is simple in nature“, „if there is uncertainty about the possibility of return”, “revenue may be recognised when a significant deposit is received” und “[t]he terms of the agreement need to be analysed”.[426] Zudem ist der Anhang nicht Bestandteil des Standards und somit unverbindlich.[427]

Bei einem Tausch von Erzeugnissen und Waren sind obige Voraussetzungen nur anwendbar, wenn es sich nicht um einen Tausch gegen Güter gleicher Art und annähernd gleichem Wert handelt.[428] Ein Indiz für das Vorliegen ungleicher Güter können in analoger Anwendung von IAS 16.22 (rev.

424 Im Ergebnis gleich *Pilhofer*, Gewinnrealisierung, 2002, S. 185; *Grau*, Gewinnrealisierung, 2002, S. 94 u. 96.

425 Vgl. zu diesen Ausführungen IAS 18.19 (rev. 1993).

426 Die Zitate sind IAS 18.Appendix.1.-9. (rev. 1993) entnommen.

427 Vgl. IAS 18.Appendix (rev. 1993), wo es in der Einführung heißt: „The appendix is illustrative only and does not form part of the standards."

428 Vgl. IAS 18.12 (rev. 1993). Ansonsten erfolgt die Abbildung dieser Transaktion im Jahresabschluss durch einen Aktivtausch ohne eine Erfassung von income bzw. expenses; vgl. *Ordelheide/Böckem*, IAS 18, 1997, Tz. 41.

1998)[429] Ausgleichszahlungen in Verbindung mit dem Tausch sein. Ansonsten ergibt sich mangels weiterer Konkretisierungen ein Ermessensspielraum für den Bilanzierenden.[430]

Die Restriktionen der Wahrscheinlichkeit und der zuverlässigen Messbarkeit, die laut Zielsetzung des IAS 18 (rev. 1993) durch die bereits angesprochenen Voraussetzungen spezifiziert werden, finden sich bei den Regelungen zu einzelnen Transaktionen als Bestandteil genau der Voraussetzungen. Es liegt ein Zirkelschluss vor.

In IAS 18 (rev. 1993) erfolgt keine Präzisierung, wie die Wahrscheinlichkeit des künftigen Zuflusses von ökonomischem Nutzen zu bestimmen ist. Auch im Framework wird lediglich darauf verwiesen, dass der Grund für diese Restriktion in der Unsicherheit künftiger Entwicklungen zu suchen ist und bei der Anwendung der Restriktion insbesondere dem Umfeld des Unternehmens zum Zeitpunkt der Aufstellung des Jahresabschlusses Beachtung geschenkt werden muss.[431]

Die Restriktion der zuverlässigen Bewertbarkeit wird als erfüllt betrachtet, wenn zumindest eine gewissenhafte Schätzung der Kosten bzw. des Wertes möglich ist.[432] Ansonsten bleibt die Restriktion vage und eröffnet einen Ermessensspielraum für den Bilanzierenden.[433]

Sofern beide Restriktionen nicht erfüllt sind, ist keine Erfassung von revenue möglich. Von Bedeutung ist dies im Zusammenhang mit langfristigen Zahlungszielen bzw. Ratenzahlungsverträgen, bei denen die Einbringlichkeit der Forderung nicht als hinreichend wahrscheinlich (probable) beurteilt werden kann. Die Erfassung von revenue ist dann solange zu verschieben, bis die Unsicherheit über den künftigen Nutzenzufluss entsprechend beseitigt ist, was mitunter erst bei Eingang von Zahlungen der Fall sein kann.[434] Die buchungstechnische Behandlung des Sachverhalts ist in den IFRS nicht geregelt.

---

[429] Dieser wurde allerdings dahingehend geändert, dass künftig nicht mehr auf die Ähnlichkeit der ausgetauschten Güter, sondern darauf abzustellen ist, ob der Tausch eine „commercial substance" aufweist und ob sich die fair values der getauschten Güter ermitteln lassen; vgl. IAS 16.24 (rev. 2003).

[430] Vgl. *Grau*, Gewinnrealisierung, 2002, S. 139 f.

[431] Vgl. F. 85.

[432] Vgl. F. 86.

[433] Vgl. *Streim*, Anmerkungen, 2001, S. 187; *Grau*, Gewinnrealisierung, 2002, S. 63.

[434] Vgl. IAS 18.18 (rev. 1993).

In diesem Zusammenhang lässt sich auf spezielle Methoden der US-GAAP zurückgreifen, wobei die Anforderungen des Framework zu berücksichtigen sind.[435] Nach US-GAAP besteht ein Wahlrecht zwischen der installment sales method und der cost recovery method, bei denen jeweils in Höhe des Zahlungseingangs ein revenue erfasst wird.[436] Nach der installment sales method wird außerdem ein profit in Höhe des Anteils der Zahlung am gesamten Forderungsbetrag erfasst. Der profit ergibt sich c. p. aus der Auflösung eines Abgrenzungspostens auf der Passivseite der Bilanz, der in Höhe des erwarteten Gewinns aus dem Geschäft bei Erfassung der Forderung gebildet wurde. Bei der cost recovery method entsteht ein profit erst, wenn die kumulierten Zahlungseingänge höher sind als die dem Geschäft zurechenbaren Kosten. Den erfassten revenues werden so lange die korrespondierenden Kosten gegenübergestellt, bis sie vollständig als expenses gezeigt werden.[437] Da die installment sales method implizit auf der Annahme beruht, dass ein vollständiger Zahlungseingang erfolgt, dieser aber gerade als nicht wahrscheinlich gilt,[438] genügt sie nicht dem elementaren Grundsatz der reliability[439], so dass nach IFRS lediglich die Anwendung der cost recovery method in Frage kommt.

Wird die Einbringlichkeit eines Teils der Forderung erst nach der Erfassung eines revenue unwahrscheinlich, erfolgt keine Korrektur des revenue, sondern es sind entsprechende expenses zu erfassen.[440]

2) Dienstleistungen

Unter die Regelungen des IAS 18.20-.28 (rev. 1993) fallen Dienstleistungen, die durch das Unternehmen in der Regel aufgrund einer vertraglichen Vereinbarung über einen bestimmten Zeitraum erbracht werden und nicht in Verbindung mit einer Sachleistungsverpflichtung stehen.[441] Der revenue aus diesen Leistungen ist unter bestimmten Voraussetzungen nach Maßgabe des Leistungsfortschritts zu erfassen (percentage of completion method).[442] Die Voraussetzungen konkretisieren die Notwendigkeit der zuverlässigen

---

435 Vgl. IAS 1.22 (rev. 1997).

436 Vgl. APB 10.12.

437 Vgl. *Pilhofer*, Gewinnrealisierung, 2002, S. 271 f.

438 Vgl. *Pilhofer*, Gewinnrealisierung, 2002, S. 279.

439 Vgl. F. 31 f.

440 Vgl. IAS 11.28 (rev. 1993); IAS 18.18 (rev. 1993).

441 Vgl. IAS 18.4 (rev. 1993). Aufträge in Verbindung mit Sachleistungsverpflichtungen fallen gem. IAS 11.5 (a) (rev. 1993) bzw. IAS 18.4 (rev. 1993) unter die Regelung des IAS 11 (rev. 1993).

442 Vgl. IAS 18.20 f. (rev. 1993).

Schätzbarkeit des aus dem Auftrag voraussichtlich resultierenden Gesamtergebnisses. Im Einzelnen muss neben den Restriktionen der zuverlässigen Messbarkeit des künftigen Nutzens und der Wahrscheinlichkeit des Nutzenzuflusses eine zuverlässige Messbarkeit des Leistungsfortschritts sowie der bisherigen und bis zur Vollendung der Leistung noch anfallenden Kosten gegeben sein.[443]

Zuverlässige Schätzungen insbesondere im Hinblick auf den künftigen revenue aus dem Auftrag sind nach IFRS im Allgemeinen möglich, wenn in dem Vertrag die jeweiligen Ansprüche und Verpflichtungen der beiden Parteien, die zu leistenden Entgelte sowie die Zahlungsbedingungen vereinbart sind und das Unternehmen ein adäquates Controlling besitzt.[444] Unklar bleibt allerdings, unter welchen Bedingungen die zuverlässige Schätzbarkeit des revenue gegeben ist, wenn bestimmte Bestandteile des Entgelts variabel sind und sich erst während der Leistungserbringung oder deren Vollendung konkretisieren.[445] Im Zusammenhang mit construction contracts werden variable Bestandteile von Auftragserlösen (variations, claims, incentive payments) erläutert.[446] Die Voraussetzungen für deren Einbeziehung in den erwarteten revenue aus dem Auftrag basieren auf den unbestimmten Begriffen der Wahrscheinlichkeit (probable)[447] und der zuverlässigen Messbarkeit (measured reliably)[448], so dass es im Ermessen des Bilanzierenden liegt, festzulegen, ob bzw. ab wann ein revenue zuverlässig gemessen werden kann.

Eine zusätzliche Voraussetzung für die Anwendung der percentage of completion method ist die zuverlässige Messbarkeit des Leistungsfortschritts. Für dessen Ermittlung kommen unterschiedliche Methoden in Betracht, wie z. B. Bestimmung des prozentualen Anteils der bereits erbrachten Einzelleistungen an den insgesamt zu erbringenden Leistungen oder des Verhältnisses der für die bisherigen Leistungen angefallenen Kosten zu den Gesamtkosten des Auftrages (cost-to-cost method).[449] Die erste Methode wird als output-orientiert, die cost-to-cost method als input-orientiert charakterisiert.[450] Im Einzelfall ist die Methode anzuwenden, die für einen

443 Vgl. IAS 18.20 (rev. 1993).
444 Vgl. IAS 18.23 (rev. 1993).
445 Mit Bezugnahme auf construction contracts, bei denen dieses Problem ebenfalls besteht vgl. IAS 11.12 (rev. 1993).
446 Vgl. IAS 11.13-.15 (rev. 1993).
447 Vgl. IAS 11.13 (a) (rev. 1993); IAS 11.14 (a) (rev. 1993) und IAS 11.15 (a) (rev. 1993).
448 Vgl. IAS 11.13 (b) (rev. 1993); IAS 11.14 (b) (rev. 1993) und IAS 11.15 (b) (rev. 1993).
449 Vgl. IAS 18.24 (rev. 1993).
450 Vgl. zu dieser Unterscheidung *PWC*, Understanding, 2002, Tz. 11.32.

bestimmten Sachverhalt eine zuverlässige Messung des Leistungsfortschritts ermöglicht.[451] Diese Entscheidung obliegt dem Bilanzierenden, so dass von einem impliziten Methodenwahlrecht ausgegangen werden kann. Darüber hinaus liegen den Methoden bestimmte Annahmen zugrunde. So basieren die input-orientierten Verfahren auf der Annahme, dass das Verhältnis zwischen eingesetzten Mitteln und dem Leistungsfortschritt konstant bleibt.[452] Problematisch ist dabei, inwieweit die Annahme tatsächlich zutrifft und welche eingesetzten Mittel dem Auftrag zuzurechnen sind. Die output-orientierten Verfahren nehmen zwar eine Messung des Leistungsfortschritts vor, sind aber abhängig von dem zugrunde gelegten Maßstab.

Eine weitere Voraussetzung für die Anwendbarkeit der percentage of completion method ist die zuverlässige Messbarkeit der dem Auftrag zurechenbaren Kosten. Mit Problemen ist hierbei vor allem die Prognose der voraussichtlich noch anfallenden Kosten behaftet. Sie gestaltet sich vor allem bei umfangreichen und langfristigen Aufträgen als schwierig[453] und die Beurteilung der Zuverlässigkeit erfordert eine Ermessensentscheidung. Ähnliche Spielräume ergeben sich bei der Verrechnung von Gemeinkosten auf den Auftrag mittels systematischer und adäquater Methoden (systematic and rational) auf Basis einer nicht näher bestimmten Normalbeschäftigung.[454]

Sind die erläuterten Voraussetzungen erfüllt, ist der erwartete Gesamterlös aus dem Auftrag entsprechend dem ermittelten Grad des Leistungsfortschritts als revenue zu erfassen. Andernfalls erfolgt die Erfassung von revenue grundsätzlich nur in Höhe der bereits erfassten expenses,[455] so dass bis zum Ende der Leistungserbringung keine Ergebniswirkungen aus dem Auftrag resultieren. Eine Ausnahme stellt der Fall dar, dass eine Deckung der anfallenden Kosten unwahrscheinlich ist. Während der Leistungserbringung ist dann eine Erfassung von revenue ausgeschlossen[456] und der gesamte erwartete Verlust ist sofort ergebniswirksam zu berücksichtigen.[457] Ist im balance sheet im Zusammenhang mit dem Auftrag ein Aktivposten angesetzt (gross amount due from customers) ist dieser zu verringern, ein Pas-

---

451 Vgl. IAS 18.24 (rev. 1993).

452 Vgl. *PWC*, Understanding, 2002, Tz. 11.32.

453 Vgl. *Schildbach*, Rechnungslegungsstandards, 1994, S. 717.

454 Vgl. IAS 11.18 (rev. 1993).

455 Vgl. IAS 18.26 (rev. 1993).

456 Vgl. IAS 18.28 (rev. 1993).

457 Vgl. IAS 11.36. f. (rev. 1993), analog auf rendering of services angewandt.

sivposten (gross amount due to customers)[458] entsprechend zu erhöhen.[459] Im income statement sind in gleicher Höhe expenses zu erfassen. Hierbei ergibt sich insofern ein Widerspruch zu den Regelungen des Framework, als dort eine Ansatzrestriktion für expenses deren zuverlässige Messbarkeit darstellt, diese aber im obigen Fall annahmegemäß („the outcome of the contract cannot be estimated reliably“[460]) nicht vorliegt.[461]

3) Zinsen, Lizenzeinnahmen und Dividenden

Sind die Restriktionen der Wahrscheinlichkeit und der zuverlässigen Messbarkeit des künftigen Nutzens erfüllt,[462] erfolgt die Erfassung von revenues aus Zinsen (interest) einschließlich der Auflösungsbeträge aus einem Disagio (discount) bzw. Agio (premium)[463] pro rata temporis, aus Lizenzeinnahmen (royalties) periodengerecht (on an accrual basis) in Übereinstimmung mit der jeweils zugrunde liegenden Vereinbarung und aus Dividenden zu dem Zeitpunkt der Entstehung des Rechtsanspruchs der Anteilseigner auf Zahlung.[464]

Bei royalties ist ausnahmsweise eine Erfassung von revenue nach einer anderen Methode möglich, wenn diese den wirtschaftlichen Gehalt eines Lizenzvertrages auf systematische und einsichtige Weise (systematic and rational basis) zweckmäßiger abbilden kann.[465] Die Erfassung von revenue ist somit abhängig von der Ermittlung des wirtschaftlichen Gehalts eines Vertrages. Da die IFRS lediglich Hinweise geben, die Erfassung linear über die Vertragslaufzeit vorzunehmen[466] und die Abgrenzung zu einer Veräußerung schwierig sein kann, verbleibt den Bilanzierenden ein Ermessensspielraum.

Die Erfassung von revenues aus Dividendeneinnahmen (dividends) ist an die Begründung bzw. den Nachweis eines Anspruches auf Zahlung geknüpft (right to receive payment is established). Zur Ermittlung des Zeitpunktes finden sich in den IFRS keine Erläuterungen. Bei Zugrundelegung des deutschen Gesellschaftsrechts wird Anteilseignern an Kapitalgesell-

---

458 Vgl. zum Ausweis im balance sheet IAS 11.42-.44 (rev. 1993).

459 A. A. ist *PWC*, Understanding, 2002, Tz. 11.38 (mit Bezug auf construction contracts). Demnach ist eine liability zu bilden, wobei aber unklar bleibt, wie dies zu erfolgen hat.

460 IAS 11.33 (rev. 1993), hier analog auf rendering of services angewandt.

461 Vgl. *Lüdenbach/Hoffmann*, Wahrscheinlichkeit, 2003, S. 9.

462 Vgl. IAS 18.29 (rev. 1993).

463 Vgl. IAS 18.31 (rev. 1993).

464 Vgl. IAS 18.30 (rev. 1993).

465 Vgl. IAS 18.33 (rev. 1993).

466 Vgl. IAS 18.Appendix.20 (rev. 1993).

schaften bei Vorliegen eines entsprechenden Gewinnverwendungsbeschlusses[467] und Gesellschaftern von Personenhandelsgesellschaften bei Feststellung des Jahresabschlusses[468] die Entstehung eines zivilrechtlichen Dividendenanspruches zuerkannt.[469] Entsprechend der rechtlichen Betrachtung nach IFRS sind zu diesen Zeitpunkten auch die Dividenden als revenues zu erfassen. Eine frühere Erfassung ist ausgeschlossen.[470] Dies gilt selbst dann, wenn die Entstehung des Anspruches so gut wie sicher ist, weil z. B. ein Mutterunternehmen einen beherrschenden Einfluss auf ein Tochterunternehmen ausübt und einen entsprechenden Gewinnverwendungsbeschluss herbeiführen kann, der bis zum Ende der Prüfung des Jahresabschlusses des Mutterunternehmens tatsächlich herbeigeführt wurde.[471]

Die Regelung der Erfassung von revenue bei Dividenden widerspricht der im Framework geforderten wirtschaftlichen Betrachtungsweise (substance over form)[472]. Es wird an das formalrechtliche Kriterium der Entstehung eines Rechtsanspruches angeknüpft und wirtschaftlich vergleichbare Konstellationen sind abweichend zu behandeln.[473] Weitere Inkonsistenzen bestehen zu der asset-Konzeption des Framework.[474] Obgleich die Voraussetzungen eines asset bei obigen Bedingungen wirtschaftlich erfüllt sind, ist ein Ansatz der erwarteten Dividendenzahlungen als asset erst bei Entstehung eines rechtlichen Anspruchs möglich.[475]

---

467 Vgl. *Adler/Düring/Schmaltz*, 1997, § 246 Tz. 213; *Gabelsberger*, Equity, 2001, S. 40; *Ellrott/Bartels-Hetzler*, in: Beck Bil.-Komm., 2003, § 266 Tz. 120.

468 Vgl. hierzu die Literaturüberblicke bei *Herrmann*, Realisierung, 1991, S. 465 sowie bei *Gabelsberger*, Equity, 2001, S. 76.

469 Bei speziellen gesellschaftsvertraglichen Regelungen, wie Gewinnabführungsverträgen, kann sich ein anderer Zeitpunkt für die Entstehung eines Rechtsanspruches ergeben.

470 Vgl. *Ordelheide/Böckem*, IAS 18, 1997, Tz. 77.

471 Wenn zusätzlich noch die Geschäftsjahre des Mutter- und Tochterunternehmens deckungsgleich sind und der Jahresabschluss des Tochterunternehmens ein den tatsächlichen Verhältnissen entsprechendes Bild der Vermögens-, Finanz- und Ertragslage vermittelt und vor dem des Mutterunternehmens festgestellt wird, besteht nach den handelsrechtlichen Bestimmungen die Pflicht zu einer phasengleichen Vereinnahmung. Abgeleitet wird die Pflicht aus dem Urteil des BGH (vgl. BGH-Urteil vom 12.1.1998, II ZR 82/93) zu dem so genannten Tomberger-Verfahren; vgl. hierzu ausführlich *Gabelsberger*, Equity, 2001, S. 54-60.

472 Vgl. F. 35.

473 Vgl. *Ordelheide/Böckem*, IAS 18, 1997, Tz. 77.

474 Vgl. hierzu ausführlich Teil 5 A. III. 1.

475 Vgl. *Grau*, Gewinnrealisierung, 2002, S. 126.

Aufgrund der Widersprüche wird in der deutschen Literatur zu den IFRS vereinzelt eine vorzeitige Vereinnahmung entsprechend der handelsrechtlichen Regelung als vertretbar erachtet.[476] Dieser Vorgehensweise steht der Wortlaut des IAS 18.30 (c) (rev. 1993) entgegen. Ein Widerspruch der Regelung zu Konzepten des Framework ist unerheblich.[477] Eine Abweichung von dem Standard ist nur unter den engen Voraussetzungen des IAS 1.13 (rev. 1997) möglich. Ein solcher extrem seltener Fall (extremely rare circumstances), in dem die Befolgung eines Standards zu Fehleinschätzungen der Adressaten führt (is misleading), ist nur bei Unternehmen als gegeben anzunehmen, bei denen Dividenden einen großen Einfluss auf den net profit haben, wie bei Holdinggesellschaften.[478]

4) Auftragsfertigung

Spezielle Regeln für die Erfassung von revenue bestehen unter bestimmten Voraussetzungen für Verträge, die im Auftrag von Kunden auch[479] die Herstellung oder die Modifikation[480] eines oder mehrerer hinsichtlich ihres Designs, ihrer Technologie bzw. Funktion oder ihres Verwendungszweckes miteinander verbundener assets zum Gegenstand haben[481] und bei denen Herstellungsbeginn und -ende in unterschiedliche Berichtsperioden fallen (construction contracts)[482].

Für die Abgrenzung des Bilanzierungsobjektes „construction contract" sind gegebenenfalls mehrere Verträge zusammenzufassen bzw. ein Vertrag aufzuspalten. Dabei ist auf die Art der Vertragsverhandlungen, die Identifizierbarkeit der Auftragserlöse und -kosten sowie die sachliche, zeitliche und finanzielle Verbundenheit der Aufträge abzustellen.[483] Diese Abgrenzung ist insofern von Bedeutung, als dadurch die Zusammenfassung von gewinnbringenden mit verlustbringenden Aufträgen mit dem Zweck, die Anwendung der percentage of completion method zu ermöglichen, vermieden

---

476 Vgl. *Ordelheide/Böckem*, IAS 18, 1997, Tz. 77; *IDW*, RS HFA 2, 2002, Tz. (22).

477 Vgl. F. 2.

478 Vgl. hierzu IAS 1.17 (b) (rev. 1997), der als wesentliches Kriterium für ein Abweichen von einzelnen Standards die individuellen Gegebenheiten des jeweiligen Unternehmens betrachtet.

479 Auch Dienstleistungen, die mit einer Sachleistung in Verbindung stehen, sind unter construction contracts zu subsumieren; vgl. IAS 11.5 (a) (rev. 1993).

480 Vgl. IAS 11.5 (b) (rev. 1993).

481 Vgl. IAS 11.3 (rev. 1993).

482 Vgl. IAS 11.Objective (rev. 1993). Kein notwendiges Merkmal für construction contracts ist die Dauer der Auftragsdurchführung; vgl. auch *PWC*, Understanding, 2002, Tz. 11.05; *IDW*, RS HFA 2, 2002, Tz. (27).

483 Vgl. zu den einzelnen Kriterien IAS 11.8-.10 (rev. 1993).

werden kann.[484] Aufgrund der unscharf formulierten Kriterien ergibt sich hierbei ein Ermessensspielraum bei der Abgrenzung des Bilanzierungsobjektes.[485]

Die Erfassung von revenues aus den construction contracts erfolgt unter bestimmten Voraussetzungen nach der percentage of completion method. Bei fixed price contracts, also bei Verträgen mit einem festgelegten Entgelt sind die Regelungen identisch mit denen zur Erfassung von revenue aus dem rendering of services.[486] Dagegen wird bei cost plus contracts, die auf der Grundlage von vertraglich berücksichtigungsfähigen Kosten zuzüglich eines festgelegten Gewinnzuschlages abgerechnet werden, nicht auf die zuverlässige Messbarkeit der Erlöse, sondern auf die zuverlässige Messbarkeit der gesamten berücksichtigungsfähigen und nicht berücksichtigungsfähigen Kosten abgestellt.[487]

b) Würdigung

Für die Erfassung von Erfolgskomponenten kommen zwei Konzepte in Betracht. Bei Zugrundelegung einer critical event basis erfolgt die Erfassung des Erfolgs aus einer bestimmten Transaktion bei Eintritt eines bestimmten Ereignisses.[488] Bei dem Konzept der accrual basis erfolgt die Erfassung von Erfolgen kontinuierlich über die Dauer des Leistungserstellungs- und Leistungsverwertungsprozesses. Somit wird nicht, wie bei der critical event basis, ein einmaliger Wertsprung[489] fingiert, sondern die Erfassung von Erfolgen als stetige Akkumulation betrachtet.[490]

In den IFRS wird auf beide Konzepte zurückgegriffen. Das revenue recognition principle orientiert sich grundsätzlich an der critical event basis. Das Konzept kommt jedoch in modifizierter Form zur Anwendung. Es wird nicht auf ein spezielles Ereignis, sondern auf das Vorliegen bestimmter Voraussetzungen abgestellt.

Neben der critical event basis kommt in den IFRS auch das Konzept der accrual basis zur Anwendung. Zum einen ist income aus interests und mit we-

---

484 Vgl. *Grau*, Gewinnrealisierung, 2002, S. 144.

485 Vgl. *Grau*, Gewinnrealisierung, 2002, S. 144, der sogar ein „faktisches Wahlrecht" annimmt.

486 Vgl. Teil 5 A. II. 1. a) 2).

487 Vgl. IAS 11.24 (rev. 1993).

488 Vgl. *Belkaoui*, Accounting, 1992, S. 239.

489 Vgl. *Leffson*, GoB, 1987, S. 248.

490 Vgl. *Sprouse/Moonitz*, Principles, 1962, S. 14; *Leffson*, GoB, 1987, S. 249 f.

nigen Ausnahmen[491] auch aus royalties entsprechend dem deferral principle pro rata temporis zu erfassen; zum anderen erfolgt die Erfassung von income bei der percentage of completion method kontinuierlich entsprechend dem Leistungsfortschritt über die Auftragsdauer. Während bei interests und royalties lediglich die transaktionsunabhängigen Restriktionen nicht eindeutig bestimmt sind, ergeben sich bei der percentage of completion method Ermessensspielräume sowohl bei der Auslegung der Voraussetzungen als auch bei der konkreten Anwendung. Die Abgrenzung des betrachteten Auftrages, die Ermittlung des künftigen revenue und die Methode zur Erfassung des Leistungsfortschrittes sind nicht hinreichend konkretisiert.

Beiden Konzepten der Erfolgserfassung liegen vereinfachende Annahmen zugrunde. Ein Erfolgsbeitrag stellt das Ergebnis eines zeitverbrauchenden Leistungserstellungs- und Leistungsverwertungsprozesses dar. Insofern ist der Erfolg einem bestimmten Zeitraum und nicht einem bestimmten Zeitpunkt zuzuordnen,[492] wobei sich zu bestimmten Zeitpunkten die Unsicherheit bezüglich des Nutzenzuflusses aus einem Leistungserstellungs- und Leistungsverwertungsprozess verringert. So entfällt bei Vertragsabschluss bezüglich der Erbringung einer Lieferung oder Leistung das Verwertungsrisiko, bei Fertigstellung eines Produktes das Produktionsrisiko, bei Erbringung der Lieferung oder Leistung das Leistungsrisiko und bei Zufluss von Zahlungsmitteln das Zahlungseingangsrisiko.[493] Somit besteht bei Auftragsfertigung zum Zeitpunkt des Vertragsabschlusses, bei auftragsloser Fertigung[494] zum Zeitpunkt der Fertigstellung eine konkretisierte Erwartung im Hinblick auf den gesamten Zufluss von Zahlungsmitteln.

Die beiden Konzepte der critical event basis und der accrual basis geben diesen von einem stufenweisen Unsicherheitsabbau geprägten Entstehungsprozess von positiven Erfolgskomponenten aus zwei Perspektiven wieder. Während die critical event basis vor allem auf den Unsicherheitsabbau fokussiert ist, stehen bei der accrual basis die Zeitraumbezogenheit der Entstehung im Vordergrund. Bei beiden Konzepten wird die jeweils andere Perspektive vernachlässigt, so dass jedes der Konzepte den Leistungserstellungs- und Leistungsverwertungsprozess nur unvollständig abbildet.

Die Erfassung von revenues aus Zinsen und Mieten nach IFRS folgt dem deferral principle. Es stellt insofern eine weitgehend adäquate Wiedergabe

491 Vgl. Teil 5 A. II. 1. a) 3).

492 Vgl. *Riebel*, Deckungsbeitragsrechnung, 1994, S. 106 f.

493 Vgl. zu diesen Risiken *Siegel*, Metamorphosen, 1992, S. 589.

494 Vgl. zu dieser Differenzierung in Auftragsfertigung und auftragslose Fertigung *Selchert*, Realisationsprinzip, 1990, S. 800 f.

künftiger Zahlungsmittelzuflüsse dar, als bei diesen Leistungen insbesondere die Zeitraumbezogenheit im Mittelpunkt steht, die Ansprüche annähernd zeitproportional entstehen und jeweils nur noch ein Zahlungseingangsrisiko bestehen bleibt.

Bei anderen Leistungen und bei Lieferungen bedingt die Umsetzung des revenue recognition principle eine Beeinträchtigung der Zielstromverbundenheit der bereitgestellten Informationen. Die Zuordnung des Zuflusses von künftigen Zahlungsmitteln aus den Leistungserstellungs- und Leistungsverwertungsprozessen erfolgt zu einem bestimmten Zeitpunkt. Zudem weist die Erfassung im Vergleich zum Referenzmodell eine zu große zeitliche Verzögerung auf. So werden nach IFRS die künftigen Zahlungsmittelzuflüsse erst erfasst, wenn die erläuterten Voraussetzungen (1) - (3) sowie die transaktionsunabhängigen Restriktionen erfüllt sind. Dies ist in der Regel erst bei Lieferungs- bzw. Leistungserbringung und in Ausnahmefällen auch erst bei Zahlungseingang der Fall. Zudem werden die künftigen Zahlungen teilweise nur unvollständig erfasst. Bei construction contracts erfolgt z. B. eine Erfassung proportional zum Fertigstellungsgrad.

Darüber hinaus wird der stufenweise Wegfall bestimmter Unsicherheiten bezüglich des Zuflusses künftiger Zahlungsmittel nur unzureichend durch die Entscheidung zwischen Erfassung und Nichterfassung der künftigen Zahlungen im Jahresabschluss wiedergegeben.

Bei den Voraussetzungen zur Erfassung von revenues bestehen nicht unerhebliche Ermessensspielräume. Die Voraussetzungen folgen der wirtschaftlichen Betrachtungsweise, lassen aber in vielen Fällen eine notwendige Konkretisierung vermissen. Es finden sich unbestimmte Begriffe, die im Einzelfall einer Auslegung bedürfen. Eine Ausnahme stellt die Voraussetzung des Bestehens eines „right to receive payment" bei der Erfassung von income bei Dividenden dar. Die Objektivierung des Zeitpunktes erfolgt durch Bezugnahme auf einen juristischen Tatbestand und weicht von der wirtschaftlichen Betrachtungsweise ab. Zudem ergibt sich durch die Ermessensspielräume in den Anwendungsvoraussetzungen und Regelungen zu der percentage of completion method in Zweifelsfällen ein implizites Wahlrecht bezüglich der Anwendung der Methode und bezüglich der Anwendung verschiedener Unterarten der Methode. Nicht eindeutig geregelt ist außerdem die buchtechnische Behandlung von Forderungen, die bereits bei Entstehung als zweifelhaft zu betrachten sind.

Die Unternehmensleitung kann die Ermessensspielräume bei der Erfassung von revenues nutzen, um ihre eigene Einschätzung im Hinblick auf die Unsicherheit der künftigen Zahlungsmittelzuflüsse zu signalisieren. Beispielsweise kann in Fällen, in denen bereits bei Forderungsentstehung der Zufluss von Zahlungsmitteln zweifelhaft ist, die Erfassung des revenue solange verzögert werden, bis nach Ansicht der Unternehmensleitung dieser Zufluss aufgrund von Erwartungsänderungen wahrscheinlich wird bzw. bis tatsächlich Zahlungen eingehen. Ferner kann das implizite Methodenwahlrecht dahingehend ausgefüllt werden, dass die für den jeweiligen Auftrag aus Sicht des Managements adäquate Methode bzw. Methodenvariante zur Anwendung kommt. Andererseits haben die revenues als wesentlicher Bestandteil des net profit or loss for the period entscheidenden Einfluss auf die Erfolgs- und Vermögensmessung der Jahresabschlussadressaten. Die Unternehmensleitung hat somit einen Anreiz, die revenues entsprechend ihren Zielen zu gestalten.

Aus der Gegenüberstellung zwischen den Beeinträchtigungen der Zielstromverbundenheit und den Ermessensspielräumen lässt sich folgern, dass es möglich ist, die Objektivierung bei der Erfassung von revenues auf ein Niveau zu erhöhen, das bei Dividenden bereits gegeben ist, ohne dass dies zu weiteren objektivierungsbedingten Verzerrungen führt. Hierzu ist einheitlich auf den Zeitpunkt der Erbringung der Lieferung- bzw. Leistung abzustellen. Auch lässt sich die Zielstromverbundenheit erhöhen, indem auf den Vertragsabschluss als Zeitpunkt der Erfassung von revenues abgestellt wird, ohne dass dies zu weiteren ermessensbedingten Verzerrungen führt.

2. Matching principle

Die recognition von expenses ist grundsätzlich an den allgemeinen definitorischen Anforderungen und Restriktionen des Framework sowie an dem matching principle orientiert. Zudem ist die recognition von expenses abhängig von der Erstellungsmethode, die dem income statement zugrunde liegt. Nach IFRS besteht ein Wahlrecht zwischen dem Gesamtkostenverfahren (nature of expense method) und dem Umsatzkostenverfahren (function of expense bzw. cost of sales method).[495] Je nachdem welche Methode angewandt wird, ergeben sich bei differierenden Produktions- und Absatzmengen andere Zuordnungen von expenses.[496] Vernachlässigt man other operating income, werden bei dem Gesamtkostenverfahren den in einer Berichtsperiode erfassten revenues zuzüglich bzw. abzüglich Bestandsverän-

[495] Vgl. IAS 1.77 (rev. 1997). Allerdings kann die jeweilige Erstellungsform auch in den notes wiedergegeben werden, wobei eine entsprechende Wiedergabe im income statement eine bevorzugt anzuwendende Alternative darstellt; vgl. IAS 1.78 (rev. 1997).

[496] Vgl. *Pilhofer*, Gewinnrealisierung, 2002, S. 37.

derungen (changes in inventories of finished goods and work in progress) die für diese Gesamtleistung angefallenen Ausgaben als expenses gegenübergestellt. Bei dem Umsatzkostenverfahren werden den in einer Berichtsperiode erfassten revenues die für diese revenues angefallenen Ausgaben als expenses gegenübergestellt.[497]

In einzelnen Standards finden sich spezielle Regelungen zur recognition von expenses. Dies gilt unter anderem für planmäßige Abschreibungen und für die cost of sales.

a) Einzelregelungen

1) Planmäßige Abschreibungen

Planmäßige Abschreibungen bezwecken eine Verteilung des abschreibbaren Betrages (depreciable amount) eines asset nach einer systematischen Methode, die dem Verbrauch des wirtschaftlichen Nutzens dieses asset entspricht, auf die Perioden seiner Nutzungsdauer im Unternehmen.[498] Die Abschreibungen sind als expenses der entsprechenden Periode zu erfassen.[499] Bei property, plant and equipment und bei intangible assets[500] gilt dies nur dann, wenn die Abschreibungen nicht in die cost eines anderen asset einbezogen werden.[501]

Bestimmungsgrößen der Abschreibung sind der Abschreibungszeitraum, der abschreibbare Betrag und die Abschreibungsmethode. Der Abschreibungszeitraum entspricht der erwarteten Nutzungsdauer des asset, also dem Zeitraum, in dem das asset dem Unternehmen voraussichtlich Nutzen stiftet, bevor es verbraucht ist bzw. stillgelegt oder veräußert wird.[502] Bei der Bestimmung der Nutzungsdauer sind zumindest die folgenden Faktoren zu berücksichtigen: die Art der Verwendung des asset,[503] die erwarteten Erhal-

---

497 Vgl. IAS 1.80 und .82 (rev. 1997).

498 Vgl. in Bezug auf property, plant and equipment IAS 16.41 (rev. 1998), in Bezug auf intangible assets IAS 38.79 (1998) und in Bezug auf investment property, das nach dem cost model bewertet wird IAS 40.50 (2000) i. V. m. IAS 16.41 (rev. 1998).

499 Vgl. IAS 40.50 (2000) i. V. m. IAS 16.41 (rev. 1998).

500 Nach IAS 38.88 (rev. 2004) ist unter Berücksichtigung aller Umstände festzulegen, ob ein intangible asset eine begrenzte oder unbegrenzte Nutzungsdauer hat. Intangible assets mit unbegrenzter Nutzungsdauer unterliegen keiner planmäßigen Abschreibung (vgl. IAS 38.107 (rev. 2004)).

501 Vgl. IAS 16.41 (rev. 1998); IAS 38.88 (1998).

502 Vgl. IAS 16.44 (rev. 1998).

503 Vgl. IAS 16.43 (a) (rev. 1998); IAS 38.80 (a) (1998).

tungsmaßnahmen,[504] die Veralterung des zugrunde liegenden asset[505] und rechtliche oder ähnliche Nutzungsbeschränkungen.[506] Bei intangible assets wird explizit angeführt, dass bei rechtlichen Beschränkungen Möglichkeiten der Erneuerung des zugrunde liegenden Rechts zu beachten sind, wenn diese Erneuerung als praktisch sicher (virtually certain) gilt.[507] Ferner sind bei intangible assets weitere Einflussgrößen wie typische Produktlebenszyklen, die Wettbewerbssituation auf dem entsprechenden Markt und die Verknüpfung mit den Nutzungsdauern anderer assets zu beachten.[508] Es besteht für intangible assets eine widerlegbare Vermutung, dass die Nutzungsdauer maximal zwanzig Jahre ab dem Zeitpunkt der Einsatzbereitschaft beträgt.[509]

Die tatsächliche Nutzungsdauer eines asset wird vom Zusammenwirken einer Vielzahl von technischen, wirtschaftlichen und rechtlichen Faktoren determiniert, deren Wirkungsweisen nicht ausreichend bekannt sind und die aufgrund von Strukturbrüchen, wie z. B. technischen Neuerungen oder Bedarfsverschiebungen, nicht zuverlässig vorhergesagt werden können.[510] Daher verbleibt dem Bilanzierenden bei der Schätzung der Nutzungsdauer ein Ermessensspielraum. Hieran ändert auch die Vorgabe nichts, dass die Nutzungsdauer von intangible assets weder unendlich lange noch unrealistisch kurz geschätzt werden darf.[511] Die grundsätzliche Obergrenze von zwanzig Jahren lässt sich durch Argumente auf eine Nutzungsdauer verlängern, die ein best estimate darstellt, also eine Schätzung die nach dem Ermessen des Bilanzierenden die höchste Eintrittswahrscheinlichkeit aufweist.

Der abschreibbare Betrag entspricht grundsätzlich den cost des asset. Eine Ausnahmen stellt die Anwendung des allowed alternative treatment nach IAS 16.29 (rev. 1998) bei property, plant and equipment und nach IAS 38.64 (1998) bei intangible assets dar, wonach in regelmäßigen Zeitabständen eine revaluation durchgeführt wird. In diesen Fällen ist bei der planmäßigen Abschreibung auf den fair value abzustellen.[512]

---

504 Vgl. IAS 16.43 (b) (rev. 1998); IAS 38.80 (f) (1998).

505 Vgl. IAS 16.43 (c) (rev. 1998); IAS 38.80 (c) (1998).

506 Vgl. IAS 16.43 (d) (rev. 1998); IAS 38.80 (g) (1998).

507 Vgl. IAS 38.85 (1998).

508 Vgl. 38.80 (b), (d), (e), (h) (1998).

509 Vgl. 38.79, .83 (1998). Diese Begrenzung ist durch die Überarbeitung des IAS 38 weggefallen.

510 Vgl. *Riebel*, Normung, 1963, S. 7-12.

511 Vgl. IAS 38.84 (1998).

512 Vgl. IAS 16.41 i. V. m. .46 (rev. 1998); IAS 38.80 (1998). Zur Definition und Ermittlung des fair value vgl. Teil 5 B. I. und Teil 5 B. II. 1. u. 2.

Eine weitere Ausnahme von der grundsätzlichen Übereinstimmung zwischen dem abschreibbaren Betrag und den cost stellt die Erwartung eines nicht unwesentlichen Restwertes am Ende des Abschreibungszeitraums dar. Der Restwert ist aus den Preisen vergleichbarer assets, die bereits das Ende ihrer erwarteten Nutzungsdauer erreicht haben und die unter vergleichbaren Bedingungen eingesetzt wurden, abzuleiten und bei der Ermittlung des abschreibbaren Betrages in Abzug zu bringen.[513] Bei Anwendung des beschriebenen allowed alternative treatment bei property, plant and equipment und bei intangible assets ist die Schätzung bei jeder revaluation zu wiederholen.[514] Für intangible assets gilt die Vermutung, dass der Restwert null ist, außer es kann nachgewiesen werden, dass bereits eine Abkaufverpflichtung mit einem fremden Dritten vorliegt oder dass ein active market für das intangible asset besteht, der wahrscheinlich noch am Ende der Nutzungsdauer existieren wird und auf dem sich der Restwert bestimmen lässt.[515] Ein active market ist dadurch charakterisiert, dass die gehandelten Produkte homogen sind, sich normalerweise zu jedem Zeitpunkt kauf- bzw. verkaufswillige Marktteilnehmer finden lassen und die Marktpreise öffentlich verfügbar sind.[516]

Die Ermittlung eines voraussichtlichen Restwerts ist mit Unsicherheiten behaftet. Mit steigender Nutzungsdauer nimmt die Unsicherheit zu, ob und falls ja wann ein asset wegen Abnutzung oder Veralterung aus dem Unternehmen ausscheidet, ob es dann noch von anderen Unternehmen genutzt werden kann und wie hoch der künftig erzielbare Preis ist.[517] Eine Beschränkung des Ermessensspielraums wird nur die Schätzung des Restwerts bei intangible assets vorgenommen. Ein solcher darf nur in den Ausnahmefällen, in denen eine feste Verkaufsvereinbarung oder ein active market vorliegt, berücksichtigt werden.[518]

Als Abschreibungsmethoden kommen eine Vielzahl von Verfahren (a variety of depreciation/amortisation methods) in Betracht. Exemplarisch werden die lineare, die degressive und die leistungsabhängige Abschreibungsmethode genannt.[519] Voraussetzung für die Anwendbarkeit einer Methode ist, dass sie sich als systematisch darstellt,[520] was auf alle Methoden zutrifft. Als wei-

---

513 Vgl. IAS 16.46 (rev. 1998); IAS 38.93 (1998).
514 Vgl. IAS 16.46 (rev. 1998); IAS 38.93 (1998).
515 Vgl. IAS 38.92 (1998).
516 Vgl. IAS 38.7 (1998).
517 Vgl. *Riebel*, Normung, 1963, S. 6.
518 Vgl. IAS 38.91 (1998).
519 Vgl. IAS 16.47 (1998); IAS 38.89 (1998).
520 Vgl. IAS 16.41 (rev. 1998); IAS 38.79 (1998).

tere Voraussetzung wird angeführt, dass der erwartete Nutzungsverlauf wiedergegeben wird.[521] Bei intangible assets muss sich zudem der Nutzungsverlauf zuverlässig bestimmen lassen, da ansonsten die lineare Abschreibungsmethode anzuwenden ist.[522] Die Regelung stellt insofern keine Einschränkung des grundsätzlichen Methodenwahlrechts dar, als die zuverlässige Bestimmbarkeit ermessensabhängig ist.

Änderungen der Abschreibungsmethode bzw. des Abschreibungszeitraumes sind möglich, wenn sich bei property, plant and equipment und intangible assets für die Bestimmungsgrößen signifikante Abweichungen (significantly different) zu den vorherigen Schätzungen ergeben.[523]

2) Cost of sales

Nach IAS 2.31 (rev. 1993) ist bei Veräußerung von Vorräten (inventories)[524] deren Buchwert (carrying amount) als expenses in der Berichtsperiode, in der die korrespondierenden revenues angesetzt werden, zu erfassen. Der Verbrauch von Roh-, Hilfs- und Betriebsstoffen sowie unfertigen Erzeugnissen im Rahmen des innerbetrieblichen Leistungserstellungs- und Leistungsverwertungsprozesses wird in der Regel solange ergebnisneutral abgebildet, bis der zugehörige revenue entsteht. Die Regelung bezieht sich auf das Umsatzkostenverfahren.

Die Ermittlung der cost of sales erfolgt nach dem Grundsatz der Einzelbewertung.[525] Demnach werden die cost der einzelnen Vorräte separat ermittelt und entsprechend dem Verbrauch dieser Vorräte als cost of sales erfasst.[526] Standardisierte Verbrauchsfolgeverfahren sind anzuwenden bei Vorräten, die gewöhnlich austauschbar (ordinarily interchangeable) und in großen Mengen (large numbers) vorhanden sind, sowie bei Vorräten, die für ein spezielles Projekt hergestellt und vom übrigen Bestand abgesondert wurden.[527] Die Abgrenzung der Vorräte, für die Verbrauchsfolgeverfahren anzuwenden sind, ist unbestimmt. Sowohl der Begriff der großen Menge als auch die Formulierung „ordinarily interchangeable“ erfordert eine Auslegung durch den Jahresabschlussersteller. Zudem besteht ein Wahlrecht zwischen verschiedenen Verfahren (benchmark treatment: FIFO- oder Durchschnitts-

521 Vgl. IAS 16.41 (rev. 1998); IAS 38.88 (1998).
522 Vgl. IAS 38.88 (1998).
523 Vgl. IAS 16.49 (rev. 1998); IAS 16.52 (rev. 1998); IAS 38.94 (1998).
524 Zur Definition und zum Umfang dieses Begriffes vgl. IAS 2.4 (rev. 1993).
525 Vgl. IAS 2.19 (rev. 1993) i. V. m. F. 82.
526 Vgl. IAS 2.20 (rev. 1993).
527 Vgl. IAS 2.19, .21, .23 (rev. 1993).

kostenmethode,[528] allowed alternative treatment: LIFO-Methode[529]). Das Wahlrecht unterliegt in IAS 2 (rev. 1993) keinen Beschränkungen; insbesondere müssen die tatsächlichen Verbrauchsfolgen nicht beachtet werden. Eine Einschränkung könnte sich lediglich aus dem fair presentation principle[530] ergeben.[531] Doch dieses bezieht sich lediglich auf die Frage, ob in bestimmten Fällen von den Regelungen der Standards abzuweichen ist, nicht aber auf die Frage der Ausübung von Wahlrechten.[532] Damit greift das fair presentation principle nicht unmittelbar. Eine Anwendung der Standards „results, in virtually all circumstances, in financial statements that achieve a fair presentation“[533].

Die cost bei Anschaffung bestimmen sich als Anschaffungspreis abzüglich Anschaffungspreisminderungen, wie z. B. Rabatte, Boni und Skonti, zuzüglich aller dem Anschaffungsvorgang direkt zurechenbaren Kosten (directly attributable), die anfallen, um die Vorräte an den gegenwärtigen Ort und in den gegenwärtigen Zustand zu bringen. Zu letzteren zählen Importzölle, nicht erstattungsfähige Steuern und Transportkosten.[534] Die Voraussetzung der direkten Zurechenbarkeit begrenzt die Aktivierung nicht auf Einzelkosten. Lediglich Verwaltungskosten bzw. sonstige Gemeinkosten, die keinen Beitrag leisten, um die Vorräte an den gegenwärtigen Ort bzw. in den gegenwärtigen Zustand zu bringen, werden explizit von einer Aktivierung ausgeschlossen.[535] Damit steht die Notwendigkeit einer Schlüsselung der Aktivierung bestimmter Kosten nicht im Wege.[536]

Bei der Herstellung umfassen die cost im Rahmen einer Einzelbetrachtung die fertigungsbedingten Vollkosten, also Fertigungseinzelkosten, Materialeinzelkosten und Sondereinzelkosten der Fertigung, systematisch zugerechnete variable Fertigungs- und Materialgemeinkosten, fixe Fertigungsgemeinkosten, z. B. planmäßige Abschreibungen und Instandhaltungskosten, Verwaltungskosten des Material- und Fertigungsbereichs sowie sons-

528 Vgl. IAS 2.21 (rev. 1993).
529 Vgl. IAS 2.23 (rev. 1993). Das allowed alternative treatment ist im IAS 2 (rev. 2003) nicht mehr enthalten.
530 Vgl. hierzu Teil 5 C. I.
531 So *Adler/Düring/Schmaltz*, Internationalen, 2003, Abschn. 15 Tz. 63.
532 Vgl. IAS 1.10 und .13.
533 IAS 1.10 (rev. 1997).
534 Vgl. IAS 2.7 f. (rev. 1993).
535 Vgl. IAS 2.14 (c) (rev. 1993).
536 Gleicher Ansicht sind *Jacobs*, IAS 2, 2002, Tz. 12; *Adler/Düring/Schmaltz*, Internationalen, 2003, Abschn. 15 Tz. 42.

tige Kosten, die dazu dienen, das asset an den gegenwärtigen Ort bzw. in den gegenwärtigen Zustand zu bringen.[537]

Die Verrechnung der variablen Gemeinkosten hat entsprechend der tatsächlichen Inanspruchnahme der Betriebsmittel zu erfolgen.[538] Bei der Zurechnung von fixen Gemeinkosten ist auf die Normalkapazität abzustellen, die sich aus der erwarteten durchschnittlichen Auslastung über mehrere künftige Berichtsperioden unter normalen Umständen ergibt. Dabei sind Kapazitätsverluste infolge planmäßiger Instandhaltungsmaßnahmen zu berücksichtigen.[539] Unklar bleibt, wie die Ermittlung der Normalkapazität konkret zu erfolgen hat, was unter normalen Umständen zu verstehen ist und für wie viele künftige Berichtsperioden eine Schätzung zu erfolgen hat.[540] Bei der Ermittlung sind bisherige Auslastungen,[541] Art der Geschäftstätigkeit sowie Produktlebenszyklen[542] zu berücksichtigen. Gleichwohl verbleibt dem Bilanzierenden bei der Ermittlung der Normalkapazität ein Ermessensspielraum.

Ferner kann der Verrechnung von Gemeinkosten auch die tatsächliche Kapazitätsauslastung zugrunde gelegt werden, wenn diese die Normalkapazität approximiert.[543] Es ist fraglich, wann die Voraussetzung erfüllt ist. Für eine Überprüfung ist die Normalkapazität zu ermitteln ist, was durch die Regelung gerade vermieden werden soll.

Leerkosten aufgrund einer Kapazitätsauslastung, die unter der Normalkapazität liegt, oder aufgrund einer Betriebsunterbrechung bzw. Teilbetriebsstilllegung sind nicht in die cost einzubeziehen, sondern in der Berichtsperiode ihres Anfallens als expenses zu erfassen.[544]

Bei einer Kuppelproduktion sind die cost nach einem vernünftigen und widerspruchsfreien Verfahren auf die einzelnen Produkte aufzuteilen. In Frage kommen bei Vorliegen gleichwertiger Hauptprodukte eine Verteilungskalkulation auf Marktpreisbasis, nach der die cost entsprechend den Verkaufspreisen aufgeteilt werden, bei Vorliegen eines Hauptproduktes und

---

537 Vgl. IAS 2.10 und .13 (rev. 1993).
538 Vgl. IAS 2.11 (rev. 1993).
539 Vgl. IAS 2.11 (rev. 1993).
540 Vgl. *PWC*, Understanding, 2002, Tz. 2.14; *Adler/Düring/Schmaltz*, Internationalen, 2003, Abschn. 15 Tz. 79.
541 Vgl. *Jacobs*, IAS 2, 2002, Tz. 37.
542 Vgl. *PWC*, Understanding, 2002, Tz. 2.14.
543 Vgl. IAS 2.11 (rev. 1993).
544 Vgl. IAS 2.11 (rev. 1993).

eines bzw. mehrerer Nebenprodukte die Restwertkalkulation, nach der Nebenprodukte mit dem Nettoveräußerungspreis und Hauptprodukte mit den gesamten angefallenen cost abzüglich der Nettoveräußerungspreise der Nebenprodukte zu bewerten sind.[545] Dabei liegt der Verteilungskalkulation auf Marktwertbasis die Annahme einer konstanten Kosten-Erlös-Relation und der Restwertkalkulation die Annahme einer Identität von cost und Nettoverkaufspreis bei den Nebenprodukten zugrunde. Beide Annahmen lassen sich nicht überprüfen, da bei der Kuppelproduktion eine verursachungsgerechte Schlüsselung der Kosten des Kuppelprozesses nicht möglich ist.[546]

Nicht in die cost einzubeziehen sind überhöhte, d. h. nicht angemessene Kosten, Lagerkosten, soweit sie nicht notwendigerweise im Produktionsprozess vor einer weiteren Produktionsstufe anfallen, allgemeine Verwaltungskosten, die nicht dazu beitragen, die Vorräte an den gegenwärtigen Ort bzw. in den gegenwärtigen Zustand zu bringen, sowie Vertriebskosten.[547] In welchen Fällen überhöhte Kosten vorliegen und wie Herstellung und Vertrieb voneinander abzugrenzen sind, wird in IAS 2 (rev. 1993) nicht erörtert.

Neben der Verteilung der tatsächlich angefallenen cost sind nach IAS 2.17 (rev. 1993) für die Ermittlung der cost von Vorräten vereinfachend bestimmte Kalkulationsverfahren anwendbar. Voraussetzung ist, dass deren Ergebnisse die tatsächlichen cost approximieren. In Frage kommt die standard cost method, bei der die Schätzung der normalen Ausprägung bestimmter Parameter, z. B. Material- und Fertigungskosten, Wirtschaftlichkeit und Kapazitätsauslastung, als konstant angenommen wird. Die Annahmen sind periodisch zu überprüfen.[548] Anwendbar ist auch die retail method, bei der sich die cost grundsätzlich als Verkaufspreis der entsprechenden Vorräte abzüglich einer als konstant angenommenen Bruttogewinnspanne ergeben.[549]

Zusätzlich zu den angeführten Bestandteilen können unter bestimmten Voraussetzungen Fremdkapitalzinsen in die cost einbezogen werden. Nach IAS 23.11 f. (rev. 1993) dürfen gemäß dem allowed alternative treatment die während des Zeitraums der Anschaffung bzw. Herstellung anfallenden

---

545 Vgl. IAS 2.12 (rev. 1993). Zu den Bezeichnungen und zu der Durchführung der Verfahren vgl. ausführlich *Scherrer*, Kostenrechnung, 1999, S. 423-430.

546 Vgl. *Scherrer*, Kostenrechnung, 1999, S. 427 f. und 431.

547 Vgl. IAS 2.14 (rev. 1993).

548 Vgl. IAS 2.17 (rev. 1993).

549 Vgl. IAS 2.18 (rev. 1993). Zur Vorgehensweise vgl. ausführlich *Jacobs*, IAS 2, 2002, Tz. 44 f.

Fremdkapitalzinsen, die direkt dem Erwerb oder der Herstellung von qualifying assets zurechenbar sind und den Restriktionen der Wahrscheinlichkeit des künftig daraus resultierenden wirtschaftlichen Nutzens und der zuverlässigen Messbarkeit genügen, als Bestandteil der cost aktiviert werden. Bei einem qualifying asset handelt es sich um ein asset, für das ein beträchtlicher Zeitraum (a substantial period of time) notwendig ist, um es in den beabsichtigten gebrauchs- bzw. verkaufsbereiten Zustand zu versetzen.[550] Die notwendige Länge des Zeitraumes bleibt unbestimmt. Damit ist es möglich, dass bei der Abgrenzung von qualifying assets den individuellen Gegebenheiten des Unternehmens bzw. der jeweiligen Branche Rechnung getragen wird.[551] Andererseits verbleibt ein Ermessensspielraum, der dem Bilanzierenden die Möglichkeit gibt, das Stetigkeitsgebot für das explizite Wahlrecht bezüglich der Einbeziehung von Fremdkapitalzinsen in die cost von qualifying assets[552] zu umgehen.

b) Würdigung

Die Erfassung von expenses folgt grundsätzlich dem explizit in den IFRS angeführten matching principle. Demnach werden erwartete Ausgaben in der Berichtsperiode zu expenses, in der das direkt mit dieser Ausgabe in Verbindung stehende income erfasst wird.[553] Daraus folgt, dass Ausgaben, soweit sie income künftiger Berichtsperioden zuzuordnen sind, durch eine Aktivierung auf die entsprechenden Berichtsperioden zu verlagern und erst dann als expenses zu erfassen sind (Ausgabenübertragung) und dass Ausgaben künftiger Berichtsperioden, soweit sie dem income der laufenden Periode zuzuordnen sind, durch Passivierung vorwegzunehmen sind (Ausgabenantizipation).[554] Probleme bestehen hierbei bezüglich der Festlegung eines Kriteriums für die Zurechnung von positiven und negativen Erfolgskomponenten und bezüglich der Behandlung der Unsicherheit und der sich daraus ergebenden Notwendigkeit von Schätzungen im Hinblick auf künftige Einnahmen und Ausgaben.[555]

Da die Erfassung von expenses an die Erfassung von income bzw. revenues geknüpft wird und die Ausgaben, die den expenses zugrunde liegen, im Rahmen des Leistungserstellungs- und Leistungsverwertungsprozesses

---

550 Vgl. IAS 23.4 (rev. 1993).

551 So *Schönbrunn*, IAS 23, 2002, Tz. 7.

552 Vgl. SIC 2.3. Demnach ist das Wahlrecht einheitlich auf alle qualifying assets unabhängig von deren Art und Funktion anzuwenden.

553 Vgl. IAS 1.26 (rev. 1997).

554 Vgl. *Moxter*, Bilanz, 1988, S. 449 f.

555 Vgl. *Baetge*, Objektivierung, 1970, S. 18.

in der Regel vor der Erfassung von revenues anfallen, resultieren aus dem matching principle vor allem Ausgabenübertragungen. Dies trifft z. B. auf die planmäßige Abschreibung und die cost of sales zu.

Die Zuordnung von expenses hat nach dem Wortlaut der IFRS auf Basis einer „direct association between the costs incurred and the earning of specific items of income"[556] zu erfolgen. Die Formulierung lässt offen, wie die Zuordnung von Ausgaben auf die Berichtsperioden und/oder einzelne Produkte bzw. Dienstleistungen zu erfolgen hat. In vielen Fällen ist indes keine eindeutige Zuordnung möglich. Im Unternehmen vollzieht sich ein komplexer Produktionsfaktorkombinationsprozess, der gleichzeitig den Ge- bzw. Verbrauch von Produktionsfaktoren und die Entstehung von Leistungen bewirkt.[557] So ist der Verbrauch von Betriebsmitteln durch Verschleiß nur dem Zeitraum der Nutzung der Betriebsmittel zurechenbar.[558]

Sieht man von dem Zuordnungsproblem ab, treten bei Ausgabenübertragungen im Rahmen der Periodisierungen Schätzprobleme in Hinblick auf die Gesamthöhe und die zeitliche Verteilung der künftigen Einnahmen, denen die Ausgaben in einer bestimmten Weise zuzuordnen sind, auf. So wären bei planmäßigen Abschreibungen alle mit dem Betriebsmittel in Verbindung stehenden Zahlungsströme zu schätzen. Auf Basis der Schätzungen wäre ein korrespondierendes Abschreibungsverfahren abzuleiten, das eine Verrechnung des abschreibbaren Betrags auf die Perioden entsprechend den Erfolgsbeiträgen aus der Nutzung der Betriebsmittel gewährleistet.[559]

Aufgrund der Zuordnungs- und Schätzprobleme werden in den IFRS Festlegungen getroffen (z. B. Umfang der cost) und die Anwendung typisierter Verteilungs- bzw. Verrechnungsverfahren (z. B. Abschreibungs- und Verbrauchsfolgeverfahren) vorgeschrieben. Einige Festlegungen und Verrechnungsmethoden stellen lediglich Vereinfachungen dar, andere normative Vorgaben, die nicht falsifizierbar sind.[560] So ist es mit einigen Ausnahmen, wie bei Fließ- und Schüttstoffen, theoretisch möglich, durch eine entsprechende Kennzeichnung und Dokumentation unterstellte Verbrauchsfolgen zu

---

556 IAS 1.26 (rev. 1997).

557 Vgl. *Riebel*, Deckungsbeitragsrechnung, 1994, S. 71 f. u. 100 f.

558 Vgl. *Scherrer*, Kostenrechnung, 1999, S. 273.

559 Vgl. *Eibelshäuser*, Abschreibungen, 1997, S. 160. Neben den Schätzproblemen liegt dieser Vorgehensweise auch insofern ein Zirkelschluss zugrunde, als für ein Betriebsmittel periodische Erfolgsbeiträge zu ermitteln sind, die wiederum durch die Höhe der Abschreibungen beeinflusst werden; vgl. *Schneider*, Abschreibungsverfahren, 1974, S. 375.

560 Vgl. *Thomas*, Allocation, 1974, S. 2 f.; *Hendriksen/Breda*, Accounting, 1992, S. 523 f.

überprüfen, wenn dies auch in vielen Fällen mit erheblichem Aufwand verbunden ist. Dagegen lässt sich die Minderung des Nutzenpotenzials eines Betriebsmittels in einer Periode nicht direkt[561] messen.[562] Auch bestimmte Arten der im Leistungserstellungs- und Leistungsverwertungsprozess angefallenen Kosten (z. B. echte Gemeinkosten) lassen sich nicht eindeutig bestimmten Produkten zurechnen.

Neben der fehlenden bzw. schwierigen Überprüfbarkeit der vorgegebenen Festlegungen und Verfahren ergibt sich bei der Ausgabenübertragung das Problem, dass die gebildeten Abgrenzungsposten keine unmittelbare Prognoseorientierung aufweisen. Sie stellen Akkumulationen vergangener Ausgaben dar,[563] die verteilt und erst in künftigen Perioden als expenses erfasst werden. Es existiert kein direkter Zusammenhang zwischen den zu verteilenden Ausgaben der Vergangenheit und den künftigen Ausgaben.

Die allgemeine Vorgabe der IFRS, die Zuordnung von income und expenses auf Basis einer unmittelbaren Beziehung und, falls keine solche existiert, die Zuordnung anhand von systematischen und rationalen Verfahren vorzunehmen,[564] weist Ermessensspielräume auf. Auch die untersuchten Regelungen zu Festlegungen von Sachverhalten bzw. zur Anwendung von Zuordnungsverfahren enthalten Wahlrechte und Ermessensspielräume. Aufgrund der mangelnden Prognoseorientierung und der schwierigen bzw. fehlenden Überprüfbarkeit der Festlegungen und Verfahren kann gefolgert werden, dass nahezu keine weiteren objektivierungsbedingten Verzerrungen auftreten, wenn zur Vermeidung von ermessensbedingten Verzerrungen diese Wahlrechte und Ermessensspielräume aufgehoben werden.

Eine maximale Objektivierung in Bezug auf die Ausgabenübertragung ist gegeben, wenn die jeweiligen Ausgaben unmittelbar in der Periode ihres Anfallens als expenses erfasst werden.[565] Die resultierende Periodenerfolgsgröße lässt sich nicht mehr als Indikator für künftige Erfolge interpretieren, so dass diese Vorgehensweise die mittelbare Prognoseorientierung

---

[561] Voraussetzungen einer direkten Messung ist, dass als Messobjekt eine eindimensionale Eigenschaft eines Sachverhalts vorliegt und sich dieser Eigenschaft eineindeutig ein Element einer vorher definierten Maßskala zuordnen lässt. (Vgl. *Szyperski/ Richter*, Messung, 1981, Sp. 1208). Das Nutzenpotenzial eines Betriebsmittels stellt aber eine mehrdimensionale Eigenschaft dar, für die kein eindeutiger Maßstab existiert.

[562] Vgl. *Hendriksen/Breda*, Accounting, 1992, S. 534 f.

[563] Vgl. zu dieser Interpretation des balance sheet bzw. der Bilanz *Moxter*, Entwicklung, 1993, S. 68; *Schmidt*, Rechnungslegung, 2000, S. 57.

[564] Vgl. F. 96.

[565] Vgl. *Moxter*, Rechnungslegung, 2003, S. 142.

einschränkt.[566] Alternativ sind deshalb Vorgaben in der Weise zu machen, dass keine Methodenwahlrechte bestehen und bestimmte Parameter fest vorgeschrieben werden. Beispielsweise können nur die lineare Abschreibungsmethode und das Durchschnittskostenverfahren zugelassen werden. Zudem kann die Abschreibungsdauer durch Festlegung für verschiedene Klassen von Produktionsmitteln, die Berücksichtigung eines Restwerts durch ein Verbot und der Umfang der cost weitergehender normiert werden, als es in den IFRS der Fall ist.

III. Ansatzprinzipien als Beschränkung des accrual principle

1. Allgemeine Anforderungen an den Ansatz von assets und liabilities

a) Definitorische Anforderungen

Ein asset ist nach IFRS definiert als „a resource controlled by the enterprise as a result of past events and from which future economic benefits are expected to flow to the enterprise“[567]. Der künftige ökonomische Nutzen kann in einem Zufluss von cash bzw. cash equivalents oder in einer Ersparnis des Abflusses von cash bzw. cash equivalents bestehen.[568] Die wesentliche Voraussetzung für das Vorliegen eines asset ist das Vermögenswertprinzip, nach dem auf die Zuordenbarkeit von künftigem ökonomischen Nutzen abzustellen ist.[569]

Wie sich aus der Definition entnehmen lässt, muss sich die künftige Nutzenstiftung eines asset auf vergangene Ereignisse zurückführen lassen. Hierbei kann es sich sowohl um Anschaffungs- bzw. Herstellungsvorgänge als auch um öffentliche Zuwendungen handeln.[570] Nicht ausreichend sind hingegen Erwartungen bzw. Planungen bezüglich künftiger Ereignisse bzw. Transaktionen, die zu einem erwarteten Zufluss von ökonomischem Nutzen führen werden.[571] Dies gilt auch dann, wenn dieses Ereignis mit hoher Wahrscheinlichkeit zu erwarten ist[572] und nach IAS 10.2 (rev. 1999) (b) i. V. m. IAS 10.9 (rev. 1999) sogar für den Fall, dass das Ereignis zwar nach dem Bilanz-

566 Vgl. hierzu ausführlich Teil 2 D. I. 2.
567 F. 49 (a).
568 Vgl. F. 53.
569 Vgl. *Hommel*, Anlagewerte, 1998, S. 52 f.
570 Vgl. F. 58.
571 Vgl. F. 58.
572 Vgl. *Wagner*, Assets, 2002, Sp. 104.

stichtag, aber noch vor Feststellung des Jahresabschlusses eingetreten ist.[573]

Als weitere Voraussetzung muss die Nutzenstiftung durch assets der control des betrachteten Unternehmens unterstehen. Die Bedingung ist erfüllt, wenn das Unternehmen die Möglichkeit hat, sich die künftigen ökonomischen Vorteile aus einer Ressource anzueignen und Dritte von der Nutzenstiftung auszuschließen.[574] Eine hinreichende, aber nicht notwendige Voraussetzung stellt das Vorhandensein von Rechtsansprüchen in Form von Eigentums- bzw. Schutzrechten, Weiterveräußerungsverboten oder Verschwiegenheitspflichten dar.[575] Auch wenn sich eine rein faktische Verfügungsmacht über den künftigen ökonomischen Nutzen aus einer Ressource nachweisen lässt, ist die Voraussetzung der control erfüllt.[576] Unklar ist, wann von einer faktischen Verfügungsmacht auszugehen ist.[577] Als Mechanismen zur Gewährleistung einer faktischen Verfügungsmacht kommen rechtlich nicht gesicherte Geheimhaltungsvereinbarungen und die Schaffung eines Zeitvorsprungs gegenüber Konkurrenten in Frage.[578] Ob in diesen und anderen Fällen faktischer Schutzmechanismen das control-Kriterium letztlich erfüllt ist, hängt von dessen Auslegung ab. Daraus erwachsen dem Jahresabschlussersteller Ermessenspielräume; durch entsprechende Argumentation bzw. interne Dokumentationen kann das Vorliegen einer faktischen Verfügungsmacht oder deren Nichtbestehen nachgewiesen werden.

Liabilities sind definiert als „a present obligation of the enterprise arising from past events, the settlement of which is expected to result in an outflow from the enterprise of resources embodying economic benefits“[579]. Die bestehende Verpflichtung, die der Ansatz einer liability voraussetzt, kann rechtlich durch Vertrag bzw. Gesetz oder wirtschaftlich durch eine faktische Unentziehbarkeit begründet sein.[580] Letzteres liegt dann vor, wenn das betrachtete Unternehmen durch ein bestimmtes Verhalten Außenstehenden signalisiert hat, eine Verpflichtung zu übernehmen und dadurch berechtigte Erwartungen geweckt hat, dass es die Verpflichtung erfüllen werde.[581]

---

573 In diesen beiden Fällen können sich allerdings bei wesentlichen Ereignissen bzw. Transaktionen Angabepflichten in den notes gem. IAS 10.20 (rev. 1999) ergeben.

574 Vgl. IAS 38.13 (1998).

575 Vgl. IAS 38.14 (1998); *Streim/Bieker/Leippe*, Anmerkungen, 2001, S. 189.

576 Vgl. *Alexander/Archer*, Guide, 2003, Tz. 20.06.

577 Ähnlich auch *Alexander/Archer*, Guide, 2003, Tz. 20.06.

578 Vgl. *Brockhoff*, Forschung, 1999, S. 101; *Lev*, Intangibles, 2001, S. 34.

579 F. 49 (b).

580 Vgl. F. 60; IAS 37.10 (1998).

581 Vgl. IAS 37.10 (1998).

Das Kriterium der Verursachung durch ein vergangenes Ereignis schließt alle Verpflichtungen von einer Qualifizierung als liability aus, die sich bis zu einem betrachteten Zeitpunkt nicht in dem Sinne konkretisiert haben, dass sich das Unternehmen der Verpflichtung faktisch nicht entziehen kann.[582] Die Konkretisierung erfordert auch, dass die Verpflichtung unabhängig von künftigen Handlungen des Unternehmens ist.[583]

Schließlich muss die Verpflichtung voraussichtlich zu einem Abfluss von künftigem ökonomischen Nutzen, z. B. in Form einer Auszahlung, einer Lieferungs- bzw. Leistungserbringung oder eines Austausches mit einer anderen Verpflichtung, führen.[584] Unerheblich für das Vorliegen einer liability ist, ob Höhe und/oder Fälligkeit exakt bekannt sind.[585]

b) Zusätzliche Ansatzrestriktionen

Bezüglich der zusätzlichen Ansatzrestriktionen für assets und liabilities kann auf die Ausführungen zu income und expenses verwiesen werden. Bei beiden muss die Wahrscheinlichkeit des künftigen Nutzenzuflusses bzw. -abflusses sowie dessen zuverlässige Messbarkeit sichergestellt sein, bevor eine recognition erfolgen kann.

Nach der Restriktion der zuverlässigen Messbarkeit wird es bei assets ausnahmsweise als ausreichend betrachtet, wenn sie zumindest für eine Bewertungseinheit, wie eine cash-generating unit[586], gegeben ist.[587] Weitere Konkretisierungen der Wahrscheinlichkeit und der zuverlässigen Messbarkeit ergeben sich im Framework nicht. Allerdings enthalten die Standards zu intangible assets und zu provisions, contingent liabilities and contingent assets solche Konkretisierungen.

2. Ergänzende Einzelregelungen

a) Intangible assets

Hinsichtlich der Aktivierung von Ressourcen als intangible assets gelten spezielle Regelungen. So muss eine Ressource, die nicht monetär ist, keine physische Substanz aufweist und langfristig im Unternehmen genutzt wer-

---

582 Vgl. F. 61; IAS 37.17 (1998).
583 Vgl. IAS 37.19 (1998).
584 Vgl. F. 62.
585 Vgl. F. 64.
586 Vgl. zur Definition und Erläuterung Teil 5 B. II. 3.
587 Vgl. *Mujkanovic*, Fair Value, 2002, S. 105.

den soll, neben den allgemeinen definitorischen Voraussetzungen eines asset das Kriterium der Identifizierbarkeit (identifiability) erfüllen, um die abstrakte Aktivierungsfähigkeit zu besitzen.[588] Hinreichende aber nicht notwendige Voraussetzung für die Identifizierbarkeit ist die (Ab-)Trennbarkeit (separability) des künftigen ökonomischen Nutzens eines asset von dem anderer assets in der Form, dass das Unternehmen das asset selbstständig übertragen, d. h. vermieten, veräußern, tauschen oder verteilen kann.[589] Separability ist schon gegeben, wenn sich das asset zumindest seiner Art nach einzeln übertragen[590] oder auf andere Weise einzeln verwerten lässt. Diese abstrakte Verwertbarkeit gewährleistet bereits die durch die Regelung bezweckte Abgrenzung des asset gegenüber dem Goodwill.[591]

Identifizierbarkeit kann auch bei fehlender Einzelverwertbarkeit vorliegen. Es kann alternativ der Zusammenhang mit einer gesicherten Rechtsposition (legal rights), beispielsweise bei dem gemeinsamen Erwerb mehrerer Ressourcen oder bei der internen Entwicklung einer rechtlich geschützten Ressource, nachgewiesen werden.[592] Bei dem Nachweis ist unerheblich, ob sich das entsprechende Recht übertragen lässt oder ob dies, wie bei bestimmten Lizenzen oder Konzessionen, nicht möglich ist.[593]

Neben der zusätzlichen Voraussetzung der Identifizierbarkeit enthält IAS 38 (1998) auch detailliertere Vorschriften zu den Ansatzvoraussetzungen des Framework. In Bezug auf den Zufluss des künftigen ökonomischen Nutzens wird empfohlen, die Beurteilung der Wahrscheinlichkeit des Zuflusses vor allem auf externe Beweise zu stützen.[594] Der ergänzende Hinweis, dass im Rahmen der Beurteilung der Wahrscheinlichkeit des künftigen Nutzenzuflusses von intangible assets Annahmen zugrunde zu legen sind, die zum einen angemessen und begründbar (reasonable and supportable) sind,[595] zum anderen aus Sicht des Managements die höchste Eintrittswahrscheinlichkeit aufweisen (management's best estimate),[596] stellt eine Selbstverständlichkeit dar.[597] Der Hinweis ändert nichts daran, dass die Beurteilung

---

588 Vgl. IAS 38.7 (1998) i. V. m. IAS 38.10 (1998).
589 Vgl. IAS 38.11 (1998).
590 Vgl. *Hommel*, Anlagewerte, 1998, S. 93.
591 Ähnlich *Dawo*, Güter, 2003, S. 195; *Baetge/von Keitz*, IAS 38, 2002, Tz. 19.
592 Vgl. IAS 38.12 (1998).
593 Vgl. *Baetge/von Keitz*, IAS 38, 2002, Tz. 14; *Dawo*, Güter, 2003, S. 195.
594 Vgl. IAS 38.21 (1998).
595 Vgl. IAS 38.20 (1998).
596 Vgl. IAS 38.21 (1998).
597 So auch *Baetge/von Keitz*, IAS 38, 2002, Tz. 40.

der Wahrscheinlichkeitsanforderung von einem subjektiven Entscheidungsprozess des Bilanzierenden geprägt ist.[598]

Es wird angeführt, dass sich die Voraussetzung der Kontrolle des künftigen Nutzenzuflusses bei intangible assets, die nicht mit einem Recht verbunden sind, mitunter nur schwer nachweisen lässt. Für Aus- und Weiterbildungsmaßnahmen der Mitarbeiter schließen die IFRS diese Möglichkeit aus.[599] Auch bei spezifischen Fähigkeiten des Managements, Marktanteilen, Kundentreue und bei einem Kundenstamm gehen die IFRS davon aus, dass bei fehlenden Rechtsansprüchen control nicht gegeben ist.[600]

Im Zusammenhang mit intangible assets wird die Restriktion der zuverlässigen Bewertbarkeit spezifiziert. Diese ist abhängig von der Art des Zugangs. Unproblematisch ist der Erwerb eines einzelnen asset gegen Hingabe von Zahlungsmitteln.[601] Abgesehen von Zurechnungsproblemen bei Kosten des Erwerbs lassen sich die Anschaffungskosten des asset zuverlässig ermitteln.[602] Erfolgt der Einzelerwerb eines asset im Rahmen eines Tauschgeschäftes, ist die zuverlässige Bewertbarkeit schwieriger nachzuweisen.[603] Bei Hingabe eines hinsichtlich Funktion oder Wert nicht ähnlichen asset bestimmt sich der Zugangswert als der fair value des erhaltenen asset, der mit dem fair value des hingegebenen asset gleichzusetzen ist.[604] Auch bei Einlagen[605] und unentgeltlichen Überlassungen von assets als öffentliche Zuschüsse[606] sind fair value-Bewertungen notwendig. Ob die Bewertung mit ausreichender Zuverlässigkeit möglich ist, hängt in Fällen, in denen der fair value nicht unmittelbar aus einem Markt abgeleitet werden kann, von einer subjektiven Einschätzung des Jahresabschlusserstellers ab.

---

598 Vgl. *Streim*, Anmerkungen, 2001, S. 187; *Schildbach*, Wahlrechte, 2002, Sp. 2617.

599 Vgl. IAS 38.15 (1998).

600 Vgl. IAS 38.15 f. (1998).

601 Vgl. mit Bezug auf intangible assets IAS 38.23 (1998).

602 Vgl. noch mit Bezug auf den Exposure Draft ED 50 *Hommel*, Bilanzrechtskonzeptionen, 1997, S. 360.

603 Vgl. *Baetge/von Keitz*, IAS 38, 2002, Tz. 41.

604 Vgl. IAS 16.21 (rev. 1998); IAS 38.34 (1998).

605 Vgl. IAS 38.26 (1998).

606 Vgl. IAS 20.23 (ref. 1994) bzw. IAS 38.33 (1998) i. V. m. IAS 20.23 (ref. 1994). Alternativ kann das zugegangene asset auch mit dem Wert null bzw. mit einer gegebenenfalls erbrachten symbolischen Gegenleistung (zuzüglich der Kosten, die angefallen sind, um das asset in einen betriebs- bzw. nutzungsbereiten Zustand zu bringen) bewertet werden. Bei Zugrundelegung dieser Bewertungsmöglichkeit ist das Kriterium der zuverlässigen Bewertbarkeit immer erfüllt.

Wird eine Ressource nicht erworben, sondern selbst hergestellt, ist die Restriktion der zuverlässigen Messbarkeit der Kosten bei Bestehen eines Kostenrechnungssystems erfüllt. Selbst eine Schlüsselung von Kosten auf verschiedene assets ist unproblematisch. Nach F. 86 stehen zuverlässige Schätzungen der Erfüllung dieser Restriktion nicht entgegen.[607]

Für selbsterstellte intangible assets existieren ergänzende Regelungen, die eine Konkretisierung der Ansatzrestriktionen der Identifizierbarkeit, der Wahrscheinlichkeit des künftigen Nutzenzuflusses sowie der zuverlässigen Bewertbarkeit darstellen.[608] Danach sind Kosten, die für ein internes Forschungsprojekt bzw. in der Forschungsphase eines Projekts anfallen als expenses zu erfassen.[609] Dagegen ist bei der Entwicklungsphase eines intangible asset die Aktivierung eines intangible asset bei Erbringung bestimmter Nachweise erforderlich. Unter Entwicklung ist die Anwendung von Kenntnissen im Rahmen der Vorbereitung zur Produktion neuer bzw. erheblich verbesserter Produkte[610], wie das Herstellen und Testen von Prototypen und Modellen, zu verstehen.[611] Eine Aktivierung von Entwicklungskosten hat zu erfolgen, wenn das Unternehmen die Möglichkeit und auch die Absicht der Fertigstellung und der internen oder externen Verwertung sowie die zuverlässige Bewertbarkeit der anfallenden Kosten nachweist. Bei einer geplanten externen Vermarktung ist ein Nachweis der Existenz eines entsprechenden Marktes zu erbringen.[612]

Die Unterscheidung zwischen Forschung und Entwicklung ist mitunter schwierig.[613] Die beiden Bereiche können sich überlappen.[614] Ist keine Unterscheidung möglich, ist ein Projekt nach IAS 38.41 (1998) insgesamt der Forschung zuzuordnen. Die entsprechenden Ausgaben sind als expenses zu erfassen. In zweifelhaften Fällen liegt die Beurteilung, ob eine Unterscheidung zwischen Forschung und Entwicklung möglich ist, im Ermessen des Bilanzierenden.

Nicht alle immateriellen Ressourcen stellen das Ergebnis eines klar umrissenen Projektes mit einer Forschungs- und Entwicklungsphase dar, sondern

607 So in Bezug auf intangible assets auch *Baetge/von Keitz*, IAS 38, 2002, Tz. 55.
608 Vgl. IAS 38.39 (1998).
609 Vgl. IAS 38.42 (1998).
610 Vgl. IAS 38.7 (1998).
611 Vgl. IAS 38.47 (a) (1998).
612 Zu den einzelnen Voraussetzungen vgl. IAS 38.45 (1998) sowie die Erläuterungen bei *Baetge/von Keitz*, IAS 38, 2002, Tz. 52-58; *Dawo*, Güter, 2003, S. 204 f.
613 Gleicher Ansicht sind auch *Epstein/Mirza*, IAS 2003, S. 315.
614 Vgl. *Brockhoff*, Forschung, 1999, S. 54.

resultieren, wie Zufallserfindungen, quasi als Nebenprodukt aus dem betrieblichen Leistungserstellungs- und Leistungsverwertungsprozess.[615] Es finden sich keine konkreten Hinweise in den IFRS, wie in diesen Fällen die Zuordnung zu erfolgen hat. Der Jahresabschlussersteller kann in diesen Zweifelsfällen durch eine entsprechende Argumentation bezüglich des Projekts bestimmen, welchem Bereich die entstandenen Ausgaben zuzuordnen sind.

Bei der Zuordnung eines Projekts zur Entwicklungsphase hängt der Ansatz eines selbsterstellten intangible asset davon ab, ob die geforderten Nachweise in Form einer entsprechenden Dokumentation erbracht werden.[616] In Abhängigkeit von der Dokumentation besteht für selbsterstellte immaterielle Ressourcen ein faktisches Ansatzwahlrecht.[617] Ausnahmen ergeben sich bei Ausgaben im Rahmen einer nicht zweckgerichteten Grundlagenforschung, für die zwingend die Vermutung besteht, dass sie den Ansatzvoraussetzungen nicht genügt.

Generell ausgeschlossen von einem Ansatz sind selbsterstellte Marken, Verlagsrechte, Kundenlisten und ähnliche Güter. Klarstellend wird außerdem der originäre Goodwill von einer Aktivierung ausgeschlossen.[618] Dies gilt auch in Fällen, in denen Ausgaben getätigt wurden, die voraussichtlich zu künftigem ökonomischen Nutzen führen, aber eines der Ansatzkriterien nicht erfüllt ist, wie z. B. bei Ingangsetzungs- und Erweiterungs-, Werbe- oder Weiterbildungskosten.[619]

b) Provisions, contingent liabilities and contingent assets

Einfluss auf das Nettovermögen nach IFRS haben auch die Ansatzregelungen zu provisions, contingent liabilities und contingent assets. IAS 37 (1998) enthält für diese Positionen ergänzende Regelungen zu den Ansatzvoraussetzungen des Framework. Nach den Regelungen liegt eine Verpflichtung im Sinne der liability-Definition nur vor, wenn zu deren Erfüllung keine realistische Alternative existiert[620] und sie unabhängig von der künftigen Unternehmenstätigkeit[621] besteht. Unklar ist, in welchen Fällen eine realistische

---

615 Ähnlich *Baetge/von Keitz*, IAS 38, 2002, Tz. 50.
616 So auch *Schildbach*, Wahlrechte, 2002, Sp. 2617.
617 Gleicher Ansicht *Hommel*, Anlagewerte, 1998, S. 295; *Baetge/von Keitz*, IAS 38, 2002, Tz. 59.
618 Vgl. IAS 38.36 (1998).
619 Vgl. IAS 38.57 (1998).
620 Vgl. IAS 37.17 (1998).
621 Vgl. IAS 37.19 (1998).

Alternative anzunehmen ist. Als keine realistische Alternative ist die Möglichkeit der Liquidation des Unternehmens einzustufen.[622] Andererseits sind dem Unternehmen durchaus Produktionsumstellungen zur Vermeidung der künftigen expenses zuzumuten.[623] Bei anderen Vermeidungsmöglichkeiten, wie der Veräußerung von assets, liegt die Beurteilung, ob diese als realistisch zu betrachten sind, im Ermessen des Bilanzierenden.[624]

Unter den Wortlaut der liability-Definition des Framework sind auch Verpflichtungen des Unternehmens gegen sich selbst, beispielsweise aus einer unterlassenen Instandhaltung, subsumierbar. Aus den in F. 60 angeführten Beispielen ergibt sich aber, dass grundsätzlich nur Außenverpflichtungen eine provision begründen können.[625] Dafür sprechen auch die Formulierungen „has indicated to other parties" und „has created a valid expectation on [...] those other parties"[626] im Rahmen der Umschreibung einer faktischen Verpflichtung sowie aus der Feststellung in dem den Framework vorrangigen Standard „An obligation always involves another party to whom the obligation is owed"[627]. IAS 37.70 f. (1998) fordert allerdings unter bestimmten Voraussetzungen den Ansatz von provisions für Restrukturierungsverpflichtungen, die bloße Innenverpflichtungen darstellen. Es bleibt offen, ob es sich dabei um eine Ausnahme handelt oder auch bei anderen Innenverpflichtungen eine provision zu bilden ist, wenn sie die übrigen Voraussetzungen erfüllen.[628]

Für den Ansatz von Restrukturierungskosten als provision muss ein detaillierter Plan mit Angaben zu den beabsichtigten Maßnahmen vorliegen, der den Betroffenen unterbreitet wurde. Bei Dritten, wie Kunden, Lieferanten und Arbeitnehmern, müssen berechtigte Erwartungen bezüglich der Durchführung dieses Plans hervorgerufen worden sein.[629] Problematisch ist, dass sich die Erwartungen Dritter nicht nachprüfen lassen. Außerdem entspricht das Vorliegen der Voraussetzungen nicht den Anforderungen an liabilities. Es liegt noch keine Verpflichtung aufgrund eines vergangenen Ereignisses vor. Die IFRS versuchen diesen Widerspruch aufzulösen, indem sie anführen, dass die Voraussetzungen für den Ansatz von provisions für künftige

---

622 Vgl. *Moxter*, Rückstellungen, 1999, S. 521 f.

623 Vgl. IAS 37.19 (1998).

624 Ähnlich *Moxter*, Rückstellungen, 1999, S. 521 f.

625 Vgl. *Schruff*, Liabilities, 2002, Sp. 1499; *Berger/Ring*, in: Beck Bil.-Komm., 2003, § 249 Tz. 334; *Adler/Düring/Schmaltz*, Internationalen, 2003, Abschn. 1 Tz. 161.

626 Beide Zitate IAS 37.10 (1998).

627 IAS 37.20 (1998).

628 Vgl. *Wesner*, Aufwandsrückstellungen, 2002, Sp. 155.

629 Vgl. IAS 37.71 f., .75 (b) (1998).

Restrukturierungen eine Auslegung der allgemeinen Ansatzvorschriften darstellten[630] und dass die Entscheidung zur Restrukturierung mit anderen vergangenen Ereignissen, wie Abfindungsverhandlungen mit Arbeitnehmervertretern oder Verhandlungen über den Verkauf eines Geschäftsbereichs, verbunden sei.[631] Der Argumentation kann insofern nicht gefolgt werden, als die genannten Ereignisse kein auslösendes Moment für das Entstehen einer gegenwärtigen Verpflichtung sind.

In IAS 37 (1998) findet sich auch eine Konkretisierung der Anforderung, dass der künftige Nutzenabfluss wahrscheinlich zu sein hat. Demnach wird zumindest „For the purpose of this Standard“ ein Ereignis als probable angesehen, „if the event is more likely than not to occur, i.e. the probability that the event will occur is greater than the probability that it will not".[632] Nach dieser Interpretation ist es Voraussetzung für die Passivierung einer liability, dass diese mit einer Wahrscheinlichkeit von mehr als 50% zu einem Abfluss von ökonomischem Nutzen führt.[633] Ist diese Voraussetzung nicht erfüllt, so ist grundsätzlich eine Angabe der Verpflichtung in den notes notwendig. Ist die Wahrscheinlichkeit als gering (remote) einzustufen, ist sie nicht im Jahresabschluss zu erfassen.[634]

Bei assets bzw. dem korrespondierenden income ergeben sich nach IAS 37 (1998) andere Wahrscheinlichkeitsanforderungen.[635] Voraussetzung für eine Aktivierung ist ein nahezu sicherer (virtually certain) Nutzenzufluss.[636] Bei so genannten contingent assets, bei denen dieser Zufluss zumindest wahrscheinlich (probable) ist, ist lediglich eine Angabe in den notes erforderlich.[637] Assets mit einem noch geringeren Wahrscheinlichkeitsgrad bleiben im Jahresabschluss unberücksichtigt.[638]

In IAS 37.27 f. (1998) findet sich eine speziell für provisions anzuwendende Auslegung des Kriteriums der zuverlässigen Messbarkeit des Nutzenabflusses. Demnach ist es ausreichend, wenn eine Bandbreite möglicher Werte

630 Vgl. IAS 37.71 (1998).
631 Vgl. IAS 37.76 (1998).
632 Beide Zitate IAS 37.23 (1998).
633 Vgl. *Schruff*, Liabilities, 2002, Sp. 1499 f.
634 Vgl. IAS 37.27 f. (1998).
635 Vgl. *PWC*, Understanding, 2002, Tz. 37.20; *Lüdenbach/Hoffmann*, Wahrscheinlichkeit, 2003, S. 5 f. A. A. *Mujkanovic*, Fair Value, 2002, S. 105, der eine einheitliche Wahrscheinlichkeit von mehr als 50 % annimmt.
636 Vgl. IAS 37.33 (1998).
637 Vgl. IAS 37.34 (1998).
638 Vgl. IAS 37.31 (1998).

angegeben werden kann. Zudem wird betont, dass dieses Kriterium nur in sehr wenigen Ausnahmefällen (extremely rare cases) zum Nichtansatz einer Verpflichtung führt.

3. Würdigung

a) Ansatzkonzeption

Durch Einzahlungsantizipationen bzw. -übertragungen wird eine Periodenzuordnung von income gemäß dem revenue recognition principle und durch Ausgabenübertragungen bzw. -antizipationen eine Zuordnung von Ausgaben zu dem daraus resultierenden Nutzen in Form von income gemäß dem matching principle möglich. Hieraus resultieren jeweils Abgrenzungsposten, wenn der Nutzenzufluss bzw. -abfluss erst in einer späteren Berichtsperiode erwartet wird. Das balance sheet lässt sich als Konto zur Erfassung dieser Abgrenzungsposten interpretieren.[639]

Alternativ lässt sich das balance sheet als Übersicht über das in einer bestimmten Weise definierte Reinvermögen eines Unternehmens betrachten.[640] Diese zweite Interpretation korrespondiert insofern mit dem Prinzip der Zielstromverbundenheit, als das effektive Reinvermögen einen unter Berücksichtigung bestimmter Zeit- und Unsicherheitspräferenzen aggregierten Wert des Zielstroms darstellt.[641]

Die Ermittlung eines effektiven Reinvermögens ist jedoch von Ermessensspielräumen geprägt. Zur Begrenzung der Ermessensspielräume greifen bei der Vermögensermittlung im balance sheet verschiedene Objektivierungsprinzipien. Der Vermögensermittlung liegt ein Einzelbewertungsprinzip bzw. ein Einzelerfassungsprinzip zugrunde. Es wird keine Gesamtbewertung durchgeführt, sondern im Rahmen einer Approximation des Gesamtwertes auf Einzelobjekte und die mit diesen Einzelobjekten zusammenhängenden (vergangenen und künftigen) Zahlungen abgestellt.[642] Zweck der Einzelerfassung ist die Objektivierung der Erfassung von Zahlungen zwischen dem Unternehmen und seiner Umwelt, indem auf Einzelobjekte in Form von Sachen bzw. Rechten, rechtliche Verpflichtungen sowie in bestimmter Weise

---

639 Vgl. hierzu Teil 5 A. II. 2. b) dieser Arbeit.

640 Vgl. *Breidert*, Abschreibungen, 1994, S. 3.

641 Vgl. hierzu Teil 2 D. I. 2. dieser Arbeit.

642 Vgl. hierzu sowie zu dem Begriff *Moxter*, Gewinnermittlung, 1982, S. 90 f. Ähnlich *Kuhner*, Bewertungskonzeptionen, 1994, S. 66; *Wüstemann*, Institutionenökonomik, 2002, S. 60.

abgegrenzte Ressourcen und Belastungen zu rekurrieren ist.[643] Zudem wird durch die Interpretation der einzelnen Aktiva als bewertete Träger von Nutzenzuflusspotenzialen und der einzelnen Passiva als bewertete Träger von Nutzenabflusspotenzialen[644] Kompatibilität zwischen der vermögensorientierten Interpretation des balance sheet und der abgrenzungspostenorientierten Betrachtungsweise hergestellt. Andererseits bewirkt das Einzelerfassungsprinzip als Objektivierungsprinzip eine Vernachlässigung von positiven und negativen Bestandteilen des Effektivvermögens, die sich nicht einzeln erfassen lassen.[645]

b) Ansatzprinzipien

Die Voraussetzung, dass sich der künftige Nutzenzufluss bzw. -abfluss auf ein Ereignis der Vergangenheit zurückführen lassen muss, ist unscharf formuliert. Den künftigen Ausgaben können in der Regel mehrere vergangene Ereignisse zugeordnet werden,[646] wobei unklar ist, welche dieser Ereignisse für eine Erfüllung der Voraussetzung ausreichend sind. Die Rückführbarkeit auf ein vergangenes Ereignis dient dazu, Nutzenerwartungen aus bloßen Absichten und Plänen von einer Aktivierung bzw. Passivierung auszuschließen. Wurden noch keine Maßnahmen ergriffen, um Absichten und Pläne umzusetzen, gelten die korrespondierenden Nutzenerwartungen als zu unsicher, um als assets bzw. liabilities zum Ansatz zu kommen.

Andererseits können die künftigen Nutzenzuflüsse aus Absichten und Plänen einen hohen Konkretisierungsgrad aufweisen, wenn z. B. für die entsprechenden Vorhaben, aus denen die künftigen Nutzenzuflüsse bzw. -abflüsse zu erwarten sind, bereits detaillierte und dokumentierte Planungen und Budgetierungen für die geplanten Maßnahmen[647] vorliegen. Zwar werden mögliche Maßnahmen, zum Teil auch von einem potenziellen Erwerber des betrachteten Unternehmens im Rahmen der Unternehmensbewertung berücksichtigt, sie sind aber nur durch eine unternehmensinterne Dokumentation[648] zu objektivieren. Externe Marktprozesse haben noch nicht stattgefunden und eine Selbstbindung[649] rechtlicher Art scheitert daran, dass es an einem konkreten Vertragspartner fehlt. Aufgrund der mangeln-

643 Vgl. *Moxter*, Rechnungslegung, 2003, S. 23.
644 Vgl. *Wüstemann*, Institutionenökonomik, 2002, S. 60.
645 Vgl. *Moxter*, Rechnungslegung, 2003, S. 23.
646 Vgl. in Bezug auf Rückstellungen *Moxter*, Rückstellungen, 1999, S. 521.
647 Vgl. *Wagner*, Assets, 2002, Sp. 104.
648 Vgl. *Kuhner*, Bewertungskonzeptionen, 1994, S. 166.
649 Vgl. *Wüstemann*, Institutionenökonomik, 2002, S. 63, der von einer „Verrechtlichung von Informationsträgern“ spricht.

den Objektivierung kommt es bei einer Aufnahme der auf Planungen beruhenden künftigen Nutzenzuflüsse bzw. -abflüsse in das balance sheet zu ermessensbedingten Verzerrungen, die den möglichen Vorteile aus einer höheren Zielstromverbundenheit gegenüberstehen. Die wirtschaftliche Verursachung künftiger Nutzenzuflüsse bzw. -abflüsse stellt ein wesentliches Objektivierungsprinzip für den Ansatz von Posten im balance sheet dar. Sie ist allerdings dahingehend zu präzisieren, dass auf bereits getätigte Ausgaben oder auf bereits erfolgte Transaktionen mit Unternehmensexternen abgestellt wird, die sich eindeutig auf die betrachtete Ressource bzw. Belastung beziehen.

In Bezug auf künftige Restrukturierungsausgaben besteht eine unbegründete und nur schwer nachprüfbare Ausnahme von dem Objektivierungsprinzip des vergangenen Ereignisses, auf das der künftige ökonomische Nutzenzufluss bzw. -abfluss zurückzuführen sein muss. Ferner steht die Bildung von provisions für künftige Restrukturierungsausgaben nicht im Einklang mit dem matching principle. Wenn sich ein Zufluss von Nutzen aus einer Restrukturierung, beispielsweise in Form von Kosteneinsparungen, ergibt, fällt er in späteren Berichtsperioden, während die entsprechenden Ausgaben in der aktuellen Berichtsperiode als provision und expenses erfasst werden.

Bei Ansatz von liabilities ist nicht nur auf ein vergangenes Ereignis, sondern auch auf das Vorliegen einer Verpflichtung abzustellen. Die beiden Voraussetzungen beziehen sich bei Zugrundelegung einer engen Auslegung der Voraussetzung eines vergangenen Ereignisses auf den gleichen Sachverhalt, wobei zum einen die Ursache (verpflichtendes Ereignis) und zum anderen die daraus entstehende Wirkung (aktuelle Verpflichtung) betrachtet wird. Die zusätzliche Anforderung der praktischen Unentziehbarkeit bezüglich der Verpflichtung im Sinne eines Nichtbestehens einer realistischen Alternative zur Erfüllung der Verpflichtung dient zwar der weiteren Objektivierung, ist aber wegen der unbestimmten Formulierung ermessensbehaftet und damit in ihrer Wirksamkeit beschränkt.

Bei provisions besteht ein Außenverpflichtungsprinzip. Das Objektivierungsprinzip erfordert das Bestehen einer Verpflichtung gegenüber Dritten. Es liegt die Annahme zugrunde, dass die Wahrscheinlichkeit des künftigen Nutzenabflusses bei Außenverpflichtungen höher ist als bei Innenverpflichtungen, da bei ersteren in der Regel eine höhere Bindungswirkung besteht.[650] Die Annahme ist jedoch nicht immer erfüllt, so dass es zu objekti-

[650] Vgl. *Moxter*, Rechnungslegung, 2003, S. 114 f.

vierungsbedingten Verzerrungen kommt. So weisen z. B. die nicht anzusetzenden Innenverpflichtungen bezüglich Generalüberholungen, die sich aufgrund einer nachprüfbaren technischen Notwendigkeit ergeben, zumindest einen gleich hohen Grad an Konkretisierung auf wie die anzusetzende Außenverpflichtung zu freiwilligen Weihnachtsgeldzahlungen.[651] Zudem widerspricht der Ausschluss von provisions für konkretisierte Innenverpflichtungen dem matching principle, wenn man davon ausgeht, dass die entsprechenden künftigen expenses einem income zuordenbar sind, das in vorangehenden Berichtsperioden erfasst wurde. Allerdings ergibt sich bei einer Erweiterung des Ansatzes von provisions auf Innenverpflichtungen, ähnlich wie bei Erwartungen künftiger Nutzenzuflüsse, die lediglich auf internen Planungen beruhen, ein Ermessenspielraum in Bezug auf den Ansatz von provisions.[652]

Alternativ zum Außenverpflichtungsprinzip kann auf das Bestehen von vertraglichen oder gesetzlichen Verpflichtungen als Voraussetzung für den Ansatz von liabilities bzw. provisions abgestellt werden. Es treten ähnliche objektivierungsbedingte Verzerrungen auf. Rein wirtschaftliche Belastungen, wie z. B. Gewährleistungen aus Kulanzgründen, werden nach diesem Kriterium nicht berücksichtigt. Allerdings hat das Abstellen auf rechtliche Verpflichtungen den Vorteil, dass es mit der Voraussetzung des Bestehens von Sicherungsrechten bei assets konsistent ist.

In Bezug auf assets wurde die rechtliche oder faktische Kontrolle des Unternehmens über den künftigen Nutzenzufluss als weiteres Objektivierungsprinzip formuliert. Stellt man allein auf die rechtliche Kontrolle mittels Sicherungsrechten ab, ergeben sich objektivierungsbedingte Verzerrungen bei immateriellen Ressourcen. Sind die immateriellen Ressourcen untrennbar mit dem betrachteten Unternehmen bzw. mit dessen Interessensgruppen, wie Mitarbeitern, verknüpft und können die Ressourcen aufgrund des Fehlens eines adäquaten Rechtsinstituts, wie Schutzrechte, zur Sicherung des Nutzens aus der immateriellen Ressource, nicht Gegenstand des Rechtsverkehrs[653] sein,[654] entfällt die Möglichkeit, die hinreichende Ansatzvoraussetzung eines vertraglichen bzw. gesetzlichen Schutzes nachzuweisen.

---

651 Vgl. zu diesem Beispiel *Moxter*, Rückstellungen, 1999, S. 520.

652 Vgl. *Moxter*, Rechnungslegung, 2003, S. 115.

653 Es handelt sich dabei um rein wirtschaftliche Vorteile, an denen sich kein Eigentum oder vergleichbares Recht erwerben lässt; vgl. *Haller*, Vermögenswerte, 1998, S. 566.

654 Aus gesellschaftspolitischen Erwägungen heraus sind bei bestimmten immateriellen Ressourcen, die ihrer Art nach durchaus Gegenstand des Rechtsverkehrs sein können, die rechtlichen Schutzmöglichkeiten eingeschränkt, um den Nutzen aus Innova-

Verzerrungen, die durch die Nichterfassung von immateriellen Ressourcen entstehen, lassen sich verringern, indem eine faktische Kontrolle als ausreichend für die Erfüllung des control-Kriteriums betrachtet wird. Im Hinblick auf die Frage, ob eine faktische Verfügungsmacht vorliegt, bestehen allerdings Ermessensspielräume für die Unternehmensleitung.

Das control-Kriterium basiert auf der Annahme, dass ein Unternehmen bei einer Verfügungsmacht über eine Ressource auch den daraus sich ergebenden ökonomischen Nutzen für sich beanspruchen kann. Selbst bei rechtlicher Sicherung kann ein Ausschluss Dritter von dem Nutzenpotenzial bestimmter Ressourcen nicht vollständig vermieden werden. Bei Patenten können beispielsweise Imitationen durch Konkurrenten auftreten, so dass nicht der gesamte Nutzen aus dem Patent dessen Inhaber zukommt.[655]

Die Identifizierbarkeit gilt ähnlich wie die control bei Vorliegen von gesetzlichen oder vertraglichen Schutzrechten als erfüllt.[656] Es wird unterstellt, dass sich bei der Existenz spezieller Rechte die zugrunde liegenden Ressourcen von dem originären Goodwill abgrenzen lassen.

Auch die abstrakte Einzelverwertbarkeit wird als hinreichendes Kriterium für das Vorliegen der Identifizierbarkeit betrachtet. Diese Voraussetzung lässt sich auch anderweitig nachweisen. Als ausreichend wird demnach angesehen, wenn entweder unternehmensinterne Projekte bestehen, die auf die Schaffung von Schutzrechten gerichtet sind, oder wenn der künftige ökonomische Nutzen aus der jeweiligen Ressource identifizierbar ist. Die erste Möglichkeit des Nachweises der Identifizierbarkeit wird durch zusätzliche Regelungen konkretisiert. Nach der zweiten Möglichkeit wird der Nachweis der Identifizierbarkeit einer Ressource durch den Nachweis der Identifizierbarkeit von künftigen Cash-Inflows bzw. Einsparungen von Cash-Outflows aus der Ressource ersetzt ohne genauere Hinweise zu geben, wie dies erfolgen kann bzw. zu erfolgen hat.

Die Voraussetzung der Identifizierbarkeit dient der Konkretisierung des Einzelerfassungsprinzips und weist keine unmittelbare Beziehung zum Zielstrom der Adressaten auf. Die Erweiterung der Voraussetzung um die Einzelverwertbarkeit und um weitere nicht genau spezifizierte Nachweismöglichkeiten bedingt eine Verringerung des Objektivierungsniveaus. Dies führt

tionen der (breiten) Öffentlichkeit zugänglich zu machen (vgl. *Lev*, Intangibles, 2001, S. 36 f.).

655 Vgl. *Lev*, Intangibles, 2001, S. 34 f.

656 Vgl. *Küting/Ulrich*, Abbildung, 2001, S. 959.

dazu, dass der Kreis der grundsätzlich aktivierbaren Ressourcen eine Erweiterung erfährt, sich aber gleichzeitig die ermessensbedingten Verzerrungen erhöhen.

c) Ansatzrestriktionen

Für den Ansatz in der Bilanz müssen assets und liabilities die zusätzliche Restriktion der Wahrscheinlichkeit des künftigen Nutzenzuflusses bzw. -abflusses erfüllen. In den IFRS existieren hinsichtlich des Wahrscheinlichkeitsbegriffes bei assets drei Stufen (certain or virtually certain, probable und possible), bei liabilities hingegen vier Stufen (certain or virtually certain, probable, not probable und remote). Somit existieren asymmetrische Wahrscheinlichkeitsanforderungen an den Zu- bzw. Abfluss von künftigen Ressourcen bei assets bzw. liabilities.

Eine Konkretisierung der angeführten Stufen wird nur für die Ausprägung „probable“ im Rahmen von liabilities vorgenommen. Die statistische Interpretation von „probable“ als Eintrittswahrscheinlichkeit von mehr als 50% ist problematisch. Sie ist nur unter restriktiven Bedingungen unmittelbar anwendbar. Nur bei Vorliegen von vielen gleichartigen Fällen in der Vergangenheit sowie bei einer annähernden Konstanz der Rahmenbedingungen[657] ist die objektivierte Ermittlung einer Wahrscheinlichkeit möglich.[658] In Einzelfällen lassen sich lediglich subjektive Wahrscheinlichkeiten angeben.[659] Deren Ermittlung im Rahmen des Erfassungsmodells basiert auf einer Komplexitätsreduktion in Form einer Selektion relevanter Umweltzustände sowie deren Verdichtung zu einer subjektiven Wahrscheinlichkeit für den künftigen Zu- bzw. Abfluss von ökonomischem Nutzen.[660] Zu berücksichtigen sind hierbei Risikoausgleichseffekte bei mehreren gleichartigen Sachverhalten.[661] Der subjektive Entscheidungsprozess bei der Ermittlung der Wahrscheinlichkeiten ist für die externen Jahresabschlussadressaten nicht nachvollziehbar.

In Abhängigkeit von der Wahrscheinlichkeit des künftigen Nutzenzuflusses sind Ressourcen als asset im balance sheet, Angabe in den notes oder

---

657 Auch bei der Beurteilung, ob die künftigen Rahmenbedingungen als ausreichend konstant angenommen werden können, spielen subjektive Wahrscheinlichkeiten eine Rolle; vgl. *Leffson*, GoB, 1987, S. 473.

658 Vgl. *Leffson*, GoB, 1987, S. 473.

659 Vgl. *Moxter*, Erwartungen, 1962, S. 612 f.; *Leffson*, GoB, 1987, S. 475; *Lüdenbach/Hoffmann*, Wahrscheinlichkeit, 2003, S. 6.

660 Ähnlich *Grau*, Gewinnrealisierung, 2002, S. 61.

661 Vgl. F. 24.

nicht zu erfassen. Verpflichtungen werden in Abhängigkeit von der Wahrscheinlichkeit des künftigen Nutzenabflusses als liability bzw. provision im balance sheet angesetzt, in den notes angegeben oder nicht berücksichtigt. Diese Differenzierungen lassen für den Jahresabschlussadressaten Rückschlüsse auf die Unsicherheit der künftigen Zahlungen zu. Bei einer dynamischen Betrachtung zeigen Wechsel zwischen den Kategorien, z. B. ein Wechsel von den provisions zu den liabilities, Erwartungsänderungen. Genauere Angaben zu den Erwartungen des Nutzenzuflusses bzw. -abflusses sind nicht zu machen.

Eine weitere Ansatzrestriktion ist die zuverlässige Messbarkeit des künftigen Nutzens und hierfür stellvertretend die zuverlässige Bewertbarkeit des asset bzw. der liability. Durch diese Restriktion kommt es zu einer Vermischung der Frage der recognition mit der Frage des measurement, da der Ansatz davon abhängig gemacht wird, ob die anschließende Bewertung zuverlässig durchgeführt werden kann.[662] Die zuverlässige Bewertbarkeit dient nicht der Sicherstellung eines Mindestniveaus an Sicherheit bezüglich des künftigen Nutzenzuflusses bzw. -abflusses, sondern stellt eine notwendige Voraussetzung für die Bewertung dar. Sie bewirkt einen Ausschluss von wesentlichen Ressourcen und Verpflichtungen vom Ansatz. Als Beispiel lassen sich Kundenstämme anführen, die im Rahmen der Geschäftstätigkeit aufgebaut wurden, wenn sich für diese weder die Kosten der Erstellung noch der künftige Nutzen zuverlässig ermitteln lassen. Auf der Passivseite sind Schadenersatzzahlungen, die von dem ungewissen Ausgang eines Prozesses abhängen und nicht zuverlässig bewerten lassen, von einem Ansatz ausgeschlossen.

Die Anwendung der Restriktion der zuverlässigen Messbarkeit ist bei Aktivposten abhängig von der Art des Zugangs. Ist der Zugangswert nicht wie bei einem Kauf eindeutig bestimmbar, verbleibt dem Bilanzierenden ein Ermessensspielraum bei der Frage, ob eine zuverlässige Bewertung möglich ist. Der Ermessensspielraum lässt sich beschränken, indem festgelegt wird, dass die Zuverlässigkeit der Bewertbarkeit lediglich bei der Ermittelbarkeit der cost von assets bzw. von Nominalbeträgen bei Verpflichtungen gegeben ist. Dies hat aber zur Folge, dass weitere Ressourcen bzw. Verpflichtung von einem Ansatz ausgeschlossen werden und zusätzliche objektivierungsbedingte Verzerrungen resultieren.

Eine Spezifizierung der Ansatzrestriktionen erfolgt für den Bereich Forschung und Entwicklung. Es werden Entwicklungsprojekte abgegrenzt, die

---

[662] Vgl. *Streim*, Anmerkungen, 2001, S. 193.

bestimmte Kriterien erfüllen. Für diese wird unterstellt, dass sie mit einer bestimmten Mindestwahrscheinlichkeit zu künftigem ökonomischen Nutzen führen. Bei dieser Abgrenzung und bei der Beurteilung, ob die Ansatzvoraussetzungen bei Entwicklungsprojekten erfüllt sind, ergeben sich Ermessensspielräume, die dem Bilanzierenden ein faktisches Ansatzwahlrecht eröffnen.

Eine Ausnahme von dem faktischen Ansatzwahlrecht stellen die expliziten Ansatzverbote dar. Diese bewirken zwar, wie nach IFRS beabsichtigt,[663] eine Klarstellung und damit Objektivierung des Ansatzes von selbsterstellten immateriellen Ressourcen, führen aber zu erheblichen Verzerrungen bei der Abbildung des Unternehmensgeschehens. Wesentliche Ressourcen, wie Marken oder Kundenlisten, dürfen nicht angesetzt werden, obwohl sie zum Teil alle Ansatzvoraussetzungen erfüllen. So stellt beispielsweise ein geschütztes Markenzeichen ein identifizierbares Recht dar, das durch Eigenverwertung oder durch externe Verwertung in Form einer Veräußerung bzw. Lizenzeinräumung zum Zufluss von künftigen ökonomischen Nutzen führt, der auf vergangene Ausgaben für das entsprechende Marketing-Mix zum Aufbau der Marke und für die Eintragung eines Schutzrechtes zurückzuführen ist. Der Nutzenzufluss kann hier als wahrscheinlich betrachtet werden. Schließlich lassen sich durch Erfassung der getätigten Ausgaben die cost der Marke ermitteln oder durch Bewertungsmodelle, wie Vergleichswert-, Indikatoren- oder DCF-Verfahren, deren Marktwert approximieren,[664] so dass eine zuverlässige Bewertbarkeit gegeben sein kann.

d) Ergebnis

Die Ansatzprinzipien bezwecken eine Objektivierung des künftigen Zuflusses bzw. Abflusses von ökonomischem Nutzen. Hierfür werden verschiedene Prinzipien und Restriktionen formuliert, die in bestimmten Bereichen wenig ermessensbeschränkend (wie bei Forschungs- und Entwicklungsprojekten), in anderen Bereichen restriktiv (wie die Ansatzverbote) sind, sich überschneiden (wie control und Identifizierbarkeit) oder asymmetrisch angewandt werden (wie die Wahrscheinlichkeitsanforderungen bei Aktiva und Passiva).

---

663 Vgl. IAS 38, Basis for Conclusions, Tz. 32.

664 Vgl. ausführlich *von der Gathen*, Marken, 2001, S. 238-298.

IV. Prinzipien zur Erfassung von Wertänderungen als Ergänzung des accrual principle

Die Prinzipien zur Erfassung von Wertänderungen nehmen Einfluss auf die Erfolgsermittlung nach IFRS. Bei der Erfassung von income bzw. expenses ist grundsätzlich die Erfüllung der definitorischen Voraussetzungen und der zusätzlichen Restriktionen der Wahrscheinlichkeit und der zuverlässigen Messbarkeit des Nutzenzuflusses notwendig. Im Zusammenhang mit Wertänderungen werden die genannten Restriktionen nicht angeführt. In verschiedenen Standards werden Fallgruppen definiert, in denen die Wertänderungen auf bestimmte Weise zu erfassen sind. Kommt es in Einzelfällen zu einer Kollision mit den Restriktionen des Framework, ist nach F. 3 den Regelungen der Standards der Vorzug zu geben.[665]

1. Einzelregelungen

a) Revaluation

1) Property, plant and equipment und intangible assets

Bei property, plant and equipment und intangible assets ist im Rahmen der Bilanzbewertung nach dem allowed alternative treatment eine Neubewertung (revaluation) mit dem fair value[666] zulässig.[667] Die Erfassung des income aus der Neubewertung[668] in Höhe der (positiven) Differenz zwischen dem fair value und dem Buchwert erfolgt ergebnisneutral in einer Neubewertungsrücklage (revaluation surplus) im Eigenkapital. Soweit vorherige ergebniswirksame Wertminderungen rückgängig gemacht werden, ist eine Werterhöhung ergebniswirksam zu erfassen.[669] Wertminderungen im Rahmen der Neubewertung sind in Höhe zuvor vorgenommener Werterhöhungen ergebnisneutral, darüber hinaus ergebniswirksam zu erfassen.[670]

---

665 Vgl. *Hollmann*, Reporting, 2003, S. 30.

666 Vgl. zur Definition des fair value Teil 5 B. I. und zur Ermittlung Teil 5 B. II. 1., 2. a) u. b).

667 Vgl. IAS 16.29 (rev. 1998); IAS 38.64 (1998). Nach IAS 16.29 (rev. 2003) ist die Unterscheidung zwischen benchmark treatment und allowed alternative treatment weggefallen. Es ist zwischen dem cost model und dem revaluation model zu wählen. Letzteres ist nur anwendbar, wenn sich der fair value zuverlässig bestimmen lässt (vgl. IAS 16.31 (rev. 2003)).

668 Nach dem Framework stellt eine Werterhöhung income dar; vgl. F. 76. Dies gilt unabhängig von der Erfassung im Jahresabschluss.

669 Vgl. IAS 16.37 (rev. 1998); IAS 38.76 (1998). Der Wortlaut ist „should be recognised as income“, gemeint ist eine Erfassung als income im income statement, also ergebniswirksam; vgl. auch *PWC*, Understanding, 2002, Tz. 16.41.

670 Vgl. IAS 16.38 (rev. 1998); IAS 38.77 (1998).

In Bezug auf die Behandlung des revaluation surplus kommen folgende Alternativen in Betracht:[671]

- vollständige Umbuchung in die Gewinnrücklagen bei Beendigung der Nutzung bzw. Abgang des entsprechenden asset
- ratierliche Umbuchung in die Gewinnrücklagen entsprechend der jeweiligen Differenz zwischen der Abschreibung auf Basis der Anschaffungskosten und auf Basis des fair value
- Fortbestehen der Rücklage unabhängig vom Schicksal des korrespondierenden asset

2) Investment property

Bei investment property ist im Rahmen der Bilanzbewertung neben der Anwendung des cost model eine Neubewertung zum fair value als gleichwertige Alternative zulässig.[672] Die Aussage „It is highly unlikely that a change from the fair value model to the cost model will result in a more appropriate presentation."[673] lässt aber den Schluss zu, dass die Neubewertung bevorzugt angewandt werden soll.[674]

Sowohl Werterhöhungen als auch Wertminderungen aus der Neubewertung werden im income statement erfasst.[675] Da die Wertänderungen anders behandelt werden als bei property, plant and equipment, ist die Abgrenzung zwischen investment property und sonstigen Immobilien von Bedeutung. Nach IAS 40.4 (2000) ist investment property definiert als Grundstücke und Gebäude bzw. Teile davon, die zur Erzielung von Mieteinnahmen oder Wertsteigerungen und nicht zur Eigennutzung oder zum Verkauf im Rahmen der gewöhnlichen Geschäftstätigkeit gehalten werden. Zur weiteren Konkretisierung werden Sachverhalte angeführt, in denen investment property vorliegt. Ist z. B. die künftige Nutzung einer Immobilie unbestimmt, handelt es sich um investment property, ist dagegen die Veräußerung der Immobilie im Rahmen der gewöhnlichen Geschäftstätigkeit geplant liegen inventories gemäß IAS 2.4 (a) (rev. 1993) vor. Um property, plant and equipment gemäß IAS 16.6 (rev. 1998) handelt es sich dann, wenn eine

---

[671] Vgl. zu den ersten beiden Alternativen IAS 16.39 (rev. 1998) bzw. IAS 38.78 (1998). Die dritte Möglichkeit ergibt sich aus den Kann-Bestimmungen der genannten Regelungen, so dass auch eine Nichtauflösung in Betracht kommt (im Ergebnis auch *PWC*, Understanding, 1998, Tz. 16.41).

[672] Vgl. IAS 40.24 (2000).

[673] IAS 40.25 (2000).

[674] Vgl. *Streim/Leippe*, Neubewertung, 2001, S. 377.

[675] Vgl. IAS 40.28 (2000).

Nutzung im Rahmen des Leistungserstellungs- und Leistungsverwertungsprozesses geplant ist.[676] Dennoch ergeben sich bei Abgrenzung von investment property in bestimmten Fällen, z. B. bei an Arbeitnehmer vermieteten Immobilien,[677] Ermessensspielräume.[678] Dem Jahresabschlussersteller wird zugestanden, eigene Kriterien, die stetig anzuwenden sind, für die Abgrenzung festzulegen.[679]

Problematisch ist die Abgrenzung bei gemischter Nutzung von Immobilien, die sich nicht aufteilen lassen und bei Erbringung von Nebenleistungen an die Mieter von Immobilien. Eine Einstufung als investment property setzt voraus, dass der selbst genutzte Anteil bzw. der Anteil der Erträge aus den Nebenleistungen am Gesamtertrag lediglich von geringer Bedeutung (insignificant) ist.[680] Eine quantitative Konkretisierung des Begriffs erfolgt nicht.

Bei investment property kann die Neubewertung nicht nur zum Bilanzstichtag, sondern auch bei einer Umwidmung bzw. Übertragung von assets notwendig werden. So ist beispielsweise bei einer Umwidmung von Vorräten bzw. bei einer Fertigstellung eines selbsterstellten investment property bei Anwendung des fair value model die Differenz zwischen dem Buchwert und dem fair value als income bzw. expense.[681] Bei einer Übertragung von selbstgenutzten Immobilien in den Bestand des investment property ist dieselbe Differenz analog zu IAS 16.37 f. (rev. 1998)[682] in einer Neubewertungsrücklage zu erfassen.

3) Financial instruments

Financial instruments sind grundsätzlich mit dem fair value zu bewerten. Die Erfassung der Differenzbeträge aus der Neubewertung ist abhängig von der Einordnung in eine der Gruppen:[683]

---

676 Vgl. IAS 40.6 f. (2000).

677 Vgl. *Baetge/Zülch/Matena*, Fair Value-Accounting, 2002, S. 417.

678 Dies räumen auch die IFRS ein: „Judgement is needed to determine whether a property qualifies as investment property." (IAS 40.12 (2000)). So auch *Teitler*, Anpassung, 2000, S. 1129.

679 Vgl. IAS 40.12 (2000).

680 Vgl. IAS 40.8 bzw. .9 (2000).

681 Vgl. IAS 40.57 bzw. .59 (2000).

682 Vgl. IAS 40.55 (2000).

683 Vgl. IAS 39.68 (rev. 2000). Nach IAS 39.9 (rev. 2003) sind Kategorie (1) in „loans and receivables" und Kategorie (3) in „financial asset or financial liability at fair value through profit or loss" umbenannt worden.

(1) gewährte Kredite und Forderungen, die nicht zu Handelszwecken dienen (loans and receivables originated by the enterprise)
(2) financial instruments, die bis zu ihrer Endfälligkeit gehalten werden (held to maturity)
(3) financial instruments, die zu Handelszwecken gehalten werden (held for trading)
(4) die übrigen financial instruments, die keiner der angeführten Kategorien zuzuordnen sind (available for sale)

Die Zuordnung zu einer der Gruppen ist bei der erstmaligen Erfassung eines financial instrument vorzunehmen.[684] Bei der Zuordnung bestehen Ermessensspielräume. Die Einstufung als held-to-maturity financial instrument (2) ist abhängig von der subjektiven Absicht (positive intent) des Managements[685] sowie der Fähigkeit (ability) des Unternehmens,[686] das financial instrument bis zur Endfälligkeit zu halten.[687] Die Kriterien werden insofern konkretisiert, als Fälle angeführt werden, in denen die Kriterien als nicht gegeben zu betrachten sind.[688] Dabei ist die Halteabsicht für eine unbestimmte Zeit und die Bereitschaft zur Veräußerung bei Veränderung bestimmter interner oder externer Umstände abhängig von den Absichten der Unternehmensleitung.

Zudem werden in IAS 39 (rev. 2000) Tatbestände formuliert, bei deren Vorliegen dem Unternehmen die Fähigkeit zum Halten bis zur Fälligkeit abzusprechen ist; dies gilt bei Fehlen ausreichender finanzieller Ressourcen und bei Einschränkungen, beispielsweise rechtlicher Art, die einen Hinderungsgrund für das Halten bis zur Fälligkeit darstellen können.[689] Schließlich wird ein Verbot der Einordnung von financial assets in die Kategorie held-to-maturity financial instruments formuliert, das greift, wenn auf einen nicht unwesentlichen Teil (more than an insignificant amount) der financial investments während des laufenden und der beiden vorangegangenen Geschäftsjahre Verkaufsoptionen ausgeübt worden sind oder in dem Zeitraum ein nicht unwesentlicher Teil verkauft oder übertragen worden ist.[690] Die Voraussetzung dieser Regelung ist ermessensabhängig. Schließlich existie-

---

684 Vgl. *PWC*, Banken, 1999, S. 146.
685 Vgl. IAS 39.79 (rev. 2000).
686 Vgl. IAS 39.87 (rev. 2000).
687 Nach IAS 39.9 (rev. 2003) besteht ein Wahlrecht, financial instruments, die diese Voraussetzungen erfüllen, in die Kategorien „fair value through profit or loss" oder „available for sale" einzuordnen.
688 Vgl. IAS 39.79 (a)-(c) (rev. 2000); IAS 39.87 (a)-(b) (rev. 2000).
689 Vgl. IAS 39.87 (rev. 2000).
690 Vgl. IAS 39.83 (rev. 2000).

ren Ausnahmefälle, in denen vorzeitige Veräußerungen ohne Sanktionen möglich sind. Angeführt werden z. B. Verkäufe, die ausreichend nahe (close enough) am Fälligkeitstermin stattfinden, und Verkäufe infolge von einzelnen, nicht wiederkehrenden Vorfällen, die sich der Kontrolle des Unternehmens entziehen und vernünftigerweise (reasonably) nicht vorhersehbar waren, angeführt.[691] Die Ausnahmefälle sind aufgrund von interpretierbaren Formulierungen ermessensbehaftet.

Geringere Abgrenzungsprobleme ergeben sich bei gewährten Krediten und Darlehen (1). Zu dieser Kategorie rechnen financial assets, die durch Bereitstellung von Geld, Gütern oder Dienstleistungen entstehen.[692] Eine Ausnahme besteht dann, wenn eine umgehende oder baldige Veräußerung der financial assets beabsichtigt ist.[693] Wie die Absicht zu objektivieren ist und auf welchen Zeitraum sich diese Regelung bezieht, wird nicht ausgeführt.

Ähnliche Abgrenzungsprobleme ergeben sich bei der Differenzierung zwischen held-for-trading (3) und available-for-sale financial instruments (4).

Wertänderungen aus der Neubewertung von held-for-trading financial instruments sind im income statement zu erfassen.[694] Bei available-for-sale financial assets besteht dagegen ein einmaliges und für alle available-for-sale financial assets gleich auszuübendes[695] Wahlrecht zwischen einer Erfassung im income statement und einer ergebnisneutralen Erfassung direkt im Eigenkapital verbunden mit einem Ausweis im statement of changes in equity.[696] Wird die zweite Alternative gewählt, ist die im Eigenkapital er-

---

691 Vgl. IAS 39.83 (a)-(c) sowie die Beispiele für die entsprechenden Vorfälle in IAS 39.86 (rev. 2000).

692 Nach IAS 39.9 (rev. 2003) können auch erworbene Darlehen und Forderungen aus Lieferungen und Leistungen unter diese Kategorie subsumiert werden.

693 Vgl. IAS 39.10 (rev. 2000). Nach IAS 39.9 (rev. 2003) besteht zudem ein Wahlrecht, sie der Kategorie „available for sale“ zuzuordnen.

694 Vgl. IAS 39.103 (a) (rev. 2000).

695 Vgl. IAS 39.104 (rev. 2000). Ein Wechsel ist jedoch nach IAS 39.105 (rev. 2000) i. V. m. IAS 8.42 (rev. 1993) nicht ausgeschlossen, wenn sich dadurch eine zutreffendere Darstellung (a more appropriate presentation) von bestimmten Sachverhalten bzw. Transaktionen ergibt. Dies stellt wiederum eine Ermessensfrage dar.

696 Vgl. IAS 39.103 (b) (rev. 2000). Nach IAS 39.55 (b) ist nur die Erfassung im Eigenkapital möglich. Gleichwohl besteht für financial instruments ein Wahlrecht, sie der Kategorie „financial asset or financial liability at fair value through profit or loss“ zuzuordnen. Die Wertänderungen von financial assets or financial liabilities at fair value through profit or loss werden ergebniswirksam erfasst. Demnach bleibt das einmalige Wahlrecht bezüglich der Erfassung von Wertänderungen für available-for-sale investments materiell erhalten.

fasste Rücklage bei einem Abgang bzw. einem impairment des entsprechenden financial asset über das income statement aufzulösen.[697]

Spezielle Regelungen in Bezug auf die Erfassung von Erfolgen bestehen bei hedge accounting. Voraussetzung für dessen Anwendung sind unter anderem eine formale Dokumentation des Sicherungszusammenhangs, ein hoher Grad an Effizienz der Absicherung, eine zuverlässige Messbarkeit der Effizienz sowie bei fair value hedges eine hohe Wahrscheinlichkeit der antizipierten Transaktion.[698] Allerdings lassen die Umstände, dass die entsprechende Dokumentation vom Jahresabschlussersteller selbst zu erbringen ist und dass die Bestimmung der künftigen Effizienz der Sicherung und der Wahrscheinlichkeit der antizipierten Transaktion von subjektivem Ermessen abhängig ist, den Schluss zu, dass ein faktisches Wahlrecht für die Anwendung des hedge accounting besteht.

Im Rahmen des hedge accounting ist in Bezug auf die Erfassung von Erfolgen zwischen fair value hedges einerseits und cash flow hedges bzw. hedges of a net investment in a foreign entity andererseits zu unterscheiden. Bei fair value hedges werden Wertänderungen des hedging instrument sowie die auf das abgesicherte Risiko zurückzuführenden Wertänderungen des hedged item im income statement erfasst.[699] Darüber hinausgehende Wertänderungen des hedged item sind nach den allgemeinen Regeln für financial instruments abzubilden.[700] Bei cash flow hedges und hedges of a net investment in a foreign entity sind die Wertänderungen des hedging instrument in Höhe des effektiven Teils des hedge ergebnisneutral im Eigenkapital,[701] der Rest bei Derivaten ergebniswirksam[702] und bei anderen hedging instruments nach den allgemeinen Regeln[703] zu erfassen. Aufzulösen ist die Rücklage im Eigenkapital bei Anfallen des entsprechenden Cashflows. Die Auflösung erfolgt, indem die Rücklage im Fall eines gleichzeitigen Zugangs eines asset bzw. einer liability im Rahmen der Zugangsbewertung berücksichtigt wird[704] und in allen anderen Fällen, indem die Rücklage spie-

697 Vgl. IAS 39.103 (b) (ii) (rev. 2000).

698 Vgl. hierzu IAS 39.142-.152 (rev. 2000).

699 Vgl. IAS 39.153 (rev. 2000).

700 Vgl. IAS 39.155 (rev. 2000).

701 Vgl. IAS 39.158 (a) (rev. 2000) bzw. IAS 39.164 (a) (rev. 2000).

702 Vgl. IAS 39.158 (b) (i) (rev. 2000) bzw. IAS 39.164 (b) (i) (rev. 2000).

703 Bei cash flow hedges ist hierbei gem. IAS 39.158 (b) (ii) (rev. 2000) der IAS 39.103 (rev. 2000) und bei hedges of a net investment in a foreign entity gem. IAS 39.164 (b) (ii) (rev. 2000) der IAS 21.19 (rev. 1993) einschlägig.

704 Vgl. IAS 39.160 (rev. 2000).

gelbildlich zu den aus dem Grundgeschäft entstehenden Erfolgswirkungen im income statement erfasst wird.[705]

Die Abgrenzung zwischen einem fair value hedge und einem cash flow hedge ist insofern von Bedeutung, als bei beiden Kategorien Wertänderungen des hedging instrument unterschiedlich erfasst wird. Das charakteristische Merkmal eines cash flow hedge ist die Absicherung ergebniswirksamer Risiken künftiger Cashflows im Zusammenhang mit antizipierten Transaktionen oder mit angesetzten assets bzw. liabilities.[706] Unter diese Definition lassen sich formal auch fair value hedges subsumieren. Diese dienen der Absicherung des Risikos von ergebniswirksamen fair value-Änderungen eines angesetzten asset bzw. einer angesetzten liability.[707] Eine solche fair value-Änderung beeinflusst in der Regel die erwarteten Cashflows aus dem asset bzw. aus der liability.

Unter einem hedge of a net investment in a foreign entity werden liabilities in einer Fremdwährung subsumiert, die der Absicherung des Währungsrisikos aus einer Nettoinvestition in eine wirtschaftlich selbstständige ausländische Teileinheit dienen.[708] Ob eine wirtschaftlich selbstständige Teileinheit oder eine wirtschaftlich in das entsprechende Unternehmen integrierter Geschäftsbetrieb (foreign operations that are integral to the operations of the reporting enterprise) vorliegt, ist anhand der finanziellen und wirtschaftlichen Beziehungen zu entscheiden.[709] Hierfür enthält IAS 21.26 (rev. 1993) Indizien, die aber, wie die IFRS im Anschluss an die Darstellung der Indizien einräumen, nicht immer zu einer eindeutigen Abgrenzung führen und somit eine Ermessensentscheidung des Bilanzierenden notwendig machen.[710]

b) Write-down, impairment, reversal of a write-down/impairment

Inventories sind zum Bilanzstichtag im Hinblick auf Wertminderungen (write-downs) zu überprüfen. Sich ergebende Wertminderungen sind nach IAS 2.31 (rev. 1993) ergebniswirksam als expenses zu erfassen. Bei materials and other supplies gilt dies nur, wenn zu erwarten ist, dass sich die Wert-

---

[705] Vgl. IAS 39.162 (rev. 2000).

[706] Vgl. IAS 39.137 (b) (rev. 2000). Nach IAS 39.86 (rev. 2003) rechnet die Absicherung antizipierter Transaktionen (unrecognised firm commitments) zu den fair value hedges.

[707] Vgl. IAS 39.137 (a) (rev. 2000).

[708] Vgl. IAS 21.19 (rev. 1993).

[709] Vgl. IAS 21.23 (rev. 1993).

[710] Vgl. auch *PWC*, Understanding, 2002, Tz. 21.32.

minderung auch auf das herzustellende Produkt durchschlägt.[711] Wertaufholungen infolge des Wegfalls der Gründe für die Wertminderung (reversal of write-downs) stellen income dar.[712]

Bei financial instruments ist eine Überprüfung durchzuführen, ob eine (dauerhafte) Wertminderung (impairment), die insbesondere aus Bonitätsrisiken resultieren kann, wenn bestimmte Indizien auf eine Wertminderung hindeuten.[713] Reine Marktpreisschwankungen fallen nicht unter diese Regelung.[714] Eine eindeutige Abgrenzung wird nicht immer zweifelsfrei möglich sein. Ergibt sich ein impairment, ist der impairment loss grundsätzlich unter den expenses zu erfassen.[715] Eine andere Vorgehensweise ist bei available-for-sale financial assets, bei denen aufgrund der Neubewertung eine negative Rücklage im Eigenkapital gebildet wurde, notwendig. Bei diesen financial assets ist zunächst die Rücklage in Höhe des impairment loss aufzulösen und im income statement zu erfassen.[716] Eine Rückgängigmachung des impairment bei Wegfall des Grundes hat ergebniswirksam zu erfolgen.[717]

Ein impairment-Test ist bei Vorliegen bestimmter Indizien[718] auch bei property, plant and equipment, intangible assets und nach dem cost model bewertetem investment property für die einzelnen assets bzw., falls diese keinen weitgehend unabhängigen Cashflow generieren, für die cash-generating unit[719], der sie zuzurechnen sind, durchzuführen.[720] Ein impairment loss ist nach IAS 36.58 f. (1998) grundsätzlich ergebniswirksam zu behandeln.[721] Bei neubewerteten assets, für die eine Neubewertungsrücklage in ausreichender Höhe besteht, ist der impairment loss ergebnisneutral zu erfassen.[722] Eine Wertaufholung (reversal of an impairment loss) erfolgt grundsätzlich ergebniswirksam. Eine Ausnahme stellen neubewertete assets dar, bei denen ein impairment loss die Neubewertungsrücklage vermindert hat.

---

711 Vgl. IAS 2.29 (rev. 1993).
712 Vgl. IAS 2.31 (rev. 1993).
713 Vgl. IAS 39.109 f. (rev. 2000). Zur genauen Vorgehensweise vgl. Teil 5 B. II. 3.
714 Vgl. *PWC*, Understanding, 2002, Tz. 39.50.
715 Vgl. IAS 39.111 (rev. 2000).
716 Vgl. IAS 39.117 f. (rev. 2000).
717 Vgl. IAS 39.114 (rev. 2000), IAS 39.119. (rev. 2000).
718 Vgl. hierzu im Einzelnen IAS 36.9-.11 (1998).
719 Vgl. IAS 36.65 f. (1998).
720 Vgl. hierzu auch Teil 5 B. II. 3. Nach IAS 36.10 (rev. 2004) ist bei derivativen Goodwills und intangible assets, die eine unbegrenzte Nutzungsdauer aufweisen, bzw. für die cash-generating units, denen sie angehören, jährlich ein impairment test durchzuführen.
721 Vgl. IAS 36.59 (1998).
722 Vgl. IAS 36.59 f. (1998).

Wertaufholungen sind in diesen Fällen ergebnisneutral in der Neubewertungsrücklage zu erfassen.[723]

c) Provisions für drohende Verluste

Für Verträge, bei denen der niedrigere Wert aus den Kosten der Erfüllung und den Kosten der Nichterfüllung (z. B. Vertragsstrafen) den künftigen ökonomischen Nutzen übersteigen, ist grundsätzlich eine provision zu bilden.[724] Die drohenden Verluste können insofern als Wertänderungen betrachtet werden, als sie auf Ereignisse zurückzuführen sind, die eine veränderte Einschätzung der Erfolgswirkungen eines Vertrages induzieren.[725] Voraussetzung für eine provision ist, dass ein impairment loss bezüglich der assets, die mit dem Vertrag in Verbindung stehen, berücksichtigt wurde.[726] Ferner müssen die Ansatzrestriktionen der Wahrscheinlichkeit und der zuverlässigen Messbarkeit erfüllt sein.[727] Nicht geregelt ist, welche Kosten als unvermeidlich (unavoidable) gelten und somit bei der Ermittlung der Höhe der provision zu berücksichtigen sind und welcher Saldierungsbereich zugrunde zu legen ist. Somit verbleibt dem Management ein Ermessensspielraum bei der Bildung von provisions für drohende Verluste.

Die sich bei der Berücksichtigung einer provision ergebenden expenses sind in der Berichtsperiode ergebniswirksam zu erfassen, in der erstmalig Hinweise auf drohende Verluste bekannt werden. Nicht geregelt ist die Vorgehensweise, für den Fall, dass zu einem späteren Stichtag die Voraussetzungen für den Ansatz von provisions für drohende Verluste nicht mehr gegeben sind. Die provision darf dann nicht mehr angesetzt werden und ist ergebniswirksam aufzulösen.

2. Würdigung

Das revenue recognition principle bezieht sich auf income aus der unmittelbaren operativen Tätigkeit eines Unternehmens. Income aus Wertänderungen fällt hingegen nicht direkt unter das revenue recognition principle.[728] Bei Wertänderungen erfolgt die Erfassung von income grundsätzlich zum Stichtag der Berichtsperiode, in der die Wertänderung eingetreten ist. Problematisch ist, bei welchen Posten bzw. Sachverhalten Wertänderungen zu

---

723 Vgl. IAS 36.104 f. (1998), IAS 36.107 (1998).

724 Vgl. IAS 37.66-.68 (1998).

725 Vgl. *Hollmann*, Reporting, 2003, S. 66.

726 Vgl. IAS 37.69 (1998).

727 Vgl. IAS 37.14 (1998).

728 Vgl. zu dessen Anwendungsbereich IAS 18.1, .3, .5 f. (rev. 1993).

erfassen sind, wie die Bewertung zu erfolgen hat und auf welche Art diese Wertänderungserfolge zu erfassen sind. Im Zusammenhang mit der recognition ist insbesondere die letzte Fragestellung von Interesse.

In Bezug auf die Art der Erfassung von Wertänderungen ist die zugrunde liegende Konzeption zu untersuchen. Von Bedeutung sind die Unterscheidung zwischen einer ergebniswirksamen und einer ergebnisneutralen Erfassung direkt im Eigenkapital sowie die Zulässigkeit des Recyclings. Im Rahmen der IFRS ist darunter die Transformation eines ursprünglich ergebnisneutral im statement of changes in equity[729] erfassten Erfolgsbestandteils in das income statement[730] zu verstehen.

Die unterschiedliche Erfassung von income und expenses im income statement oder direkt im Eigenkapital über das statement of changes in equity stellt eine Möglichkeit der Differenzierung von Erfolgskomponenten dar. Anders als eine Aufgliederung des Periodenerfolgs in einer einzigen Erfolgsrechnung werden verschiedene Erfolgsbestandteile in mehreren Rechenwerken erfasst. Die Aufspaltung des Erfolgs auf mehrere Rechenwerke kann anhand verschiedener, meist dichotomer Kriterien vorgenommen werden.[731] Sie lassen sich auf die folgenden Hauptkriterien zurückführen:[732]

(1) Nachhaltigkeit
(2) Zugehörigkeit zur eigentlichen betrieblichen Tätigkeit
(3) Dispositionsbasis
(4) Konkretisierung des künftigen Zu- bzw. Abflusses von ökonomischem Nutzen

Die Nachhaltigkeit von Erfolgskomponenten (1) bezieht sich auf deren mittelbare Prognoseorientierung. Betrachtet wird die Frage, ob bei konstanten Rahmenbedingungen mit einer Wiederkehr der betrachteten Erfolgskompo-

---

[729] Dieses statement of changes in equity lässt sich auch als Erfolgsrechnung interpretieren. Vgl. hierzu Teil 5 C. II. 3.

[730] Vgl. *IASC*, G 4 + 1 Position Paper, 1999, Tz. 4.1, 4.6-4.8 ; *Holzer/Ernst*, Comprehensive, 1999, S. 362; *Hollmann*, Reporting, 2002, S. 136; *Haller/Schloßgangl*, Neugestaltung, 2003, S. 319.

[731] Vgl. die Aufzählung bei *Johnson/Lennard*, Performance, 1998, Tz. 4.25.

[732] Eine ähnliche Kategorisierung der Gliederungskriterien findet sich bei *Johnson/Lennard*, Performance, 1998, Tz. 4.26, die allerdings nicht von Konkretisierung des Nutzenzuflusses bzw. -abflusses, sondern von Realisationsgrad sprechen und nicht auf das Kriterium Dispositionsbasis eingehen, sowie bei *Hollmann*, Reporting, 2002, S. 118, der die Nachhaltigkeit mit Regelmäßigkeit bezeichnet und das Kriterium der Konkretisierung nicht gesondert berücksichtigt.

nenten zu rechnen ist. Nur wenn dies der Fall ist, sind die entsprechenden Erfolgskomponenten in eine Erfolgsgröße einzubeziehen, die als Indikator für künftige Erfolge geeignet ist.[733]

Die Differenzierung der Erfolgserfassung nach dem Kriterium der Zugehörigkeit zur eigentlichen betrieblichen Tätigkeit des Unternehmens (2) verdeutlicht die für die Entstehung der Erfolgskomponenten verantwortlichen Unternehmensbereiche. Zudem dient das Kriterium der Prognoseorientierung des Jahresabschlusses. Im Rahmen von Prognosen künftiger Erfolge weisen die Erfolge aus der eigentlichen betrieblichen Tätigkeit eine höhere Wiederkehrwahrscheinlichkeit auf als solche aus betriebsfremden Bereichen, wie dem Finanzbereich bei Industrie- und Handelsunternehmen.[734]

Die Unterscheidung von Erfolgskomponenten nach der jeweils zugrunde liegenden Dispositionsbasis (3) richtet sich danach, ob sie auf die betriebliche Leistungsprozesse zurückzuführen sind oder auf Wertänderungen.[735] Die Unterscheidung ist eng mit dem Kriterium Nachhaltigkeit (1) verknüpft. Wertänderungen weisen im Rahmen der Prognose künftiger Erfolge in der Regel eine geringere Wiederkehrwahrscheinlichkeit auf als z. B. Erfolgskomponenten aus dem Leistungserstellungs- und Leistungsverwertungsprozess.

Eine differenzierte Erfolgserfassung nach dem unter (4) angeführten Kriterium der Konkretisierung des künftigen Zuflusses von ökonomischem Nutzen stellt auf die Sicherheit des künftigen Nutzenflusses ab. Eine differenzierte Erfassung von Erfolgskomponenten in Abhängigkeit von deren Sicherheit ermöglicht eine frühzeitige Erfassung von künftigen Zu- bzw. Abflüssen von ökonomischem Nutzen und eine gleichzeitige Berücksichtigung der Unsicherheit bezüglich des Eintretens dieser Nutzenströme.[736]

Die Kriterien sind nicht unabhängig voneinander. So weisen z. B. Erfolgskomponenten, die dem operativen Bereich zuzuordnen sind in der Regel einen höheren Grad an Nachhaltigkeit auf und Erfolge aus Wertänderungen sind häufig mit einer größeren Unsicherheit verbunden als solche aus der eigentlichen betrieblichen Tätigkeit.

Eine differenzierte Erfassung von Erfolgen aus Wertänderungen bietet die Möglichkeit, die Erfolgskomponenten anhand der genannten Prinzipien zu

---

733 Vgl. *Moxter*, Bilanzlehre I, 1984, S. 133 f. sowie Teil 2 D. I. 2.
734 Vgl. *Flury*, Gewinnerläuterungsprinzipien, 1998, S. 111.
735 Vgl. *Penman u. a.*, Issues Paper, 1997, S. 124.
736 Vgl. *Kuhlewind*, Ergebnisrechnung, 2000, S. 324.

klassifizieren. Beispielsweise lassen sie sich entsprechend der Wahrscheinlichkeit des künftigen Zuflusses bzw. Abflusses von ökonomischem Nutzen in verschiedenen Erfolgsrechnungen erfassen, wodurch die Sicherheit des künftigen Nutzenzuflusses im Zusammenhang mit den Erfolgskomponenten als wesentlicher Parameter des Zielstroms der Adressaten abgebildet werden kann.

Ein Differenzierung von Erfolgskomponenten nach dem Prinzip der Nachhaltigkeit dient der Ermittlung einer prognoseorientierten Gewinngröße. Sie kann als Indikator für künftige Erfolge herangezogen werden. Allerdings weist der Indikator nur eine mittelbare Zielstromverbundenheit auf, da er nicht direkt auf künftigen ökonomischen Nutzen abstellt, sondern die Annahme impliziert, dass die Rahmenbedingungen bzw. Verhältnisse sich nicht verändern. Da Wertänderungen, abgesehen von solchen, die auf den Anstieg des allgemeinen Preisniveaus zurückzuführen sind, zumeist unregelmäßig anfallen, lassen sie sich bezüglich der Richtung der Veränderung und der Höhe nicht fortschreiben.[737] Aus diesem Grund dürfen Wertänderungen nicht in eine prognoseorientierte Gewinngröße einbezogen werden. Sie sind demnach gesondert zu erfassen.[738]

Bei der Erfolgserfassung nach IFRS ist kein eindeutiges Abgrenzungsmerkmal für die Unterscheidung zwischen einer ergebniswirksamen und einer ergebnisneutralen Erfassung erkennbar. So sind Wertänderungen von assets des operativen Bereichs, die noch nicht durch eine Markttransaktion konkretisiert wurden unterschiedlich zu behandeln. Bei Wertsteigerungen von inventories und künftig erwarteten Gewinnen aus schwebenden Verträgen erfolgt keine Erfassung. Eine ergebniswirksame Erfassung erfolgt bei Wertminderungen von property, plant and equipment, soweit diese eine vorher ergebnisneutral erfasste Wertsteigerung übersteigen, Wertminderungen von inventories und drohenden Verluste aus schwebenden Geschäften. Sofern Werterhöhungen von property, plant and equipment und von intangible assets, für die ein active market existiert, eine vorher ergebniswirksam erfasste Wertminderung übersteigen, besteht ein Wahlrecht zwischen keiner bzw. einer ergebnisneutralen Erfassung. Ähnliche Inkonsistenzen ergeben sich bei Wertänderungen von financial assets. So sind Werterhöhungen von held-to-maturity investments nicht zu erfassen, Wertänderungen von held-for-trading financial assets ergebniswirksam zu erfassen und bei Wertände-

[737] Vgl. *Moxter*, Gewinnermittlung, 1982, S. 115.

[738] So auch *Streim/Bieker/Leippe*, Anmerkungen, 2001, S. 198; *Kley*, Fair Value-Bilanzierung, 2001, S. 2258.

rungen von available-for-sale financial assets besteht ein Wahlrecht zwischen ergebniswirksamer und ergebnisneutraler Erfassung.

Zudem bestehen Ermessensspielräume bei der Subsumierung von Sachverhalten und Transaktionen unter die auslegungsbedürftigen bzw. unscharf formulierten Anwendungsvoraussetzungen bestimmter Regelungen, wie z. B. bei der Klassifizierung von financial instruments und von hedges oder bei der Abgrenzung von investment property von property, plant and equipment.

Bezüglich der Zulässigkeit des Recyclings lässt sich aus den Einzelregelungen der IFRS kein allgemeiner Grundsatz ableiten.[739] Zulässig ist das Recycling bei available-for-sale financial assets, deren Wertänderungen im Eigenkapital erfasst werden, wenn sie auszubuchen sind[740] oder ein impairment vorliegt.[741] Bei hedges of a net investment in a foreign entity sind die ergebnisneutral erfassten Umrechnungsdifferenzen bei Ausbuchung der Anteile an einer foreign entity ebenfalls in das income statement zu transformieren. Nicht zulässig ist ein Recycling bei Abgang bzw. Abschreibung von property, plant and equipment und bei intangible assets, für die Neubewertungsrücklagen bestehen. Es ist lediglich ein Quasi-Recycling durch Umbuchung der Neubewertungsrücklage in die retained earnings möglich, aber nicht geboten.

B. Measurement

I. Konzeption des fair value principle

Der fair value findet keine Erwähnung im Framework.[742] In verschiedenen Standards wird er übereinstimmend wie folgt definiert: „Fair value is the amount for which an asset could be exchanged, or a liability settled, between knowledgeable, willing parties in an arm's length transaction“[743].

Erläutert wird die Definition des fair value in IAS 40 (2000). Danach ist bei der Wertermittlung zu unterstellen, dass der fiktive Käufer bzw. Verkäufer

---

739 Vgl. *IASC Steering Committee*, Performance, 2001, Tz. B 20; *Haller/Schloßgangl*, Neugestaltung, 2003, S. 319.

740 Vgl. IAS 39.103 (b) (ii) (rev. 2000).

741 Vgl. IAS 39.109 i. V. m. IAS 39.117 (rev. 2000).

742 Vgl. *Baetge/Zülch/Matena*, Fair Value-Accounting, 2002, S. 366.

743 IAS 17.3 (rev. 1997); IAS 18.7 (rev. 1993); IAS 19.7 (rev. 2000); IAS 20.3 (ref. 1994); IAS 21.7 (rev. 1993); IAS 22.8 (rev. 1998); IAS 32.5 (rev. 1998); IAS 33.9 (1997); IAS 39.8 (rev. 2000); IAS 41.5 (2001). In folgenden Standards bezieht sich die Definition nur auf assets: IAS 16.6 (rev. 1998); IAS 38.7 (1998); IAS 40.4 (2000).

über die Eigenschaften und über die Verwendungsmöglichkeiten des betrachteten Objektes sowie über die aktuellen Marktgegebenheiten angemessen informiert sind.[744] Zudem ist anzunehmen, dass beide zwar bereit sind zu kaufen bzw. zu verkaufen, aber dies nicht unbedingt und zu jedem Preis tun oder dazu gezwungen sind. Für die Preisgestaltung gilt, dass der fiktive Käufer die an einem realen Markt existierenden Verhältnisse berücksichtigt, aber keinen höheren als den geforderten Marktpreis bezahlt und dass der fiktive Verkäufer zum besten am Markt erzielbaren Preis veräußert.[745] Die Formulierung „arm's length transaction" besagt, dass zwischen beiden Parteien keine besonderen Beziehungen und keine Abhängigkeitsverhältnisse bestehen, aus denen sich ein für den entsprechenden Markt untypischer Preis ergeben könnte.[746]

Der fair value lässt sich als gegenwartsbezogen und marktorientiert charakterisieren. Die Gegenwartsbezogenheit ergibt sich daraus, dass bei der Wertermittlung die aktuellen Marktgegebenheiten und Umstände zum jeweiligen Bilanzstichtag zugrunde zu legen sind.[747] Dass der fair value marktorientiert ist, lässt sich bereits aus seiner Definition ableiten. Zudem wird klargestellt, dass nicht individuelle Einschätzungen, sondern die Erwartungen des Marktes bei der Ermittlung des fair value zugrunde zu legen sind.[748] Die Definition bezieht sich auf einen angemessenen und damit nicht vollkommenen Informationsstand des fiktiven Käufers und Verkäufers (reasonably informed),[749] die ihre Kauf- bzw. Verkaufsentscheidung vor dem Hintergrund der Gegebenheiten und Erwartungen eines realen und nicht fiktiven Marktes treffen. Allerdings ergeben sich eindeutige marktorientierte Werte nur in einer Welt mit einem zumindest annähernd vollkommenen und vollständigen Marktsystem.[750]

Der fair value stellt keinen eigenständigen Wertmaßstab dar, sondern ein theoretisches Rahmenkonzept, das durch verschiedene Wertmaßstäbe aus-

744 Vgl. IAS 40.34 (2000).

745 Vgl. IAS 40.35 (2000) bzw. IAS 40.36 (2000).

746 Vgl. IAS 40.38 (2000).

747 Vgl. IAS 32.80 (rev. 1998) und IAS 40.31 (2000). Ähnlich *Kümmel*, Grundsätze, 2002, S. 47; *Mujkanovic*, Fair Value, 2002, S. 115.

748 Vgl. IAS 36.B.22 (1998); IAS 40.33 (2000). So auch *Mujkanovic*, Fair Value, 2002, S. 116.

749 Vgl. 40.34 (2000).

750 Vgl. *Barth/Landsman*, Fundamental, 1995, S. 99 f.; *Pfitzer/Dutzi*, Fair Value, 2002, Sp. 752; *Kümmel*, Grundsätze, 2002, S. 47.

gefüllt wird.[751] Festzulegen ist, welche Fiktion der Wertermittlung zugrunde liegt. In Betracht kommen:[752]

(1) Reproduktion von Vermögenspositionen bzw. Wiederaufnahme von Schuldpositionen (entry value)
(2) Veräußerung von Vermögenspositionen bzw. Ablösung von Schuldpositionen (exit value)
(3) Nutzung der Vermögensposition im Rahmen des Leistungserstellungs- und Leistungsverwertungsprozesses bzw. unternehmensindividuelle Ablösung von Schuldpositionen (value in use)

Die Reproduktionsfiktion (1) ist input-orientiert und unterstellt bei Vermögenspositionen eine Wiederbeschaffung bzw. Wiederherstellung des entsprechenden Bewertungsobjektes zum betrachteten Bewertungszeitpunkt. Heranzuziehen ist der Wiederbeschaffungsneuwert als der Preis, der für ein nach Art, Funktion und Beschaffenheit vergleichbares Betriebsmittel zum Bewertungszeitpunkt zu bezahlen ist.[753] Bei der Ermittlung von Wiederbeschaffungskosten sind neben Preisänderungen auch Leistungsfähigkeitsveränderungen von Betriebsmitteln mit Hilfe von Indizes zu berücksichtigen.[754] Bei Schuldpositionen ist der Betrag relevant, zu dem die Schuld wieder eingegangen werden könnte.

Voraussetzung für die Ermittlung des entry value ist, dass sich die betrachtete Vermögensposition einzeln wieder beschaffen lässt bzw. die Schuld einzeln wieder aufnehmen lässt. Bei Vermögenspositionen besteht eine Einzelbeschaffbarkeit i. w. S. bereits dann, wenn sie sich unter Inkaufnahme von Aufwendungen substituieren lassen. Nach dieser weiten Auslegung sind die Vermögenspositionen eines Unternehmens mit Ausnahme von Synergieeffekten wieder beschaffbar.[755] Die Wiederaufnehmbarkeit von Schuldpositionen lässt sich ähnlich weit auslegen. Probleme ergeben sich, wenn man für die Bestimmung des entry value auf die Wiederbeschaffbarkeit i. e. S. abstellt, indem man die Existenz eines ausreichend liquiden Beschaffungsmarktes voraussetzt. Ein solcher ist bei vielen Vermögens- und Schuldpositionen nicht gegeben.

---

[751] Vgl. *Mujkanovic*, Fair Value, 2002, S. 115; *Cairns*, Applying, 2003, Rz. 5.8.

[752] Vgl. zum Folgenden *Barth/Landsman*, Fundamental, 1995, S. 99; *Hitz/Kuhner*, Erweiterung, 2000, S. 899; *Kümmel*, Grundsätze, 2002, S. 48 und 54.

[753] Vgl. *Moxter*, Gewinnermittlung, 1982, S. 106 f.

[754] Vgl. hierzu ausführlich *Scherrer*, Anlagenrechnung, 1981, Sp. 55.

[755] Vgl. *Moxter*, Gewinnermittlung, 1982, S. 106 f.

Die Veräußerungsfiktion (2) ist output-orientiert und basiert bei Vermögenspositionen auf der Annahme, dass das betrachtete Bewertungsobjekt zum Bewertungsstichtag am Absatzmarkt veräußert wird. Je nach unterstellter Notwendigkeit der Veräußerung bzw. unterstelltem Veräußerungszeitraum kann eine Zerschlagung im Sinne eines kurzfristigen Zwangsverkaufs oder eine freiwillige Veräußerung innerhalb eines angemessenen Zeitraums zugrunde gelegt werden. Bei der Ermittlung des exit value von Schuldpositionen wird entweder eine Tilgung oder eine Übertragung auf Dritte angenommen.

Die Zugrundelegung der Veräußerungs- bzw. Ablösungsfiktion bei der Bewertung setzt die Einzelveräußerbarkeit bzw. die Einzelablösbarkeit der Bewertungsobjekte voraus. Bei enger Auslegung ist das Bestehen von Absatzmärkten notwendig. Insofern ergeben sich im Hinblick auf die Anwendbarkeit der Fiktion keine wesentlichen Abweichungen zur Reproduktions- bzw. Wiederaufnahmefiktion. Unterschiede zwischen den Fiktionen (1) und (2) ergeben sich bei einer weiten Auslegung. Einige Vermögenspositionen, die zum Teil sogar den Ansatzkriterien der IFRS genügen, wie Spezialbetriebsmittel, spezielle Vorräte und Entwicklungskosten, lassen sich zwar reproduzieren, nicht aber entgeltlich veräußern.

Der value in use (3) stellt einen unternehmensindividuellen Barwert aus der künftigen Nutzung von Vermögenspositionen bzw. der Bedienung und Ablösung von Schuldpositionen dar. Die Schätzungen künftiger Cashflows erfolgen durch das Management unter Zugrundelegung der beabsichtigten Nutzung bzw. Verwendung und unter Einbeziehung von Informationen und Handlungsalternativen, die nur dem betrachteten Unternehmen zur Verfügung stehen.[756] So sind Wettbewerbsvorteile, wie qualifizierte Mitarbeiter und Standortvorteile, sowie Synergieeffekte zu berücksichtigen.

An ein Bewertungsobjekt, dessen value in use bestimmt werden soll, ist die Anforderung zu stellen, dass sich dessen künftige Cashflows ermitteln lassen. Entsprechend müssen die künftigen Zahlungsströme, die mit dem Bewertungsobjekt in Verbindung stehen, unabhängig von anderen Vermögens- bzw. Schuldpositionen sein. Diese Anforderung ist vollständig erfüllt, wenn das gesamte Unternehmen als Bewertungsobjekt verstanden wird. Definiert man aber Teileinheiten des Unternehmens als Bewertungsobjekte, wird das Ergebnis verfälscht. Verbund- bzw. Synergieeffekte werden nicht

[756] Vgl. *Barth/Landsman*, Fundamental, 1995, S. 101; *Hitz/Kuhner*, Erweiterung, 2000, S. 893.

berücksichtigt oder lassen sich nur willkürlich auf die Bewertungsobjekte zurechnen.

Je nach zugrunde gelegter Fiktion ergeben sich in einer Welt mit einem nicht vollkommenen bzw. nicht vollständigen Marktsystem in der Regel unterschiedliche Werte für ein und dasselbe Bewertungsobjekt. So unterscheiden sich entry value (1) und exit value (2) bei enger Auslegung der Anwendung aufgrund von unterschiedlichen Transaktionskosten. Beim value in use (3) werden unternehmensspezifische, bewertungsrelevante Gegebenheiten berücksichtigt, so dass der value in use nur zufällig identisch mit dem entry value oder exit value ist. Die Ermittlung des fair value ist somit abhängig von der unterstellten Fiktion, das heißt vom Zweck der Bewertung.[757]

II. Konkretisierung des fair value principle

1. Fair value hierarchy als Konzept zur Ermittlung des fair value

Die Ausfüllung des theoretischen Wertkonzeptes „fair value" durch konkrete Wertmaßstäbe ist in den einzelnen Standards der IFRS geregelt. IAS 39-41 beinhalten eine so genannte „fair value hierarchy", die im Projekt „Business Combinations (phase II)"[758] dargestellt wird. Der fair value hierarchy liegt die Idee zugrunde, dass in dem Fall, in dem der auf einem level geforderte Wert sich nicht mit ausreichender Sicherheit ermitteln lässt, auf das nachfolgende level überzugehen ist. Tatsächlich gehen die levels fließend ineinander über.

Nach der fair value hierarchy ist der fair value zunächst durch einen aktuellen oder zumindest zeitnahen Preis der gleichen assets bzw. liabilities auf einem active market bei ausreichend hohen Umsätzen zu approximieren (level 1).[759] Ein active market liegt vor, wenn homogene Güter gehandelt werden, zu jedem Zeitpunkt Käufer und Verkäufer gefunden werden können und Preise öffentlich verfügbar sind.[760] Unklar bleibt, auf welchen Zeitpunkt exakt abzustellen ist bzw. was unter zeitnah zu verstehen ist, wie die Anforderungen an den Markt auszulegen sind und was ausreichend hohe Umsätze sind. Zudem ist offen, wie zu verfahren ist, wenn für das Bewertungs-

---

757 Vgl. *Vormbaum*, Tageswerte, 1970, Sp. 1645, der von Tageswerten spricht sowie *Göbel*, Bilanzierung, 2000, S. 172.

758 Bei diesem Projekt arbeitet das IASB mit dem FASB zusammen.

759 Vgl. *IASB*, Business Combinations, 2004; IAS 39.99 (rev. 2000); IAS 41.17 und .18 (a) (2001).

760 Vgl. IAS 38.7 (rev. 1998).

objekt mehrere Preise an verschiedenen Märkten, z. B. Börsen, existieren und inwieweit kurzfristige Marktverzerrungen aufgrund von außergewöhnlichen Ereignissen zu korrigieren oder erwartete Auswirkungen eines fiktiven Verkaufs von Wertpapieren auf den Preis zu berücksichtigen sind. Die Ermittlung eines Marktpreises ist demnach nicht immer eindeutig möglich.[761] Es bestehen Ermessensspielräume. Nur wenn kein entsprechender Marktpreis für das zu bewertende asset bzw. die zu bewertende liability existiert, ist auf level 2 überzugehen.

Auf level 2 ist im Rahmen der Ermittlung des fair value auf Marktpreise für gleichartige bzw. ähnliche assets und liabilities zurückzugreifen.[762] Die Marktpreise sind um geschätzte Auswirkungen der Abweichungen in Bezug auf den Zeitpunkt oder auf bestimmte bewertungsrelevante Parameter zu korrigieren.[763] Mit diesem level nehmen die Spielräume des Bewertenden zu. Neben den bereits auf level 1 auftretenden Ermessensspielräumen bei der Ermittlung eines Preises auf einem active market bestehen Ermessensspielräume bei der Beurteilung, ob ein Marktpreis zeitnah oder ob das betrachtete asset bzw. die betrachtete liability ähnlich ist.

Ist die Wertbestimmung auf level 1 und 2 mangels entsprechender Märkte für die gleichen oder für ähnliche assets bzw. liabilities nicht zielführend, so ist der fair value auf level 3 der fair value hierarchy durch anerkannte Bewertungsmethoden zu approximieren. Hierbei kommen Optionspreismodelle bei Finanzinstrumenten und Barwertkalküle in Betracht.[764] Die Bewertungsmethoden basieren auf zahlreichen Annahmen, eröffnen in der Regel einen Ermessensspielraum bei der Bestimmung der notwendigen Parameter und weisen eine hohe Sensitivität in Bezug auf Variationen der Parameter auf.[765] So sind bei Barwertkalkülen Diskontierungssatz und Prognosezeitraum festzulegen und für den Prognosezeitraum die mit dem asset bzw. der liability in Zusammenhang stehenden Cashflows sowie ein am Ende des Prognosezeitraums auftretender Veräußerungs-Cashflow zu schätzen. Dabei werden der Zeitwert des Geldes im Rahmen der Festlegung des Diskontierungssatzes und die Unsicherheit der Cashflows bei der Schätzung oder bei dem

[761] Ähnlich *Pfitzer/Dutzi*, Fair Value, 2002, Sp. 752.

[762] Vgl. *IASB*, Business Combinations, 2004; IAS 39.101 (rev. 2000); IAS 40.39 (2000); IAS 40.40 (a) und (b) (2000); IAS 41.18 (b) (2001).

[763] Vgl. IAS 40.40 (a) und (b) (2000); IAS 41.18 (b) (2001).

[764] Vgl. *IASB*, Business Combinations, 2004; IAS 39.100 (rev. 2000); IAS 40.40 (c) (2000); IAS 41.20 (2001). Daneben sind auch noch andere Bewertungsmethoden anwendbar. So können z. B. nach IAS 41.18 (c) (2001) Benchmarkverfahren herangezogen werden.

[765] Zum Nachweis vgl. *Hoffmann/Lüdenbach*, Königsweg, 2002, S. 875.

Diskontierungssatz berücksichtigt.[766] Bei der Wertermittlung von Finanzinstrumenten sind mittels Optionspreismodellen, wie dem Black-Scholes-Modell, ein risikoloser Zinssatz sowie Dividendenrate, Renditevolatilität und aktueller Marktpreis des zugrunde liegenden Basisgegenstandes zu bestimmen.[767]

Bei der Ermittlung der Parameter ist auf den Informationsstand und die Annahmen und Erwartungen von fiktiven Marktteilnehmern abzustellen, und es sind nur solche Einflussfaktoren zu berücksichtigen, die sich auf den Preis an einem realen Markt auswirken würden. Es sind möglichst viele Daten aus unternehmensexternen Quellen zu verwenden.[768] Die Regelung bezweckt eine Objektivierung der Parameterbestimmung, kann aber den Ermessensspielraum bei der Approximation des fair value auf level 3 nicht entscheidend einschränken. Die Beurteilung, welche Faktoren sich als unternehmensindividuell darstellen, bleibt dem Bewertenden überlassen. Zudem können sich selbst bei einer ausschließlichen Bezugnahme auf unternehmensexterne Quellen erhebliche Abweichungen bei den ermittelten Werten ergeben.[769]

2. Konkretisierung des fair value principle in einzelnen Standards

Das fair value principle kommt nur bei bestimmten Positionen und nur unter bestimmten Voraussetzungen zur Anwendung. Ansonsten erfolgt die Bewertung nach dem cost model bei assets, zum best estimate bei provisions und zum Rückzahlungsbetrag bei anderen liabilities.

a) Property, plant and equipment

Bei der Folgebewertung von property, plant and equipment ist nach dem allowed alternative treatment eine Neubewertung zum fair value möglich.[770] Sie ist für eine ganze Gruppe von assets und in ausreichenden Zeitabständen vorzunehmen.[771]

---

[766] Vgl. IAS 41.23 (2001). Auch Kombinationsverfahren der Unsicherheitsberücksichtigung sind möglich.

[767] Vgl. *Black/Scholes*, Pricing, 1973, S. 644 sowie zu Verallgemeinerungen dieses Modells *Bühler*, Optionspreistheorie, 1993, Sp. 2985-2987.

[768] Vgl. *IASB*, Business Combinations, 2004; IAS 39.97 (rev. 2000); IAS 40.43 (2000).

[769] Vgl. hierzu das Beispiel bei *Hoffmann/Lüdenbach*, Königsweg, 2002, S. 875.

[770] Vgl. IAS 16.29 (rev. 1998). Nach IAS 16.29 (rev. 2004) ist die Unterscheidung zwischen benchmark treatment und allowed alternative treatment aufgehoben.

[771] Vgl. IAS 16.29 und .34 (rev. 1998).

Zu einer Gruppe (class) rechnen assets, die in Bezug auf ihre Art und auf ihre Funktion im Leistungserstellungsprozess des Unternehmens ähnlich sind. Als Beispiele werden unter anderen unbebaute Grundstücke und bebaute Grundstücke, Maschinen, Fuhrpark sowie Betriebs- und Geschäftsausstattung genannt.[772] Die Neubewertung ist gruppenweise und grundsätzlich gleichzeitig für assets einer Gruppe vorzunehmen, um eine Vermischung von Werten, denen unterschiedliche Wertmaßstäbe bzw. unterschiedliche Bewertungszeitpunkte zugrunde liegen, zu vermeiden. Eine rollierende Neubewertung von assets einer Gruppe ist möglich, wenn die vollständige Neubewertung innerhalb einer kurzen Zeitspanne abgeschlossen ist und die Werte aktuell sind.[773] Da nicht genau spezifiziert wird, was unter kurzer Zeitspanne zu verstehen ist und unklar bleibt, wann Neubewertungen als aktuell zu qualifizieren sind, besteht ein Ermessenspielraum bei Beantwortung der Frage, ob die Regelung anwendbar ist.

Die Häufigkeit der Neubewertung ist abhängig von der Volatilität der fair values der betrachteten Gruppe von property, plant and equipment. Eine Neubewertung ist vorzunehmen, wenn der fair value sich wesentlich vom Buchwert unterscheidet (differs materially).[774] Die Voraussetzung ist insofern problematisch, als es einerseits im Ermessen des Bewertenden liegt, wann eine Abweichung wesentlich ist, andererseits für die Vornahme der Beurteilung der fair value bereits bekannt sein muss. Damit wird die mit dieser Regelung bezweckte Vereinfachung hinfällig. Neben dieser allgemeinen Regelung wird ausgeführt, dass die Neubewertung bei hoch volatilen assets jährlich durchzuführen ist, während bei weniger volatilen assets eine Neubewertung in Abständen von drei bis fünf Jahren ausreichend sein kann.[775] Die Formulierung überlässt es in Zweifelsfällen dem Bilanzierenden, in welchen Abständen neu bewertet wird. Zudem ist unklar, ob eine Neubewertungen zumindest in Abständen von fünf Jahren durchzuführen ist.

Bei Vornahme einer Neubewertung entspricht der fair value von Grundstücken und Gebäuden (land and buildings) in der Regel deren market value. Es wird nicht ausgeführt, wie der Begriff „market value" zu verstehen ist. Wird er synonym zu „fair value" verwendet,[776] ist die Aussage tautologisch. Alternativ lässt sich auf eine Definition des market value im Zusammenhang mit financial instruments zurückgreifen. Dort bezeichnet „market value" den Betrag, der auf einem active market für den Verkauf bzw. Erwerb eines fin-

---

[772] Vgl. IAS 16.35 (rev. 1998).
[773] Vgl. IAS 16.36 (rev. 1998).
[774] Vgl. IAS 16.32 (rev. 1998).
[775] Vgl. IAS 16.32 (rev. 1998).
[776] So implizit *Cairns*, Applying, 2002, S. 510.

ancial instrument erzielbar bzw. zu entrichten ist.[777] Die Definition kann gemäß IAS 1.22 (a) (rev. 1997) analog bei land and buildings angewandt werden.[778] Somit ergibt sich nach IAS 16.30 (rev. 1998), dass der fair value von land and buildings in der Regel deren Preis auf einem active market entspricht.

Der market value ist durch eine Schätzung, die normalerweise (normally) durch einen qualifizierten Gutachter erfolgt, zu ermitteln.[779] Hierbei sind übliche Bewertungsmethoden anzuwenden.[780] Unklar ist, was unter normally zu verstehen ist und in welchen Fällen ein Gutachter hinzugezogen werden muss. Zudem besteht kein Unabhängigkeitsgebot in Bezug auf den ausgewählten Gutachter. Ein solches lässt sich gemäß IAS 1.22 (rev. 1997) aus IAS 40.26 (2000) ableiten. Dort findet sich dort lediglich die Empfehlung, bei der fair value-Ermittlung einen Gutachter hinzuzuziehen.

Wie die Bewertung im häufig vorliegenden Fall, dass kein active market für land and buildings existiert, zu erfolgen hat, ist nicht geregelt. Es kann gemäß IAS 1.22 (a) (rev. 1997) auf die Regelungen zu investment property in IAS 40.39-.46 (2000) zurückgegriffen werden. Die Wertermittlung erfolgt danach durch Heranziehen von Marktpreisen ähnlicher Immobilien oder, falls diese nicht bestehen, durch Anwendung eines DCF-Verfahrens.[781]

Bei plant and equipment ist der fair value in der Regel ebenfalls der market value, der durch Schätzung zu bestimmen ist. Ein Sachverständiger muss hierbei nicht hinzugezogen werden. Liegen keine Anhaltspunkte für die Ermittlung des market value vor, weil es sich um Spezialanlagen handelt, so ist für die Bewertung der fortgeführte, das heißt der um planmäßige Abschreibungen korrigierte, Wiederbeschaffungsneuwert relevant.[782] Auf das Problem, ob und wie bei der Ermittlung des Wiederbeschaffungsneuwerts Veränderungen der Leistungsfähigkeit zu berücksichtigen sind, gehen die IFRS nicht ein.

Die Bilanzbewertung von property, plant and equipment erfolgt bei Anwendung des allowed alternative treatment zum revalued amount, der sich als fair value zum Zeitpunkt der Neubewertung abzüglich anschließend ange-

---

777 Vgl. IAS 32.5 (rev. 1998).
778 So grundsätzlich *Mujkanovic*, Fair Value, 2002, S. 117.
779 Vgl. IAS 16.30 (rev. 1998).
780 Vgl. *Epstein/Mirza*, IAS 2003, S. 275.
781 Vgl. Teil 5 B. II. 2. d).
782 Vgl. IAS 16.31 (rev. 1998).

fallener kumulierter planmäßiger und außerplanmäßigen Abschreibungen ergibt.[783]

b) Intangible assets

Für intangible assets kann nach dem allowed alternative treatment eine Neubewertung zum fair value erfolgen. Voraussetzung ist, dass sich der fair value von einem active market ableiten lässt.[784] Den Voraussetzungen eines active market genügen nur Börsen und börsenähnliche Märkte.[785] In IAS 38.67 (1998) wird ausgeführt, dass ein active market für intangible assets nur in seltenen Fällen besteht. Für Marken, Drucktitel bei Zeitungen, Musik- und Filmrechte, Patente und Warenzeichen wird das Bestehen eines active market generell ausgeschlossen.[786]

Ist in Ausnahmefällen die Anwendung des allowed alternative treatment möglich, erfolgt die Ermittlung des fair value analog zu den Regelungen bei property, plant and equipment. Die Neubewertung ist nicht bei einem einzelnen asset, sondern grundsätzlich bei allen assets einer Gruppe vorzunehmen. Eine Ausnahme stellt der Fall dar, dass für assets einer Gruppe kein active market besteht. Dann hat die Bewertung der entsprechenden assets nach dem cost model zu erfolgen.[787] Wenn sich der fair value eines neubewerteten intangible asset in der Folgezeit nicht mehr von einem active market ableiten lässt, ist für die Bilanzbewertung der zuletzt ermittelte fair value relevant. Ein Übergang zu einer Bewertung zu fortgeführten cost ist nicht zulässig.[788] Ist es im umgekehrten Fall bei einer cost-Bewertung möglich, den fair value von einem active market abzuleiten, kann von dem benchmark treatment zu dem allowed alternative treatment gewechselt, das heißt mit dem fair value bilanziert werden.[789]

c) Financial instruments

Zu financial instruments rechnen financial assets und financial liabilities. Financial assets umfassen cash, vertragliche Ansprüche, cash oder andere financial assets zu erhalten bzw. financial instruments mit anderen Unter-

---

[783] Vgl. IAS 16.29 (rev. 1998).

[784] Vgl. IAS 38.64 (1998). Nach IAS 38.72 (rev. 2004) entfällt die Unterscheidung zwischen benchmark und allowed alternative treatment.

[785] Vgl. *Küting/Dawo*, Anwendungsfälle, 2003, S. 231.

[786] Vgl. IAS 38.67 (1998).

[787] Vgl. IAS 38.70 und .72 (1998).

[788] Vgl. IAS 38.73 (1998).

[789] Vgl. IAS 38.75 (1998).

nehmen zu potenziell vorteilhaften Bedingungen zu tauschen sowie equity instruments von anderen Unternehmen. Financial liabilities sind definiert als vertragliche Verpflichtungen, cash oder financial assets an andere Unternehmen zu liefern bzw. financial instruments mit anderen Unternehmen zu potenziell nachteiligen Bedingungen zu tauschen.[790]

Bei financial assets hat nach der Bewertung bei Erwerb zu cost die Folgebewertung grundsätzlich zum fair value zu erfolgen; Transaktionskosten, die bei einem möglichen Kauf bzw. Verkauf anfallen würden, sind nicht einzubeziehen.[791] Ausnahmen von der Bewertung zum fair value bestehen bezüglich vom Unternehmen gewährten Krediten und Darlehen (loans and receivables originated by the enterprise), held-to-maturity investments und financial assets, für die sich kein Preis auf einem active market ableiten lässt und für die auch sonst der fair value nicht zuverlässig bestimmt werden kann.[792] Dementsprechend sind held-for-trading financial assets sowie available-for-sale financial assets zum fair value zu bewerten, wenn dieser sich ermitteln lässt. Die Einordnung von financial assets in diese Kategorien stellt einen entscheidenden Bestimmungsfaktor für den anzuwendenden Bewertungsmaßstab dar.[793]

Bei financial liabilities ist im Rahmen der Bilanzbewertung für held-for-trading liabilities und für Derivate der fair value relevant. Andere financial liabilities sind nach dem cost model zu bewerten.[794]

Der Kategorie „held for trading" sind financial liabilities zuzuordnen, wenn sie vorrangig zur Erzielung von Spekulationserfolgen aus kurzfristigen Preisschwankungen oder zur Vereinnahmung der Händlermarge aufgenommen werden.[795] Hierzu rechnen Verpflichtungen aus Leerverkäufen sowie entsprechende Derivate.[796] Ausnahmsweise nicht zu den held-for-trading financial liabilities zählen Derivate, die als hedging instruments dienen.[797] Die

790 Vgl. IAS 39.8 (rev. 2000). Nach der Überarbeitung von IAS 32 und 39 finden sich die Definitionen in IAS 32.11 (rev. 2003).

791 Vgl. IAS 39.69 (rev. 2000).

792 Vgl. IAS 39.69 (a)-(c) (rev. 2000). Nach IAS 39.9 (rev. 2003) tragen die Kategorien teilweise andere Bezeichnungen, vgl. Fn. 683.

793 Vgl. Teil 5 A. IV. 1. a) 3).

794 Vgl. IAS 39.93 (rev. 2000). Eine Ausnahme stellen Derivate dar, die sich auf die Lieferung von nicht notierten equity instruments beziehen und deren fair values nicht zuverlässig bestimmbar sind. Sie sind nach dem cost model zu bewerten.

795 Vgl. IAS 39.10 (rev. 2000).

796 Vgl. IAS 39.18 (rev. 2000).

797 Vgl. IAS 39.18 (rev. 2000).

Aufzählung von held-for-trading financial liabilities ist nicht abschließend.[798] Es besteht ein Ermessensspielraum bei der Beurteilung, ob bei financial liabilities die Absicht der Erzielung kurzfristiger Erfolge im Vordergrund steht.[799]

Neben der Zuordnung zu den genannten Kategorien ist für eine Bewertung zum fair value entscheidend, ob er sich zuverlässig ermitteln lässt.[800] Hierfür werden Kriterien formuliert. Zum einen darf bei einer zuverlässigen Messung des fair value die Streuung vernünftiger Schätzungen von möglichen Werten nicht signifikant hoch für das entsprechende financial instrument sein, zum anderen müssen sich die Eintrittswahrscheinlichkeiten der verschiedenen Schätzwerte vernünftig abschätzen lassen (can be reasonably assessed).[801] Die Kriterien stehen im Zusammenhang mit der Ermittlung eines Schätzintervalls sowie einer Verteilung der entsprechenden Werte innerhalb des Intervalls. Dabei wird nicht spezifiziert, inwieweit die Ermittlung der beiden Größen objektiviert sein muss. Es bleibt offen, ob es ausreichend ist, dass die Unternehmensleitung unter Zugrundelegung verschiedener Szenarien eine subjektive Glaubwürdigkeitsverteilung[802] ermitteln kann. Zudem fehlt eine Aussage zur geforderten Sicherheit der Schätzung.

In IAS 39.70 (rev. 2000) wird die Vermutung aufgestellt, dass sich der fair value der meisten available-for-sale und held-for-trading financial assets zuverlässig bestimmen lässt. Da diese Vermutung dem Wortlaut nach nur für die meisten financial instruments gilt, ist sie nicht allgemein anwendbar. Außerdem ist die Vermutung widerlegbar bei Investitionen in equity instruments, für die keine Notierungen auf einem active market existiert und bei denen alternative Methoden für die Ermittlung des fair value eindeutig nicht anwendbar sind, sowie bei Derivaten, die sich auf equity instruments beziehen.[803] Als Beispiele für zuverlässige Messungen des fair value werden Notierungen auf einem active market, Bewertungen von Ratingagenturen

---

798 Vgl. auch *Bellavite-Hövermann/Barckow*, IAS 39, 2002, Tz. 69.

799 Nach IAS 39.9 (rev. 2003) lassen sich alle financial liabilities, bei denen sich der fair value zuverlässig bestimmen lässt, bei Zugang in die Kategorie „financial liability at fair value through profit or loss" zuordnen.

800 Für financial liabilities fehlt zwar eine entsprechende Aussage, aber die Ausführungen zur Messung des fair value in IAS 39.95 (rev. 2000) deuten auf eine ähnliche Vorgehensweise wie bei financial assets hin.

801 Vgl. IAS 39.95 (rev. 2000).

802 Vgl. hierzu *Baetge*, Objektivierung, 1970, S. 77 und S. 122.

803 Vgl. IAS 39.70 (rev. 2000).

sowie Bewertungsmodelle, deren Input-Daten sich von active markets ableiten lassen, genannt.[804]

Die Ermittlung des fair value folgt der beschriebenen fair value hierarchy. Demnach ist zunächst auf eine aktuelle Preisnotierung auf einem active market abzustellen. Ersatzweise ist der Preis der letzten Transaktion heranzuziehen, sofern sich keine wesentlichen Änderungen in Bezug auf die wirtschaftlichen Rahmenbedingungen zwischen dem Zeitpunkt dieser Transaktion und dem Bewertungsstichtag ergeben haben.[805] Existieren Preise für das entsprechende financial instrument nur an einem Markt, der nicht die Voraussetzungen eines active market erfüllt, sind entsprechende Anpassungen vorzunehmen. Wenn das financial instrument nur unregelmäßig oder mit geringen Umsätzen gehandelt wird, kann es sein, dass die entsprechenden Preisnotierungen für die Ermittlung des fair value ungeeignet sind. In diesen Fällen sind die von market makers gestellten Kurse heranzuziehen oder, falls solche nicht verfügbar sind, Schätzungen mittels anerkannter Verfahren (Vergleichsverfahren, DCF-Methoden, Optionspreismethoden) vorzunehmen. Bei Anwendung von DCF-Methoden ist der Zinssatz vergleichbarer financial instruments zugrunde zu legen.[806]

d) Investment property

Bei investment property stellt die Anwendung des fair value model eine Alternative für die Folgebewertung dar, die bevorzugt angewandt werden soll.[807] Danach ist grundsätzlich das gesamte investment property mit dem fair value zu bewerten,[808] es sei denn, es gibt bei Erwerb oder Umgliederung in investment property Hinweise dafür, dass der fair value nicht auf Dauer zuverlässig ermittelbar ist.[809]

Die Abgrenzung von investment property zu inventories und zu property, plant and equipment ist nicht immer eindeutig und liegt mitunter im Ermessen der Unternehmensleitung.[810] Ermessensbehaftet ist auch die Beantwortung der Frage, in welchen Fällen die zuverlässige Messbarkeit des fair value nicht gegeben ist. Dies ist nur dann anzunehmen, wenn vergleichbare Markttransaktionen selten stattfinden und zugleich alternative Schätzungen

---

804 Vgl. IAS 39.96 (rev. 2000).
805 Vgl. IAS 39.99 (rev. 2000).
806 Vgl. IAS 39.100 (rev. 2000).
807 Vgl. hierzu Teil 5 A. IV. 1. a) 2).
808 Vgl. IAS 40.27 (2000).
809 Vgl. IAS 40.47 (2000).
810 Vgl. Teil 5 A. IV. 2. a).

des fair value, beispielsweise mittels der DCF-Methode, nicht verfügbar sind.[811] Dem Jahresabschlussersteller bleibt die Einschätzung überlassen, was unter „vergleichbar“ und unter „selten“ zu verstehen ist, und in welchen Fällen die für die Anwendung der DCF-Methode geforderte Zuverlässigkeit der Schätzung künftiger Cashflows[812] gegeben ist.

Keine Angaben finden sich zur Häufigkeit der Bewertung zum fair value im Zeitablauf. Es sind gemäß IAS 1.22 (a) (rev. 1997) Regelungen in den IFRS zu vergleichbaren Sachverhalten anzuwenden. In Frage kommt IAS 16.29 und .32 (rev. 1998), wonach die Häufigkeit der Bewertung zum fair value abhängig ist von der Volatilität der Werte der entsprechenden assets. Für die analoge Anwendung der Regelung spricht, dass sich beide Standards auch auf Immobilien beziehen. Die Anwendbarkeit von IAS 16 (rev. 1998) ist fraglich. Die Ausgestaltung der Neubewertung (keine planmäßigen Abschreibungen und kein impairment test im Anschluss an die Neubewertung,[813] unmittelbar ergebniswirksame Erfassung des Erfolgs aus der Neubewertung[814]) spricht dafür, dass IAS 39 (rev. 2000) analog anzuwenden ist. Danach hat die Neubewertung generell zu jedem Bilanzstichtag zu erfolgen.

Es besteht anders als nach IAS 16.30 (rev. 1998) keine Pflicht, den fair value auf der Basis des Gutachtens eines unabhängigen Sachverständigen mit einschlägigen Kenntnissen bezüglich Art und Lage der fraglichen Immobilien zu ermitteln.[815]

Die konkreten Hinweise zur Bestimmung des fair value von investment property folgen im Wesentlichen der fair value hierarchy. Es ist auf Preise auf einem active market für ähnliche Immobilien in der gleichen Lage und in der gleichen baulichen Verfassung abzustellen.[816] Immobilien sind mit wenigen Ausnahmen, wie identische Reihenhäuser, nicht homogen. Fehlt die Homogenität, liegt kein active market vor.[817] Demnach entfällt die Möglichkeit, ersatzweise den fair value von Preisen auf active markets für Immobilien mit abweichenden Wertbestimmungsfaktoren oder von zeitnahen Preisen auf less active markets durch Vornahme geeigneter Anpassungen ab-

811 Vgl. IAS 40.47 (2000).
812 Vgl. IAS 40.40 (c) (2000).
813 In Bezug auf den impairment test vgl. IAS 36.1 (f).
814 Vgl. IAS 40.28 (2000).
815 Vgl. IAS 40.26 (2000).
816 Vgl. IAS 40.39 (2000).
817 Vgl. *Baetge/Zülch/Matena*, Fair Value-Accounting, 2002, S. 419; *Dyckerhoff/Lüdenbach/Schulz*, Probleme, 2003, S. 46.

zuleiten.[818] Daneben können bei der Bestimmung des fair value DCF-Methoden Anwendung finden. Dabei sind sowohl bei der Schätzung künftiger Cashflows als auch bei der Bestimmung des Diskontierungssatzes vorhandene Verträge, wie Miet- und Nutzungsverträge, oder verfügbare Marktdaten, wie Mietspiegel, zugrunde zu legen.[819] Es können auch andere Bewertungsverfahren herangezogen werden. Die Aufzählung in IAS 40.40 (2000) ist nicht abschließend, worauf die Formulierung „including" hindeutet. Ergeben sich bei den verschiedenen Verfahren unterschiedliche Ergebnisse, sind nach IAS 40.41 (2000) die Ursachen für die Unterschiede abzuwägen, um eine relativ enge Bandbreite von Schätzungen des fair value zu erhalten. Aus der Bandbreite ist der zuverlässigste Wert auszuwählen. Wie diese Bandbreitenermittlung und die Auswahl eines Werts zu erfolgen hat, bleibt der Unternehmensleitung überlassen.

3. Ergänzung des fair value principle durch den impairment test

Eine Ergänzung zum fair value principle bildet das impairment. Es stellt eine Wertminderung dar, die eine außerplanmäßige Abschreibung auf den recoverable amount eines asset zur Folge hat. IAS 36 (1998) regelt das impairment von property, plant and equipment und intangible assets, IAS 39.109-.119 (2000) das impairment von financial assets.

Bei property, plant and equipment und intangible assets ist an jedem Bilanzstichtag festzustellen, ob Anzeichen für ein impairment vorliegen.[820] Hierfür werden Indikatoren vorgegeben. Liegt ein Indikator vor, ist der impairment test durchzuführen. Die in IAS 36.9 (1998) angeführten Indikatoren sind allgemein gehalten. So werden signifikante und unerwartete Wertminderungen, erwartete wesentliche Änderungen im Unternehmensumfeld oder eine voraussichtliche Verringerung der Leistungsfähigkeit von assets angeführt. Es wird ausdrücklich die Berücksichtigung unternehmensinterner Daten gefordert.[821] Das Management kann durch die interne Dokumentation von Daten und durch eine entsprechende Argumentation Einfluss darauf nehmen, ob ein Indikator gegeben ist.[822]

Die Indikatorenliste ist nicht abschließend.[823] Es sind weitere Fälle denkbar, in denen ein impairment test vorzunehmen ist. Zudem wird darauf hingewie-

[818] Vgl. IAS 40.40 (a) und (b) (2000).
[819] Vgl. IAS 40.40 (c) (2000).
[820] Vgl. IAS 36.8 (1998); IAS 39.109 (2000).
[821] Vgl. IAS 36.11 (1998).
[822] Vgl. *Epstein/Mirza*, IAS 2003, S. 282.
[823] Vgl. IAS 36.10 (1998).

sen, dass bei der Identifizierung von assets, für die ein impairment test zu erfolgen hat, das Konzept der materiality zu beachten ist. Die Erhöhung eines Marktzinssatzes muss nicht automatisch einen impairment test auslösen. So ist kein impairment test notwendig, wenn sich dieser Sachverhalt nicht auf den recoverable amount auswirkt, weil z. B. ein anderer Zinssatz für die Bewertung relevant ist, Kompensationseffekte auftreten oder es unwahrscheinlich ist, dass sich eine wesentliche Wertminderung ergeben hat.[824] Hierfür sind Beurteilungen der Unternehmensleitung notwendig.

Beim impairment test ist der recoverable amount mit dem Buchwert zu vergleichen.[825] Ersterer bestimmt sich als höherer Betrag aus dem net selling price und dem value in use.[826] Der net selling price ist ähnlich definiert wie der fair value, allerdings sind direkt zurechenbare Veräußerungskosten in Abzug zu bringen.[827] Abzuleiten ist der net selling price zunächst aus einer bestehenden Verkaufsvereinbarung bzw. aus einem aktuellen oder zumindest zeitnahen Wert auf einem active market. Ist dies nicht möglich, ist der net selling price auf der Grundlage der besten zur Verfügung stehenden Informationen zu ermitteln, wobei Verkaufspreise ähnlicher assets in derselben Branche zu berücksichtigen sind.[828]

Der value in use stellt den Barwert der erwarteten Cashflows aus der Nutzung und anschließenden Veräußerung eines Bewertungsobjektes dar.[829] An die Ermittlung der künftigen Cashflows und des Diskontierungssatzes werden verschiedene Anforderungen gestellt.[830] So sind vernünftige und vertretbare Annahmen zugrunde zu legen und aktuelle Budgets bzw. Prognosen zu berücksichtigen.[831] Diese Anforderungen bewirken keine Konkretisierung der Wertermittlung. Zudem werden Vorgaben gemacht, die lediglich Empfehlungscharakter besitzen. Der Planungshorizont soll höchstens fünf Jahre betragen, es sollen weder steigende Wachstumsraten angewandt werden noch Wachstumsraten, die langfristige Durchschnittswachstumsraten der Branche oder des Landes, in dem das Unternehmen tätig ist, über-

824 Vgl. IAS 36.12 f. (1998).

825 Vgl. IAS 36.7 (1998).

826 Vgl. IAS 36.5 und .15 (1998). Nach IAS 36.6 und .18 (rev. 2004) ist der recoverable amount der höhere Betrag aus value in use und fair value less cost to sell. Für letzteren ist die Definition identisch mit der des net selling price.

827 Vgl. IAS 36.5 (1998). Es wird wie bei der Definition des fair value auf „knowledgeable, willing parties" abgestellt, zwischen denen eine „arm's length transaction" stattfindet.

828 Vgl. IAS 36.21-.23 (1998).

829 Vgl. IAS 36.5 (1998).

830 Vgl. IAS 36.27-.56 (1998).

831 Vgl. IAS 36.27 (a) und (b) (1998).

steigen. Die Vorgaben gelten nur, falls nicht alternative Annahmen zu rechtfertigen sind.[832] Der Schätzung der Cashflows ist die gegenwärtige Nutzung des Bewertungsobjektes zugrunde zu legen. Cashflows aus dem Finanzierungs- und steuerlichen Bereich sind nicht zu berücksichtigen, der Veräußerungserlös zum Ende des Planungshorizonts ist aus aktuellen Preisen vergleichbarer Bewertungsobjekte abzuleiten. Der Diskontierungszinssatz ist auf Vor-Steuer-Basis und unter Berücksichtigung der Markterwartungen in Bezug auf den Zeitwert des Geldes und die Unsicherheit der künftigen Cashflows zu ermitteln.[833]

Bewertungsobjekt ist grundsätzlich ein einzelnes asset. Der impairment test ist ausnahmsweise für eine cash-generating unit vorzunehmen, der das betrachtete asset zuzurechnen ist, wenn zu erwarten ist, dass der value in use des asset von dessen net selling price abweicht und sich der recoverable amount des einzelnen asset nicht ermitteln lässt, weil es keine Cashflows generiert, die weitgehend unabhängig (largely independent) von den Cashflows anderer assets sind.[834] Eine cash-generating unit ist definiert als kleinste identifizierbare Gruppe von assets, die Cash-Inflows generiert, die weitgehend unabhängig von Cash-Inflows anderer assets sind.[835] Die Beurteilung, ob beide Kriterien für die Pflicht, den impairment test auf der Ebene einer cash-generating unit vorzunehmen, erfüllt sind, ist abhängig von der Einschätzung der Wertrelation von value in use und net selling price und von der Auslegung des Ausdrucks largely independent. Bei letzterem ist fraglich, im welchem Ausmaß Interdependenzen in Bezug auf die Cash-Inflows bestehen dürfen.

Nicht nur bei der Frage, ob der impairment test für ein einzelnes asset oder für eine cash-generating unit erfolgt bestehen Ermessensspielräume, sondern auch bei der Abgrenzung von cash-generating units.[836] Hierbei ist die interne Leitungs- und Berichtsstruktur, z. B. in Form der internen Abgrenzung von Profitcentern, zu beachten.[837] Zwingend als cash-generating unit sind solche assets bzw. Gruppen von assets zu betrachten, für deren erstellte Leistung ein active market besteht. Unerheblich ist, ob die erstellte

[832] Vgl. IAS 36.27 (b) und (c) (1998).
[833] Vgl. IAS 36.37, .43, .45 f. und .48 (1998).
[834] Vgl. IAS 36.65 f. (1998).
[835] Vgl. IAS 36.5 (1998).
[836] Dies konzedieren auch die IFRS: „Identification of an asset's cash-generating unit involves judgement." (IAS 36.67 (1998)).
[837] Vgl. IAS 36.68 (1998). Zu dem Beispiel vgl. *Beyhs*, Impairment, 2002, S. 108.

Leistung tatsächlich an diesem Markt veräußert oder intern weiterverarbeitet wird.[838]

Für die Durchführung des impairment test ist der Buchwert der cash-generating unit als Summe der Buchwerte aller direkt oder auf einer vernünftigen und gleichbleibenden (reasonable and consistent) Basis zuordenbaren assets zu bestimmen. Die Begriffe reasonable und consistent werden nicht weiter spezifiziert. Buchwerte von liabilities sind nicht abzuziehen, es sei denn, die liabilities sind notwendig für die Bestimmung des recoverable amount der cash-generating unit, wie bei provisions für Entsorgungen oder Renaturierungen.[839] Für die Berücksichtigung eines derivativen Goodwills und eines assets, das gleichzeitig zu den künftigen Cash-Inflows der betrachteten cash-gernerating unit und anderer cash-generating units beiträgt (corporate asset),[840] gelten gesonderte Regelungen. Sie verlangen in einem ersten Schritt die Vornahme eines bottom-up test. Dabei wird überprüft, ob sich ein derivativer Goodwill bzw. ein corporate asset auf die cash-generating unit zuordnen lässt. In einem zweiten Schritt werden Buchwert und recoverable amount der cash-generating unit gegenübergestellt werden. Der Buchwert eines zuordenbaren Goodwills bzw. eines zuordenbaren corporate asset ist in den Buchwert der cash-generating unit einzubeziehen. Wenn die Zurechnung eines Goodwills bzw. eines corporate asset auf einer vernünftigen und gleichbleibenden Basis nicht möglich ist, wird ein top-down test durchgeführt, bei dem zunächst die kleinste übergeordnete cash-generating unit, der sich der Goodwill bzw. das corporate asset zuordnen lässt, zu identifizieren ist. Der Buchwert und der recoverable amount der übergeordneten cash-generating unit sind einander gegenüberzustellen.[841]

Bei beiden Stufen des impairment test werden auftretende impairment losses durch Abschreibung eines zugeordneten Goodwills und anschließend durch anteilige Abschreibung aller übrigen assets der cash-generating unit im Verhältnis zu deren Buchwerten erfasst.[842] Assets werden höchstens bis zu dem höheren Betrag aus net selling price, value in use und null abgeschrieben, wobei die ersten beiden Werte nur zu beachten sind, wenn sie

838 Vgl. IAS 36.69 (1998).

839 Vgl. IAS 36.75 und 77 (1998).

840 Vgl. zu dieser Definition IAS 36.5 (1998).

841 Vgl. IAS 36.80 (1998). Nach IAS 36.80-.82 (rev. 2004) ist der Goodwill auf die cash-generating unit zuzuordnen, die von den enstprechenden Synergien profitiert. Bottom-up test und top-down test werden im Rahmen der Zuordnung des Goodwills zu cash-generating units nicht angeführt.

842 Vgl. IAS 36.88 (1998).

sich zuverlässig bestimmen lassen.[843] In Höhe eines verbleibenden Restbetrages des impairment loss ist eine liability anzusetzen, falls dies nach IAS 37.66 (1998) notwendig ist.[844]

Nach dem impairment ist zu jedem folgenden Bilanzstichtag zu prüfen, ob der Indikator für ein impairment entfallen ist oder sich abgeschwächt hat, das heißt eine Verringerung des impairment loss vorliegt.[845] Dabei sind die gleichen Sachverhalte zu berücksichtigen wie beim impairment test. Stellt sich bei einem erneut vorzunehmenden impairment test heraus, dass der recoverable amount höher ist als der Buchwert eines assets bzw. einer cash-generating unit und ist die Erhöhung auf die Veränderung der Erwartungen zurückzuführen, so ist der Buchwert bei einem einzelnen asset bis maximal zu den fortgeführten cost, im Rahmen einer cash-generating unit bis maximal zu dem niedrigeren Wert aus fortgeführten cost und recoverable amount zu erhöhen.[846] Hinsichtlich eines Goodwills ist die außerplanmäßige Abschreibungen aufgrund eines impairment loss nur dann rückgängig zu machen, wenn der impairment loss auf ein außergewöhnliches externes Ereignis zurückzuführen war, dessen Auswirkungen durch weitere externe Ereignisse kompensiert wurden.[847]

Der impairment test bei financial assets ist ähnlich wie der nach IAS 36 (1998) aufgebaut. Auch hier ist zu jedem Bilanzstichtag zu prüfen, ob Indikatoren für ein impairment vorliegen. Hauptindikator ist ein Hinweis über eine finanzielle Schieflagen eines Emittenten von financial assets.[848] Nur wenn ein solcher Indikator vorliegt, ist der Buchwert des asset bzw. der Gruppe von assets mit dem recoverable amount zu vergleichen. Der recoverable amount bestimmt sich bei gewährten Krediten und Darlehen und bei held-to-maturity investments als Barwert der künftig zu erwartenden Cashflows. Als Diskontierungssatz dient dabei die ursprüngliche Effektivverzinsung.[849] Der impairment test ist in einem ersten Schritt für einzelne assets, in einem zweiten Schritt für mehrere ähnliche financial assets, die nicht vorher einzeln abgeschrieben wurden, auf Portfolio-Basis durchzuführen.[850]

---

843 Vgl. IAS 36.89 (1998).
844 Vgl. IAS 36.93 (1998).
845 Vgl. IAS 36.95 (1998).
846 Vgl. IAS 36.99, .102, .107 f. (1998).
847 Vgl. IAS 36.109 (1998). Nach IAS 36.124 (rev. 2004) ist eine Wertaufholung nicht mehr zulässig.
848 Vgl. IAS 39.110 (rev. 2000).
849 Vgl. IAS 39.111 (rev. 2000).
850 Vgl. IAS 39.112 (rev. 2000).

Bei available-for-sale financial assets ist ein direkt im Eigenkapital erfasster Verlust in Höhe der Differenz zwischen den fortgeführten cost und bei Eigenkapitalinstrumenten dem aktuellen fair value bzw. bei Fremdkapitalinstrumenten dem recoverable amount in den net profit or loss umzubuchen. Der recoverable amount von Fremdkapitalinstrumenten ist der Barwert der aus dem Fremdkapitalinstrument erwarteten Cashflows. Der Berechnung ist der aktuelle Marktzinssatz für ein ähnliches financial instrument, das ein asset darstellt, zugrunde zu legen.[851] Unklar bleibt, warum bei Eigenkapitalinstrumenten entgegen der in IAS 39.109 (rev. 2000) formulierten Vorgehensweise auf den aktuellen fair value abgestellt wird.[852] Der Buchwert bei available-for-sale financial assets ist der fair value, er ist identisch oder weitgehend identisch mit dem Vergleichswert (fair value bzw. recoverable amount). Im Ergebnis ist das Vorliegen von einem der Indikatoren entscheidend für die Vornahme des impairment test. Held-for-trading financial assets werden von den Regelungen zum impairment nicht berührt.[853]

4. Würdigung

a) Interpretationsmöglichkeiten

Das fair value principle bezieht sich auf eine Bewertung von Bilanzpositionen mit ihren aktuellen Marktwerten. Abzustellen ist auf einen exit value im Sinne eines Absatzmarktwertes.[854] Ein solcher Wert lässt sich auf zwei Arten interpretieren. Zum einen kann er als marktorientierter Einzelzukunftserfolgswert, zum anderen als eingesetztes Kapital für das Halten einer Position verstanden werden.

Nach der ersten Interpretation stellt der Absatzmarktwert eine Messung des aktuellen Marktwertes der mit der betrachteten Position im Zusammenhang stehenden künftigen Cashflows dar. Der Messung sind keine individuellen Erwartungen in Bezug auf die künftige Nutzung bzw. Verwertung des Be-

---

851 Vgl. IAS 39.117 f. (rev. 2000). Nach IAS 39.68 (rev. 2003) ist ein impairment von available-for-sale financial assets in Höhe der Differenz zwischen den Anschaffungskosten und dem current fair value abzüglich bereits ergebniswirksam erfasster impairment losses durchzuführen.

852 Ähnlich *Mujkanovic*, Fair Value, 2002, S. 134.

853 Vgl. die Formulierung in IAS 39.117 (rev. 2000), wonach sich die Regelung nur auf den „loss on a financial asset carried at fair value [that][...] has been recognised directly in equity“ bezieht. In der Kategorie held-for-trading erfolgt die Erfassung nie direkt im Eigenkapital; vgl. IAS 39.103 (a) (rev. 2000).

854 Vgl. *Barth/Landsman*, Fundamental, 1995, S. 99; *Pfitzer/Dutzi*, Fair Value, 2002, Sp. 751; *Mujkanovic*, Fair Value, 2002, S. 115; mit Bezug auf US-GAAP vgl. *Hitz/Kuhner*, Erweiterung, 2000, S. 900.

wertungsobjektes und der daraus resultierenden Cashflows sowie keine individuellen Präferenzen in Bezug auf Zeitpunkt und Unsicherheit der künftigen Cashflows, sondern Markterwartungen bzw. Marktpräferenzen zugrunde zu legen.[855] Der fair value im Sinne des Absatzmarktwertes berücksichtigt die den Marktteilnehmern bekannten, für die Bewertung eines bestimmten Objektes relevanten Informationen.[856]

Werden alle Bilanzposten mit dem marktorientierten Einzelzukunftserfolgswert bewertet, kommt es c. p. zu einer Erhöhung des Wertpotenzials und damit zu einer besseren Approximation des Effektivvermögens des betrachteten Unternehmens durch das bilanzielle Eigenkapital als bei Zugrundelegung des cost principle. Zudem wird die Ermittlung von fair values insofern objektiviert, als erwartete Entscheidungen und Maßnahmen der Unternehmensleitung sowie unternehmensindividuelle Bedingungen nicht zu berücksichtigen sind.

Mit dem marktorientierten Einzelzukunftserfolgswert lässt sich das Grundproblem der Bewertung, dass für ein bestimmtes Objekt kein objektiver ökonomischer Wert existiert, nicht lösen. Es wird durch die implizite Annahme bestimmter Marktbedingungen, die einer Welt mit einem vollkommenen und vollständigen Marktsystem zumindest weitgehend entsprechen, umgangen.[857] In einer solchen Welt ist der fair value eindeutig bestimmt[858] und korrespondiert mit den Informationsbedürfnissen der Jahresabschlussadressaten. Diese Marktbedingungen sind in der Realität nicht erfüllt. Aufgrund von unternehmensspezifischen Bedingungen sowie Informations- bzw. Wettbewerbsvorteilen reflektiert der Preis für das entsprechende Objekt auf einem Absatzmarkt in der Regel nicht den unternehmensindividuellen Wert des Objekts im Sinne des künftigen ökonomischen Nutzens. Lediglich in den Fällen, in denen sich der künftige Nutzen eines Objekts ausschließlich aus dessen Veräußerung ergibt, ist der Absatzmarktpreis ein adäquater Wertmaßstab. Ansonsten ist auf Ertragswerte unter Zugrundelegung der unternehmensspezifischen Nutzung des Bewertungsobjektes abzustellen.[859] Der Ertragswert entspricht der Definition des value in use. Der value in use stellt nach IFRS lediglich eine Bestimmungsgröße des recoverable amount dar, der nur bei der Ermittlung einer außerplanmäßigen Abschreibung bzw. einer Wertaufholung von nicht zum fair value bewerteten Posten zur An-

---

855 Vgl. *Willis*, Financial Assets, 1998, S. 854.

856 Vgl. *Pfitzer/Dutzi*, Fair Value, 2002, Sp. 750 f.

857 Vgl. *Schneider*, Unternehmensrechnung, 1998, S. 1475.

858 Vgl. Teil 5 B. I.

859 Vgl. *Barrett u. a.*, Measurement, 1991, S. 104; *Streim/Bieker/Esser*, Fair Values, 2003, S. 471.

wendung kommt. Der Interpretation des fair value als absatzmarktorientierter Einzelzukunftserfolgswert liegt bei einem Marktsystem, das nicht vollkommen und vollständig ist, eine Veräußerungsannahme zugrunde. Nach dieser Interpretation widerspricht das fair value principle dem going concern principle,[860] das als grundlegende Annahme des Jahresabschlusses im Framework verankert ist.[861]

Nach einer zweiten Interpretation kann der fair value im Sinne eines Absatzmarktwertes auch opportunitätskostenorientiert als eingesetztes Kapital für das Halten des betrachteten Bewertungsobjektes interpretiert werden.[862] Die Veräußerung des Objekts stellt die Handlungsalternative dar, an der sich der Erfolg aus dem Halten bzw. der weiteren Nutzung des Objekts im Rahmen des Leistungserstellungs- und Leistungsverwertungsprozesses messen lässt.[863]

Diese Interpretation des fair value principle widerspricht nicht dem going concern principle, da nicht die Entscheidung einer künftigen Veräußerung des Bewertungsobjektes fingiert wird.[864] Die Ermittlung der bei einer möglichen Veräußerung der zu bewertenden Objekte erzielbaren Beträge dient als Bezugspunkt für die Beurteilung der Erfolge aus den tatsächlichen Entscheidungen, die in der Regel eine Nutzung der Bewertungsobjekte im Leistungserstellungs- und Leistungsverwertungsprozess vorsehen.[865] Bei dieser Interpretation steht die Kontrollorientierung im Vordergrund.

Problematisch bei dieser Betrachtung ist, dass die Erfolgsbeiträge aus dem Halten bzw. aus der Weiternutzung des Bewertungsobjekts, die den Opportunitätskosten in Höhe der Veränderung des investierten Kapitals bewertet zu Veräußerungsmarktwerten zu Beginn einer Berichtsperiode gegenübergestellt werden, meist nicht vollständig in der Berichtsperiode anfallen. Stattdessen ergeben sich die Erfolgsbeiträge aus der Nutzung des Bewertungsobjekts im Rahmen des Leistungserstellungs- und Leistungsverwertungsprozesses und verteilen sich auf mehrere Folgeperioden. Damit ist bei opportunitätskostenorientierter Interpretation des fair value nur bei den

---

860 Einen prinzipiellen Widerspruch zwischen dem fair value principle und dem going concern principle sehen *Kley*, Fair Value-Bilanzierung, 2000, S. 2259; *Ballwieser*, Umbruch, 2002, S. 299.

861 Vgl. F. 23.

862 Vgl. *Sterling*, Decision, 1981, S. 294; *Göbel*, Bilanzierung, 2000, S. 177.

863 Vgl. *Chambers*, Accounting, 1966, S. 201; *Hendriksen/Breda*, Accounting, 1992, S. 286.

864 Vgl. *Siegel*, Zeitwertbilanzierung, 1998, S. 600.

865 Vgl. *Bedford/McKeown*, Analysis, 1972, S. 334 f.

Bewertungsobjekten eine Kontrolle von Entscheidungen der Unternehmensleitung möglich, bei denen der vollständige Erfolg aus dem Halten bzw. aus der Nutzung am Ende einer Berichtsperiode ermittelbar ist. Diese Voraussetzung ist erfüllt bei Bewertungsobjekten, die nicht weiter im Leistungserstellungs- und Leistungsverwertungsprozess des Unternehmens genutzt werden, sondern zur Veräußerung bestimmt sind.[866] In diesen Fällen ist sowohl eine Prognoseorientierung im Hinblick auf die Höhe des Zuflusses künftigen ökonomischen Nutzens als auch eine Kontrollorientierung des fair value gegeben.

b) Bewertungsobjekt

Das Bewertungsobjekt bei der Anwendung des fair value principle nach IFRS stellt grundsätzlich ein einzelnes asset bzw. eine einzelne liability dar. Nicht berücksichtigt werden somit Verbundeffekte, die sich bei einer Abgrenzung von mehreren zusammenwirkenden assets als Bewertungsobjekt nicht nur aus unternehmensindividueller, sondern auch aus marktorientierter Sicht als wertrelevant darstellen. Ausnahmen stellen die Portfolio-Betrachtung bei der Vornahme des impairment test bei mehreren ähnlichen financial instruments sowie die Abgrenzung von cash-generating units im Rahmen des impairment test nach IAS 36 (1998) dar. Allerdings dient der im Rahmen des impairment test ermittelte recoverable amount lediglich als Korrekturwert, der nicht im Jahresabschluss erscheint. Denn nur eine gegebenenfalls auftretende (positive) Differenz zwischen dem recoverable amount und der Summe der Buchwerte der assets wird nach einem nicht falsifizierbaren Verfahren auf die einzelnen assets verteilt.[867]

c) Konkretisierung durch Wertmaßstäbe

Die Konkretisierung des fair value nach IFRS folgt nur bei financial instruments und bei investment property weitgehend der fair value hierarchy. Hierbei wird der fair value durch absatzmarktorientierte Werte approximiert. Dagegen muss bei property, plant and equipment und bei intangible assets die Neubewertung nicht zu jedem Bilanzstichtag erfolgen und bei abnutzbaren assets sind in den Zwischenperioden zusätzlich planmäßige Abschreibungen vorzunehmen. Schließlich kommen bei plant and equipment in Ausnahmefällen auch Wiederbeschaffungskosten als Wertmaßstab in Betracht.

---

866 Vgl. *Pohlmann*, Bewertungskonzeptionen, 1981, S. 249.

867 Vgl. *Beyhs*, Impairment, 2002, S. 244; *Streim/Bieker/Esser*, Fair Values, 2003, S. 472 und 474. Dabei wird dieses Vorgehen als eine "willkürliche[n] Wertallokation" bezeichnet. Willkür ist aber insofern nicht gegeben, als eine nachvollziehbare Regelung für die Verteilung vorliegt.

Bei der Bestimmung von fair values ergeben sich erhebliche Ermessensspielräume. Dies trifft insbesondere dann zu, wenn active markets für die entsprechenden Bewertungsobjekte nicht existieren und der fair value durch Hilfsverfahren zu approximieren ist.

d) Anwendungsbereich

In den IFRS ist die Anwendbarkeit des fair value principle im Rahmen der Folgebewertung abhängig von mehreren Faktoren. Hiezu zählen die Art der betrachteten Position, die Ermittelbarkeit eines zuverlässigen Wertes sowie die Erfüllung zusätzlicher Kriterien, wie das Vorhandensein eines active market zur Ableitung des fair value oder das nicht langfristige Halten. Der durch diese Kriterien determinierte Anwendungsbereich des fair value principle deckt sich nur teilweise mit dem herausgearbeiteten Anwendungsbereich im Rahmen der Prognose- und Kontrollorientierung. So kann das fair value principle in modifizierter Form bei property, plant and equipment und bei intangible assets zur Anwendung kommen, obwohl diese assets definitionsgemäß betriebsnotwendig sind, während es bei inventories nicht anwendbar ist, obwohl diese veräußerbar sind und nicht betrieblich genutzt werden.[868]

Die Anwendbarkeitskriterien werden in den IFRS nicht konsistent gebraucht. So ist in Bezug auf die Zuverlässigkeit der Bewertung bei intangible assets ein active market notwendig, von dem sich der fair value ableiten lässt, bei held-for-trading financial assets bzw. available-for-sale financial assets hingegen kann nur in Ausnahmefällen aus Zuverlässigkeitsgründen von einer Bewertung zum fair value abgesehen werden. Bei der Auslegung der Anwendbarkeitskriterien bestehen Ermessensspielräume, und die Anwendung des fair value principle ist teilweise von der Ausübung eines Wahlrechts abhängig. Dabei stellt der fair value einmal ein allowed alternative treatment dar und einmal eine Alternative, die bevorzugt angewandt werden soll.

Das fair value principle ist nach IFRS nur auf einzelne Bilanzposten anwendbar. Innerhalb dieser Posten ist die Bewertung zum fair value wiederum auf einzelne Klassen bzw. Gruppen von assets beschränkt bzw. beschränkbar. Ansonsten kommt das cost model zur Anwendung. Die Beurteilung des sich aus der teilweisen Anwendung des fair value principle ergebenden mixed accounting model ist abhängig von der Betrachtungsebene. Aus den bisherigen Ausführungen ergibt sich zum einen, dass nach

[868] Vgl. *Schildbach*, Zeitbewertung, 1999, S. 182; *Mujkanovic*, Fair Value, 2002, S. 206.

beiden Interpretationsalternativen des fair value die Anwendung auf Bewertungsobjekte, die zur Veräußerung stehen, zu begrenzen ist.[869] Zum anderen muss sich die Bestimmung des fair value objektivieren lassen, indem beispielsweise auf Preise an einem active market zurückgegriffen werden kann. Eine Anwendung des fair value principle ist folglich auf einzelne Posten bzw. Gruppen von assets zu beschränken, die diesen Voraussetzungen genügen.

Der Notwendigkeit der differenzierten Anwendung des fair value principle stehen Probleme in Bezug auf die Aggregationskonsistenz gegenüber. Bei einer Aggregation von Werten, die wegen unterschiedlicher Zeitpunkte bzw. Fiktionen der Wertermittlung keine Aggregationskonsistenz aufweisen, resultiert ein nicht interpretierbares Wertekonglomerat. Die Interpretationsprobleme lassen sich beheben, indem der fair value lediglich in einer Vorspalte angegeben wird oder entsprechende Erläuterungen abgegeben werden.

C. Presentation nach IFRS

I. Konzeption des fair presentation principle

Nach dem fair presentation principle gilt: „Financial statements should present fairly the financial position, financial performance and cash flow of the enterprise."[870] Generell führt die Anwendung der einzelnen Standards zu einer fair presentation, wobei gegebenenfalls Zusatzangaben zu machen sind.[871] Lediglich in seltenen Ausnahmefällen, in denen die Bilanzierung nach einem Standard irreführend (misleading) wäre, ist von diesem abzuweichen. Ist dies der Fall, sind der jeweilige Standard, die Art der Abweichung und das stattdessen angewandte Verfahren, eine Begründung der Abweichung und die Auswirkungen der Abweichung auf den net profit or loss und auf die assets und liabilities sowie auf die Cashflows gesondert anzugeben.[872] Schließlich wird in IAS 1.15 (rev. 1997) sowohl auf den Zweck des Jahresabschlusses als auch auf die qualitative characteristics Bezug genommen. Ferner wird gefordert, zusätzliche Angaben zu machen, wenn einzelne Standards „are insufficient to enable users to understand the

---

869 Ähnlich *Riahi-Belkaoui*, Theory, 2000, S. 409; *Streim/Bieker/Esser*, Fair Values, 2003, S. 472.

870 IAS 1.10 (rev. 1997).

871 Vgl. IAS 1.10 (rev. 1997).

872 Vgl. IAS 1.13 (rev. 1997).

impact of particular transactions or events on the enterprise's financial position and financial performance."[873]

Das fair presentation principle hat mehrere Funktionen. Die Definition des Prinzips und das Abweichungsgebot weisen dem principle die Aufgabe einer Generalnorm bei der Auslegung von Standards und eines overriding principle bei Fällen, in denen die Einzelregelungen irreführend sind, zu. Das fair presentation principle bleibt unbestimmt. Bei der Konkretisierung des principle wird auf die allgemeinen qualitative characteristics des Framework verwiesen. Auch für seine Anwendung als overriding principle ist das fair presentation principle insofern unbestimmt, als keine weiteren Erläuterungen erfolgen, in welchen Fällen die Unternehmensleitung die Anwendung von Einzelregelungen als misleading annehmen kann und von der Einzelregelung abzuweichen hat.[874]

Bei der Forderung nach Zusatzangaben aufgrund des fair presentation principle bleibt unklar, in welchen Fällen welche zusätzlichen Angaben erforderlich sind. Die Forderung ist an eine allgemeine und unbestimmte Vorstellung von „fair presentation"[875] sowie an die heterogenen Kenntnisse und Fähigkeiten der Jahresabschlussempfänger[876] geknüpft, wodurch sich keine konkreten Zusatzangabepflichten ableiten lassen.

II. Umsetzung des fair presentation principle in einzelnen Standards

1. Gliederungsregelungen zum income statement

Nach einer Mindestgliederung sind im income statement neben konzernspezifischen Posten[877] „revenue", „the results of operating activities", „finance costs", „tax expense", „profit or loss form ordinary activities", „extraordinary items" und „net profit or loss for the period" als gesonderte Posten auszuweisen.[878] Von der Mindestgliederung kann in Bezug auf die Reihenfolge und die Bezeichnung der Posten nach IAS 1.76 (rev. 1997) abgewi-

[873] IAS 1.15 (c) (rev. 1997).

[874] Vgl. *Moxter*, Rechnungslegung, 2003, S. 324-326.

[875] Vgl. *Moxter*, Rechnungslegung, 2003, S. 327.

[876] Vgl. hierzu Teil 4 B. I. 4.

[877] Dabei handelt es sich um „share of profits and losses of associates and joint ventures accounted for using the equity method" und „minority interest".

[878] Vgl. IAS 1.75 (rev. 1997) und ähnlich IAS 1.81 f. (rev. 2003), wobei hier die Posten „results of operating activities" und „extraordinary items" entfallen und in der Mindestgliederung zusätzlich der Posten „pre-tax gain or loss recognised on the disposal of assets or settlement of liabilities attributable to discontinuing operations" angeführt wird.

chen werden, wenn sich dadurch eine bessere Wiedergabe der wirtschaftlichen Lage des Unternehmens ergibt. Dabei sind Wesentlichkeitsgesichtspunkte sowie Art und Funktion der entsprechenden Erfolgskomponenten zu berücksichtigen.[879] Es bleibt unklar, ob die Möglichkeit der Abweichung nur in seltenen Fällen bzw. bei Unternehmen in speziellen Branchen,[880] für die bereits Sonderregelungen existieren, oder regelmäßig zu einer nach Ansicht der Unternehmensleitung besseren Wiedergabe der Lage des Unternehmens in Anspruch genommen werden kann. Während das in IAS 1.76 (rev. 1997) angeführte Beispiel auf die erste Interpretation hindeutet, spricht die allgemeine Formulierung der Ausnahme sowie das Erfordernis, verschiedene Faktoren bei dieser Abwägung zu berücksichtigen, für die zweite Interpretation.[881]

Zudem wird angeführt, dass in die Gliederungsvorgabe zusätzliche Posten bzw. Zwischensummen einzufügen sind, wenn es zum einen im Sinne einer fair presentation notwendig ist oder zum anderen ein Standard fordert.[882] Da aber nach IFRS kein Standard einen Ausweis von zusätzlichen Posten im income statement fordert,[883] ist die zweite Möglichkeit hinfällig.

Nach dem Stetigkeitsgrundsatz ist die Gliederung von einer Berichtsperiode zur nächsten beizubehalten. Eine Ausnahme hiervon stellen Fälle dar, in denen bedeutende Änderungen bei der Unternehmenstätigkeit oder eine Überprüfung der bisherigen Darstellungsform ergeben, dass eine Veränderung zu einer angemesseneren Wiedergabe (more appropriate presentation) von Ereignissen oder Transaktionen führt. Eine zweite Ausnahme bilden Fälle, in denen eine Änderung von einem Standard oder von einer Interpretation des International Financial Reporting Interpretations Committee (IFRIC) gefordert wird.[884] Zur ersten Fallgruppe werden bedeutende Erwerbe oder Veräußerungen als Beispiele angeführt, und es wird gefordert, dass die Änderung zu einer angemessenen Darstellung führt und wahrscheinlich in Zukunft Bestand hat.[885] Die Beurteilung, ob sich eine more appropriate presentation ergibt und ob die veränderte Darstellungsform beibehalten werden soll, liegt im Ermessen des Managements. Die zweite Fall-

---

879 Vgl. IAS 1.76 (rev. 1997).

880 So auch *Adler/Düring/Schmaltz*, Internationalen, Abschn. 7 Tz. 170.

881 So auch *Reinhart*, Abschlußanalyse, 1998, S. 125 u. 313; *Hollmann*, Performance, 2002, S. 151.

882 Vgl. IAS 1.75 (rev. 1997).

883 Vgl. *Hollmann*, Performance, 2002, S. 153; *Adler/Düring/Schmaltz*, Internationalen, 2003, Abschn. 7 Tz. 189.

884 Vgl. IAS 1.27 (rev. 1997).

885 Vgl. IAS 1.28 (rev. 1997).

gruppe bezieht sich auf Übergangsvorschriften in Einzelstandards und auf Interpretationen des IFRIC.[886]

Ergänzend zu der Gliederungsvorgabe ist eine Aufspaltung der expenses des operativen Bereichs nach dem Gesamtkostenverfahren oder nach dem Umsatzkostenverfahren erforderlich. Die Aufspaltung kann im income statement oder in den notes erfolgen, wobei eine Empfehlung für die erste Alternative ausgesprochen wird.[887] Bei Anwendung des Umsatzkostenverfahrens sind Zusatzangaben zu einzelnen Kostenarten, zu planmäßigen Abschreibungen und zu expenses im Zusammenhang mit Entgelten an Arbeitnehmer zu machen.[888]

Die genaue Ausgestaltung der beiden Verfahren wird nicht vorgegeben. Beide werden nur kurz beschrieben und im Hinblick auf ihre Vor- und Nachteile miteinander verglichen. Das in den IFRS angeführte Beispiel für die Darstellung ist nicht verbindlich.[889] Sowohl die Bezeichnungen der Posten als auch deren Abgrenzung bleiben dem Jahresabschlussersteller überlassen.

Für die Abgrenzung der Posten existiert lediglich für extraordinary items eine explizite Regelung. Demnach sind Erfolgskomponenten auszuweisen, „that arise from events or transactions that are clearly distinct from the ordinary activities [...] and therefore are not expected to recur frequently or regularly"[890]. Da ergänzend ausgeführt wird, dass diese Voraussetzungen nur in seltenen Fällen, wie bei Enteignungen oder Naturkatastrophen, vorliegen, ist dieser Posten eng abzugrenzen.[891]

Die Gliederungsregelungen zum income statement geben eine rudimentäre Mindestgliederung vor, die sich aufgrund der Unterscheidungen zwischen operating und finance bzw. ordinary und extraordinary an den Kriterien der Zugehörigkeit zur eigentlichen betrieblichen Tätigkeit bzw. der Nachhaltigkeit orientiert. Die Mindestgliederung kann beliebig ergänzt werden. Zudem

[886] Vgl. *Kleekämper u. a.*, IAS 1, 2003, Tz. 44.

[887] Vgl. IAS 1.77 f. (rev. 1997) und ähnlich IAS 1.88 f. (rev. 2003), wobei hier die Entscheidung zwischen den beiden Verfahren von der Qualität der resultierenden Informationen abhängig gemacht wird.

[888] Vgl. IAS 1.83 (rev. 1997).

[889] Vgl. IAS 1.80 u. .82 (rev. 1997).

[890] Vgl. IAS 8.6 (rev. 1993). In IAS 1 (rev. 2003) und damit auch in IAS 8 (rev. 2003) existiert dieser Posten nicht mehr.

[891] Vgl. *Reinhart*, Abschlußanalyse, 1998, S. 312; *Hollmann*, Performance, 2002, S. 168 f.

liegt es im Ermessen der Unternehmensleitung, das Grundschema mit dem Zweck einer Verbesserung der Wiedergabe der wirtschaftlichen Lage des jeweiligen Unternehmens zu modifizieren. Damit ist die Angabe von verschiedenen, nach eigenen Regelungen berechneten Kennzahlen, wie EBIT oder EBITDA, im Rahmen der Gliederung des income statement möglich.[892]

Freiheiten bestehen bei der geforderten Aufspaltung der expenses. Das Wahlrecht zwischen Gesamt- und Umsatzkostenverfahren sowie das grundsätzliche Fehlen von Zuordnungsvorschriften erlaubt es dem Management, festzulegen, welche Gliederung die Lage des Unternehmens am besten wiedergibt. Beispielsweise lässt sich mittels Gesamtkostenverfahren die Entwicklung wesentlicher expenses darstellen, was bei stetiger Anwendung intertemporale Vergleiche ermöglicht.[893] Dagegen ermöglicht das Umsatzkostenverfahren die Darstellung der Entwicklung verschiedener Funktionsbereiche und bei Aufspaltung der revenues die Darstellung der Beiträge verschiedener Produkte bzw. Leistungen zum Gesamterfolg.[894]

Im Gegensatz zu den dargestellten Freiheiten bei der Gliederung des income statement ist der Umfang der extraordinary items explizit geregelt. Zweck des Postens ist die gesonderte Darstellung von nicht nachhaltigen bzw. nicht oder nur wenig beeinflussbaren Erfolgskomponenten. Der Posten ist so eng abgegrenzt, dass sich nur selten Erfolgskomponenten darunter subsumieren lassen.[895]

Nachteil der dargestellten Wahlrechte und Ermessensspielräume ist, dass sich ermessensbedingte Verzerrungen durch unterschiedliche Verfahren und durch unterschiedliche Abgrenzungen von Posten sowie durch die Wiedergabe von nach unternehmensinternen Regeln definierten Kennzahlen im Rahmen des income statement ergeben können. Diese Verzerrungen lassen sich durch eine Vorgabe eines unveränderbaren und detaillierten Mindestgliederungsschemas beschränken, ohne dass der Aussagegehalt wesentlich beeinträchtigt würde. Das Mindestgliederungsschema hat sich nach einer festgelegten Reihenfolge an verschiedenen Kriterien zu orientieren[896] und muss weitere freiwillige Unterteilungen zulassen. Zudem sind ein Darstellungsverfahren für die operativen expenses sowie Zuordnungsprinzipien zu den Posten vorzugeben. Ein Beispiel ist die verpflichtende Anwen-

---

892 Vgl. *Adler/Düring/Schmaltz*, Internationalen, 2003, Abschn. 7 Tz. 194 f.

893 Vgl. *Förschle*, in: Beck Bil.-Komm., 2003, § 275 Tz. 34; *Coenenberg*, Jahresabschluss, 2003, S. 435.

894 Vgl. *Coenenberg*, Jahresabschluss, 2003, S. 435.

895 Vgl. *Moxter*, Rechnungslegung, 2003, S. 327 f.

896 Vgl. hierzu beispielsweise den Vorschlag von *Hollmann*, Performance, 2002, S. 130 f.

dung des Umsatzkostenverfahrens ergänzt um Angaben zu den wesentlichen Kostenarten.

2. Gliederungsregelungen zum balance sheet

Die Gliederung des balance sheet hat entweder zweistufig nach der Unterscheidung current bzw. non-current oder in der Reihenfolge der Liquiditätsorientierung der assets bzw. liabilities zu erfolgen.[897] Es besteht ein faktisches Wahlrecht. Bei der Entscheidung für eine der beiden Möglichkeiten ist zwar die Geschäftstätigkeit des Unternehmens zu beachten, ansonsten existieren keine Einschränkungen.

Die Gliederung nach der Liquiditätsorientierung wird nicht erläutert. Für die Gliederung nach der Unterscheidung current bzw. non-current sind sowohl current assets als auch current liabilities definiert. Demnach ist ein asset unter der Kategorie current auszuweisen, wenn es zum Verkauf oder Verbrauch im Rahmen des operating cycle des Unternehmens oder kurzfristig bzw. für Spekulationszwecke gehalten und zum Verkauf innerhalb der nächsten zwölf Monate bestimmt ist oder wenn es sich um cash oder um cash equivalents handelt, für die keine Verfügungsbeschränkungen bestehen.[898]

Für cash equivalents findet sich eine Definition in IAS 7.6 f. (rev. 1992), wonach darunter hochliquide und weitgehend risikofreie Finanzinvestitionen zu verstehen sind, die eine kurze Laufzeit mit in der Regel weniger als drei Monaten aufweisen.

Der angeführte Begriff „operating cycle" ist als der unternehmensindividuelle Zeitraum zwischen dem Materialerwerb und der Veräußerung der aus dem Leistungserstellungsprozess resultierenden Produkte definiert.[899] Der Zeitraum ist nur bei Produktions- und Handelsunternehmen, die auf Serienproduktion eines einzigen Produktes spezialisiert sind, eindeutig zu ermitteln.

---

897 Vgl. IAS 1.53 (rev. 1997) und ähnlich IAS 1.51 (rev. 2003), wobei hier grundsätzlich die current/non-current-Gliederung anzuwenden ist, außer die liquiditätsorientierte Gliederung gibt relevantere Informationen. Da diese Beurteilung im Ermessen des Managements liegt, ergibt sich ein faktisches Wahlrecht und somit kein wesentlicher Unterschied zur alten Regelung.

898 Vgl. IAS 1.57 (rev. 1997) und ähnlich IAS 1.57 (rev. 2003), wobei es hier bereits ausreichend ist, dass das asset zu Spekulationszwecken gehalten wird oder dass das asset innerhalb der nächsten zwölf Monate veräußert werden soll.

899 Vgl. IAS 1.59 (rev. 1997) und ähnlich IAS 1.59 (rev. 2003), wobei hier in Zweifelsfällen ein operating cycle von zwölf Monaten anzunehmen ist.

Ansonsten sind Schätzungen auf der Basis von Durchschnittsgrößen notwendig.[900] Vorräte und Forderungen, die innerhalb des operating cycle veräußert, verbraucht oder realisiert werden, sind auch dann unter den current assets auszuweisen, wenn der operating cycle mehr als zwölf Monate umfasst. Andere assets sind dagegen bei einem kurzfristigen Halten von höchstens zwölf Monaten als current zu qualifizieren.[901]

Eine analoge Abgrenzung wird für liabilities vorgenommen. Sie sind unter den current liabilities auszuweisen, wenn sie innerhalb der nächsten zwölf Monate fällig werden oder wenn es sich um voraussichtlich innerhalb des operating cycle getilgte bzw. abgelöste Verbindlichkeiten aus Lieferungen und Leistungen, provisions für kurzfristig fällige Leistungen an Arbeitnehmer oder für andere operative Kosten handelt.[902]

Neben der Grobeinteilung in current und non-current werden in IAS 1.66 (rev. 1997) zwingend im balance sheet auszuweisende Posten angeführt. Dazu zählen „property, plant and equipment", „intangible assets", „financial assets", „inventories", „trade and other receivables", „cash and cash equivalents", „trade and other payables", „provisions" und „issued capital and reserves".[903] Eine Reihenfolge bzw. Struktur wird nicht vorgegeben. Auch sind die Bezeichnungen nicht verbindlich.[904] Zusätzliche Posten und Zwischensummen sind einzufügen, wenn dies ein anderer Standard fordert.[905] Einfügungen sind auch dann zu machen, wenn sie notwendig sind, um die Lage des Unternehmens entsprechend dem fair presentation principle wiederzugeben.[906] Dabei ist darauf abzustellen, ob Höhe, Art, Funktion und Liquiditätsorientierung bzw. Fälligkeit des betrachteten Postens einen gesonderten Ausweis notwendig machen, um den Einblick in die Finanzlage des Unternehmens zu verbessern.[907]

---

900 Ähnlich *Adler/Düring/Schmaltz*, Internatinalen, 2003, Abschn. 7 Tz. 87; a. A. ist Cairns, der annimmt, dass „all manufacturing and trading and most service entities" (*Cairns*, Applying, 2002, S. 149) den operating cycle eindeutig ermitteln können.

901 Vgl. IAS 1.59 (rev. 1997) und ähnlich IAS 1.59 (rev. 2003), wobei die Regelung in Bezug auf den business cycle nicht auf Vorräte und Forderungen beschränkt ist.

902 Vgl. IAS 1.60 f. (rev. 1997).

903 Vgl. IAS 1.66 (rev. 1997) und ähnlich IAS 1.68 (rev. 2003), wonach hier zusätzlich u. a. die Posten „investment property", „biological assets" und „deferred tax assets" bzw. „deferred tax liabilities" auszuweisen sind.

904 Vgl. IAS 1.68 (rev. 1997).

905 Dies ist beispielsweise der Fall bei „biological assets" (IAS 41.39 (2001)) und „deferred tax assets" und „deferred tax liabilities" (IAS 12.69 (rev. 2000)). Diese wurden in IAS 1.68 (rev. 2003) bereits integriert.

906 Vgl. IAS 1.67 (rev. 1997).

907 Vgl. IAS 1.68 (b) u. .70 (rev. 1997).

Die Gliederung der im balance sheet angesetzten Posten spielt bei der Abbildung der Sicherheit künftiger Zahlungen eine Rolle. So lassen sich bei einer liquiditätsorientierten Gliederungsreihenfolge auf der Aktivseite Aussagen über die Unsicherheit künftiger Einzahlungen aus den angesetzten Posten ableiten. Im Rahmen eines Leistungserstellungs- und Leistungsverwertungsprozessen ist die Unsicherheit künftiger Einzahlungen bei property, plant and equipment und intangible assets in der Regel höher als bei Fertigerzeugnissen. Die Unsicherheit sinkt weiter, wenn die Fertigerzeugnisse veräußert werden und Forderungen vorliegen. Die Unsicherheit entfällt schließlich, wenn cash oder cash equivalents zufließen und keine Verpflichtungen, z. B. in Form von Gewährleistungen, im Zusammenhang mit den Transaktionen zu erwarten sind.[908] Analog lassen der Ansatz von Passivposten als payables oder provisions Rückschlüsse auf die Unsicherheit künftiger Auszahlungen zu. Durch den Ausweis der Bilanzposten erhalten die Jahresabschlussadressaten somit Hinweise auf die Unsicherheit künftiger Zahlungen.

Bei den Gliederungsregelungen des balance sheet verbleiben dem Jahresabschlussersteller Ermessenspielräume. Sie lassen sich unterschiedlich beurteilen. Zum einen geben die Ermessensspielräume dem Jahresabschlussersteller die Möglichkeit, Aktiv- und Passivposten unternehmens- bzw. branchenindividuell darzustellen. Andererseits wirken sich die Ermessensspielräumen nachteilig auf die zwischenbetriebliche Vergleichbarkeit von balance sheets aus. Die Vorgabe eines Mindestgliederungsschemas verbessert die zwischenbetriebliche Vergleichbarkeit, ohne dass diese Vorgabe eine gravierende Erhöhung der objektivierungsbedingten Verzerrungen zur Folge hat. Im Hinblick auf die erläuterte Möglichkeit zur Unsicherheitsrepräsentation ist ein liquiditätsorientiertes Gliederungsschema vorzugeben.

3. Gliederungsregelungen zum statement of changes in equity

Das statement of changes in equity stellt einen eigenen Bestandteil des Jahresabschlusses dar. In dem statement sind entweder alle Veränderungen des Eigenkapitals, die nicht auf Kapitaltransaktionen mit Anteilseignern bzw. auf Ausschüttungen an Anteilseigner zurückgehen, oder alle Veränderungen des Eigenkapitals darzustellen.[909] Es besteht ein Wahlrecht zwischen zwei Darstellungsweisen. Zum einen können in einem als „statement showing changes in equity other than those arising from capital transactions

[908] Vgl. zu hierzu ausführlich *Ordelheide*, Periodengewinn, 1988, S. 283-292.
[909] Vgl. IAS 1.7 (c) (rev. 1997).

with owners and distributions to owners"[910] bezeichneten financial statement als Bestandteile angeführt werden: der net profit or loss for the period, jede Erfolgskomponente, die nach einem anderen Standard ergebnisneutral direkt im Eigenkapital erfasst wird, sowie die Summe dieser Erfolgskomponenten und die Gesamtauswirkungen von Änderungen der Bilanzierungsmethoden und der Berichtigung von fundamental errors, die gemäß dem benchmark treatment von IAS 8 (rev. 1993) erfasst wurden.[911] Alternativ können in einem „statement showing all changes in equity"[912] zusätzlich Kapitaltransaktionen mit Anteilseignern und Ausschüttungen an Anteilseigner, der Saldo der retained earnings[913] zu Beginn und zum Ende der Berichtsperiode sowie die Veränderungen während der Periode und eine Überleitungsrechnung zwischen den Buchwerten jeder Klasse des gezeichneten Kapitals, des Agios und jeder Rücklage zu Beginn und am Ende der Berichtsperiode angegeben werden.[914]

Die Struktur bzw. das genaue Darstellungsschema des statement of changes in equity wird explizit der Unternehmensleitung überlassen.[915]

Die angeführten Alternativen für das statement of changes in equity verleihen dem financial statement unterschiedliche Bedeutung. Bei der ersten Alternative wird die Ergänzungsfunktion des statement of changes in equity zum income statement betont und die Erfolgszugehörigkeit der ergebnisneutral erfassten Erfolgskomponenten verdeutlicht. Die zweite Alternative stellt eine eigenständige Übersicht über die Veränderungen verschiedener Eigenkapitalbestandteile dar.[916]

Ein Problem der zweiten Alternative besteht darin, dass die ergebnisneutral erfassten Bestandteile des Periodenerfolgs in einer umfangreichen Übersicht über die Veränderungen aller Eigenkapitalposten von den Adressaten unter Umständen nicht entsprechend wahrgenommen werden.[917] Da keine

---

910 Vgl. zu dieser Bezeichnung *Hollmann*, Performance, 2002, S. 185.

911 Vgl. IAS 1.86 (a)-(c) (rev. 1997) und ähnlich IAS 1.96 (a)-(d) (rev. 2003), wobei hier zusätzlich die Summe aus den ersten beiden Bestandteilen anzugeben ist und der dritte Bestandteil an den neugestalteten IAS 8 (rev. 2003) angepasst wurde und somit die Gesamtwirkungen aus einer Veränderung der Bilanzierungsmethoden und aus einer Korrektur von Bilanzierungsfehlern darstellt.

912 Vgl. zu dieser Bezeichnung *Hollmann*, Performance, 2002, S. 185.

913 Vgl. hierzu klarstellend IAS 1.97 (b) (rev. 2003).

914 Vgl. IAS 1.86 (d)-(f) (rev. 1997).

915 Vgl. IAS 1.89 (rev. 1997).

916 Vgl. zu dieser Unterscheidung *Kleekämper u. a.*, IAS 1, 2003, Tz. 164.

917 Vgl. *Johnson/Lennard*, Performance, 1998, Tz. 3.18; *Gerbaulet*, Comprehensive, 1999, S. 210; ähnlich *IASC Steering Committee*, Performance, 2001, Tz. B 17. So

signifikanten Vorteile der Alternative erkennbar sind, ist aus informationstheoretischer Sicht eine Streichung der Alternative zu fordern.

4. Zusatzangaben

a) Umfang und Gliederung der notes

Nach IAS 1.7 (rev. 1997) umfasst ein Jahresabschluss auch die notes. Dabei handelt es sich um Zusatzangaben, die jeweils mit Querverweisen zu den korrespondierenden Posten zu versehen sind.[918] Die Angaben betreffen allgemeine Grundlagen des Jahresabschlusses und Bilanzierungsmethoden, die bei wichtigen Transaktionen und Ereignissen angewandt wurden, sowie zusätzliche Erläuterungen, die entweder in einzelnen Standards gefordert werden oder die für eine fair presentation notwendig sind.[919]

Als Vorschlag für eine Gliederung der notes werden als Kategorien angeführt: „statement of compliance", „statement of measurement basis (bases) and accounting principles", „supporting information for items presented on the face of each financial statement" und „other disclosures".[920] Hierbei fehlt eine Kategorie für die allgemeinen Grundlagen des Jahresabschlusses. Die Inkonsistenz kann behoben werden, indem eine zusätzliche Kategorie eingeführt wird oder das statement of compliance um diese allgemeinen Angaben zu Grundlagen des Jahresabschlusses erweitert wird. Da sich das statement of compliance auch als Angabe zu den Grundlagen des Jahresbschlusses interpretieren lässt, ist der zweiten Alternative der Vorzug zu geben.[921] Die Modifikation ist insofern unproblematisch, als die vorgegebene Gliederung unter bestimmten Umständen verändert werden kann.[922]

---

wurde in empirischen Studien nachgewiesen, dass von den Jahresabschlussadressaten den nur statement of changes in equity ausgewiesenen Erfolgskomponenten bei ihren Entscheidungen ein weit geringeres Gewicht eingeräumt wird, als solchen, die im income statement enthalten sind; vgl. ausführlich *Hollmann*, Reporting, 2002, S. 93 f. m. w. N.

918 Vgl. IAS 1.92 (rev. 1997) und ähnlich IAS 1.103 (rev. 2003), wobei hier als Einschränkung der grundsätzlich systematischen Darstellung der Ausdruck „as far as practicable" eingefügt wurde.

919 Vgl. IAS 1.91 (rev. 1997) und ähnlich IAS 1.103 (rev. 1997), wobei hier nicht mehr auf das fair presentation principle, sondern auf die Verständlichkeit der verschiedenen Rechenwerke Bezug genommen wird. Beide Bezugspunkte sind aber derart abstrakt, dass sich kaum konkrete Angabepflichten daraus ableiten lassen.

920 Vgl. IAS 1.94 (rev. 1997) und auch IAS 1.105 (rev. 2003), wobei hier die zweite Kategorie mit „summary of significant accounting policies" bezeichnet wird.

921 So auch *Kleekämper u. a.*, IAS 1, 2003, Tz. 184.

922 Vgl. IAS 1.95 (rev. 1997).

b) Einzelne Angabepflichten

1) Allgemeine Angaben zu Grundlagen des Jahresabschlusses

Bei dem statement of compliance ist anzugeben, dass in Übereinstimmung mit den IFRS bilanziert wurde.[923] Bei den Ausnahmefällen, in denen im Sinne des fair presentation principle von einzelnen Standards abgewichen wurde, ist eine eingeschränkte Erklärung abzugeben („complied in all material respects [...] except that it has departed from"), und es sind zusätzliche Angaben, wie Art, Umfang und Auswirkungen der Abweichungen, erforderlich.[924]

Zusätzlich lassen sich die bei folgenden Sachverhalten notwendigen Angaben unter die Kategorie subsumieren: vorzeitige Anwendung von Standards vor In-Kraft-Treten,[925] Abweichungen von der going concern basis,[926] Änderungen des Abschlussstichtages[927] und Zeitpunkt der Feststellung des Jahresabschlusses.[928]

2) Angaben zu Bewertungskonzeptionen und Bilanzierungsmethoden

Unter die zweite Kategorie fallen Angaben zu den angewandten Bewertungskonzeptionen und Angaben zu speziellen Bilanzierungsmethoden, soweit diese für die Verständlichkeit des Jahresabschlusses notwendig sind.[929] In Bezug auf die Bewertungskonzeptionen, wie cost model oder fair value model, ist anzugeben, auf welche Gruppen von Posten welche Bewertungskonzeption angewandt wurde.[930] Bei speziellen Bilanzierungsmethoden ist die Angabe von Erläuterungen abhängig von einer Beurteilung, inwieweit sie von den Jahresabschlussadressaten von Unternehmen einer bestimmten Branche erwartet werden und die Erläuterungen zu einem besseren Verständnis der Auswirkungen von Transaktionen und Ereignissen auf die abgebildete Lage des Unternehmens beitragen.[931] Nicht geregelt ist,

---

923 Vgl. IAS 1.11 (rev. 1997).

924 Vgl. IAS 1.13 (rev. 1997).

925 Vgl. IAS 1.19 (rev. 1997) und die verschiedenen neuen Standards, die ab 1.1.2005 in Kraft treten (z. B. IAS 1.127 (rev. 2003), IAS 2.40 (rev. 2003) und IAS 8.54 (rev. 2003)).

926 Vgl. IAS 1.23 (rev. 1997).

927 Vgl. IAS 1.49 (rev. 1997).

928 Vgl. IAS 10.16 (rev. 1999).

929 Vgl. IAS 1.94 (b) bzw. .97 (rev. 1997).

930 Vgl. IAS 1.98 (rev. 1997).

931 Vgl. IAS 1.99 f. (rev. 1997).

welche Angaben zu den speziellen Bilanzierungsmethoden zu machen sind und welchen Abstraktionsgrad sie aufweisen dürfen.

Unter die Kategorie fallen auch die Angabe der angewandten Bilanzierungsmethode bei Wahlrechten[932] und gegebenenfalls Angaben bei Änderungen von Bilanzierungsmethoden.[933]

3) Angaben zu einzelnen Posten

Die Reihenfolge der Angaben zu einzelnen Posten hat grundsätzlich der Reihenfolge der Posten in den verschiedenen Rechenwerken zu entsprechen.[934] Betrachtet man IAS 1.105 (c) (rev. 2003) als klarstellende Regelung, haben die Angaben in der Reihenfolge balance sheet, income statement, statement of changes in equity und cash flow statement zu erfolgen. In einigen Fällen besteht ein Wahlrecht, Angaben in dem jeweiligen Rechenwerk oder in den notes vorzunehmen.

Im balance sheet oder in den notes sind die Posten „property, plant and equipment", „receivables", „inventories", „provisions" und „equity capital and reserves" weiter zu untergliedern. Zu den verschiedenen Aktiengattungen sind zusätzliche Angaben zu machen.[935] Zudem ist bei jedem Posten anzugeben, welcher Anteil erst später als zwölf Monate nach dem Abschlussstichtag realisiert bzw. erfüllt wird.[936]

Bei revenues sind die Erfassungsmethoden sowie die Methoden zur Ermittlung des Leistungsfortschritts bei rendering of services anzugeben. Zudem sind die revenues zu disaggregieren in wesentliche Kategorien, die zumindest sale of goods, rendering of services, interests, royalties und dividends umfassen, wobei für jede Kategorie anzugeben ist, in welcher Höhe revenues auf Tauschgeschäfte zurückzuführen sind.[937] Für construction contracts sind Angaben zur Gesamthöhe der revenues aus diesen Verträgen, zu Methoden der Erfassung von revenues sowie zu Methoden der Bestimmung des Fertigstellungsgrades erforderlich.[938] Ferner sind anzugeben die gesamten bereits angefallenen Kosten zuzüglich der erfassten Erfolgsbeiträge, die Gesamthöhe der erhaltenen Anzahlungen, die Gesamthöhe der

932 Vgl. *PWC*, Understanding, 2002, Tz. 1.97.
933 Vgl. IAS 8.53 u. .57 (rev. 1993).
934 Vgl. IAS 1.94 (c) (rev. 1997).
935 Vgl. IAS 1.72-.74 (rev. 1997).
936 Vgl. IAS 1.54 (rev. 1997).
937 Vgl. IAS 18.35 (rev. 1993).
938 Vgl. IAS 11.39 (rev. 1993).

Einbehalte (noch ausstehende Zahlungen z. B. wegen Mängeln), die mit construction contracts zusammenhängen, die Summe aller positiven und negativen Salden aus einer Gegenüberstellung der bisher angefallenen Kosten zuzüglich der bisher erfassten Gewinne einerseits und den progress billings zuzüglich der bisher erfassten Verlusten andererseits.[939]

Bei investment property sind im Zusammenhang mit dessen Bewertung Angaben zu machen über die angewandten Kriterien für die Abgrenzung von investment property sowie die Methoden und wesentlichen Annahmen, die der Ermittlung der fair values zugrunde liegen. Zudem ist eine Aussage darüber zu machen, ob die fair values von Marktpreisen oder anderweitig abgeleitet wurden, da keine entsprechenden Marktpreise existieren. Angaben sind auch über das Heranziehen von Gutachtern bei der Ermittlung der fair values notwendig.[940] Bei investment property, das trotz Anwendung des fair value model nicht mit ausreichender Zuverlässigkeit zum fair value bewertet werden kann und auf das deshalb das benchmark treatment nach IAS 16.28 (rev. 1998) angewandt wird, sind eine Beschreibung des investment property, eine Erläuterung, weshalb der fair value nicht zuverlässig zu ermitteln ist und eine Bandbreite, innerhalb der dieser fair value mit hoher Wahrscheinlichkeit liegt, anzugeben.[941] Bei investment property, das nach dem cost model bewertet wird, sind anzugeben die angewandten Abschreibungsmethoden, Nutzungsdauern bzw. Abschreibungsraten, der Bruttobuchwert und die kumulierten Abschreibungen zum Anfang und zum Ende der Periode, planmäßige Abschreibungen und impairment losses bzw. reversals of impairment losses während der Periode sowie der fair value bzw. die oben genannten Angaben, falls sich dieser im Einzelfall nicht zuverlässig bestimmen lässt.[942]

4) Sonstige Angaben

In die Kategorie fallen Angaben zu contingent liabilities und zu Ereignissen nach dem Bilanzstichtag. Contingent liabilities sind mögliche Verpflichtungen, deren Bestehen von künftigen Ereignissen abhängt oder bestehende Verpflichtungen, die nicht als provisions erfasst werden, aber auch keine geringe (remote) Wahrscheinlichkeit des künftigen Nutzenabflusses aufwei-

939 Vgl. IAS 11.40 (rev. 1993).

940 Vgl. zu diesen Angaben IAS 40.66 (a)-(c) (2000) und IAS 40.75 (c)-(e) (rev. 2003), wobei noch zusätzlich anzugeben ist, ob nach dem fair value oder dem cost model bewertet wird (vgl. IAS 40.75 (a) (rev. 2003)).

941 Vgl. zu diesen Angaben IAS 40.68 (a)-(c) (2000).

942 Vgl. zu diesen Angaben IAS 40.69 (a)-(c), (d) (iv), (d) (v) und (e) (2000).

sen.[943] Sie sind zunächst nach Art der Verpflichtung in Klassen einzuteilen. Für die Klassen von contingent liabilities sind jeweils mögliche finanzielle Auswirkungen, Höhe und Unsicherheit der künftigen Nutzenabflüsse sowie Kompensations- und Rückgriffsmöglichkeiten anzugeben.[944] Welche Klassen hierbei in Frage kommen und ob Quantifizierungen notwendig sind oder verbale Angaben ausreichen, bleibt unklar.

Nach IAS 10.20 (rev. 1999) lösen Ereignisse, die nach dem Bilanzstichtag, aber vor Feststellung des Jahresabschlusses eintreten und die sich auf die Verhältnisse nach dem Bilanzstichtag beziehen,[945] bestimmte Berichtspflichten in den notes aus, wenn deren Nichtangabe die Auswertung des Jahresabschlusses und die Entscheidungen der Adressaten beeinträchtigen würde. Anzugeben sind die Art der Ereignisse und eine Schätzung im Hinblick auf ihre finanziellen Auswirkungen bzw. eine Aussage, dass diese Schätzung nicht möglich ist. Als Beispiele für solche Ereignisse werden wichtige business combinations, Schadensfälle und außergewöhnliche Preissteigerungen genannt.

c) Würdigung

Die erforderlichen Zusatzangaben sind umfangreich und zum Teil unbestimmt. Problematisch ist die zweite Kategorie von Angaben. Die Forderung nach der Angabe von Bilanzierungsmethoden ist vage formuliert. Die Verpflichtung wird an das allgemeine fair presentation principle geknüpft und liegt damit im Ermessen des Managements. Zudem wird nicht angeführt, welche Erläuterungen vorzunehmen sind und inwieweit sich diese von den Angaben zu den einzelnen Posten unterscheiden. Bei der Angabe von Bewertungskonzeptionen ist lediglich eine Zuordnung von Wertmaßstäben zu verschiedenen Posten vorzunehmen. Eine solche ist bereits aus den Regelungen der einzelnen Standards und aus den Erläuterungen zu den einzelnen Posten erkennbar. Die zweite Kategorie stellt danach eine nicht notwendige Ausweitung der in den notes anzuführenden Angaben dar.

Daneben besteht bei Disaggregationen ein Wahlrecht zwischen einer Vornahme im jeweiligen financial statement oder in den notes. Durch die Vornahme in den notes ergibt sich eine stärkere Integration der notes in den Jahresabschluss. Andererseits kann es so zu hochaggregierten Darstellungen im balance sheet und vor allem im income statement kommen. Die Erfolgsgröße Gewinn und die Vermögensgrößen Bilanzsumme und Eigenka-

---

943 Vgl. IAS 37.10 i. V. m. .28 (1998).

944 Vgl. IAS 37.86 f. (1998).

945 Vgl. zu dieser Definition IAS 10.2 (rev. 1999).

pital werden in den Mittelpunkt des Jahresabschlusses gestellt; Disaggregationen sowie andere wesentliche Erläuterungen werden in den Hintergrund gedrängt. Durch die Vorgabe eines verbindlichen Mindestgliederungsschemas für income statement und balance sheet lässt sich dem entgegenwirken.

In der Kategorie drei sind Angaben zu einzelnen Posten der financial statements zu machen. Bei den dargestellten Angabepflichten zu revenues sind von der Aufspaltung in Gruppen keine wesentlichen Informationsvorteile zu erwarten. Die „sale of goods“, die bei den meisten Unternehmen den größten Teil der revenues bilden, stellen einen hochaggregierten Posten dar, der nicht weiter aufzugliedern ist.[946] Erläuterungen zu den wesentlichen Einflussfaktoren der revenues sind nicht vorgeschrieben. Ebenso bleiben die bei construction contracts geforderten Angaben auf einem hohen Aggregationsniveau. Es sind lediglich allgemeine Angaben zur Ermittlung der anteilig erfassten Erfolgsbeiträge sowie quantitative Angaben, die sich auf alle construction contracts zusammen beziehen, erforderlich. Erläuterungen und Betragsangaben (z. B. die erwarteten Erfolge und deren Unsicherheit sowie die Veränderungen dieser Erwartungen) zu den einzelnen Verträgen sind nicht vorgesehen.

Im Hinblick auf die Bewertung ist nicht eindeutig festgelegt, welche der Ermittlung von fair values zugrunde liegenden Annahmen offenlegungspflichtig sind. Zudem ist lediglich bei Nichtanwendung des fair value aufgrund nicht zuverlässiger Messbarkeit die Angabe einer Bandbreite von geschätzten Werten notwendig, falls dies möglich ist. Ansonsten ist keine Darstellung von Bandbreiten oder Wahrscheinlichkeitsverteilungen der erwarteten Werte und auch keine Erläuterungen zur Sensitivität der Werte gegenüber Annahmenänderungen erforderlich, obwohl diese Angaben wichtig für die Beurteilung der Unsicherheit der Werte sind.[947] Auch hinsichtlich

---

946 Vgl. *Moxter*, Rechnungslegung, 2003, S. 330. Eine weitere Untergliederung der revenues hat lediglich im Rahmen der Segmentberichterstattung zu erfolgen, die aber lediglich von kapitalmarktorientierten Unternehmen vorzunehmen ist (vgl. IAS 14.3 (rev. 1997)).

947 Nach IAS 1.116 (rev. 2003) sind künftig Angaben zu Annahmen zu machen, die sich auf die Unsicherheit der Bewertung beziehen und in der folgenden Periode wesentliche Veränderungen des Buchwerts von Posten hervorrufen können. Anzugeben sind die betroffenen Posten, deren Buchwerte und zusätzliche Informationen, die das Verständnis der Adressaten für die Ermessensbeurteilungen des Managements bei der Bewertung fördern, wie z. B. eine Sensitivitätsanalyse für verschiedene Annahmen und eine Schätzung für die Bandbreite von möglichen Werten (vgl. IAS 1.120 (rev. 2003)).

anderer Schätz- und Ermessensspielräume ist in den notes nicht zu erläutern, worin diese bestehen, wie sie berücksichtigt wurden und welche Auswirkungen sie auf den Jahresabschluss haben.[948]

Schließlich sind unter den sonstigen Angaben contingent liabilities und bestimmte Ereignisse nach dem Bilanzstichtag anzugeben. Die Angabe von contingent liabilities ist abhängig von einer Beurteilung der Wahrscheinlichkeit des künftigen Eintritts der Verpflichtungen. Wird sie als gering (remote) eingestuft, kann eine Angabe von möglichen Verpflichtungen, wie aufgrund von Garantieerklärungen oder Bürgschaften, unterbleiben. Tritt eine dieser Verpflichtungen dennoch ein, so kann dies einen erheblichen Einfluss auf die finanzielle Lage des Unternehmens haben. Unter Umständen kommt es zu einer Bestandsgefährdung, wenn ein Unternehmen z. B. aus einer Bürgschaft, die seine finanziellen Möglichkeiten übersteigt, in Anspruch genommen wird. Selbst wenn potenzielle Verpflichtungen als contigent liabilities qualifiziert werden, sind lediglich gruppenweise Angaben zu deren möglichen Auswirkungen zu machen, ohne dass Einzelerläuterungen von wesentlichen contingent liabilities zu erfolgen haben.

Neben den dargestellten Angabepflichten fehlt eine Verpflichtung des Managements, die bisherige Entwicklung des Unternehmens zu erläutern und eine Prognose über die künftige Entwicklung abzugeben. Letztere kann zum einen verbal erfolgen, indem auf wesentliche Ressourcen, Einflussfaktoren und künftige Strategien eingegangen wird,[949] zum anderen können Prognosen von künftigen income und expenses bzw. Einnahmen und Ausgaben[950] in Form von Bandbreiten oder Wahrscheinlichkeitsverteilungen vorgenommen werden.

D. Gesamtwürdigung

Der Jahresabschluss nach IFRS sowie die implizit damit verknüpften Annahmen zur Erfolgs- und Vermögensmessung der Adressaten unterscheiden sich von dem im Teil 4 A. I. 1. beschriebenen Referenzmodell. Der Jahresabschluss nach IFRS weist einen höheren Aggregationsgrad sowie ein höheres Maß an Komplexitätsreduktion auf und ist geprägt von Objekti-

---

948 Nach IAS 1.113 (rev. 2003) sind künftig Ermessensbeurteilungen anzugeben, die die größten Auswirkungen auf die verschiedenen Posten haben.

949 Zu solchen Erläuterungen werden die Unternehmen in IAS 1.8 (rev. 1997) lediglich ermutigt bzw. es wird in IAS 1.10 (rev. 2003) konstatiert, dass diese „are outside the scope of IFRSs".

950 Vgl. *Moxter*, Rechnungslegung, 2003, S. 334.

vierungsprinzipien, die den qualitativen Anforderungen und hierbei vor allem der Glaubwürdigkeit und Vergleichbarkeit Rechnung tragen.

I. Berücksichtigung der inhaltlichen Anforderungen

Das accrual principle widerspricht dem aus dem Referenzmodell abgeleiteten Charakteristikum der Zahlungsorientierung. Der Zweck des Prinzips ist darin zu sehen, dass durch konkrete Regelungen bezüglich der Erfolgsabgrenzung ein objektivierter Gewinn ermittelt werden soll, der als Basis für Prognosen über die künftige Entwicklung bzw. über das künftige Ausschüttungspotenzial dient. Gewinngrößen eignen sich jedoch wie gezeigt nur unter bestimmten Annahmen für die Prognose künftiger Entwicklungen.

Die nach IFRS ermittelte Erfolgsgröße „net profit or loss for the period" basiert auf einer Periodisierung von Einnahmen und Ausgaben. Die Erfassung von Erfolgsbeiträgen erfolgt im Vergleich zum Referenzmodell zu spät. Nach dem revenue recognition und matching principle ist die Erfassung von Erfolgskomponenten in der Regel an bestimmte Transaktionen bzw. Ereignisse geknüpft, die zeitlich erst nach den Planungen, Entscheidungen oder Ereignissen liegen, die erstmals die Erwartung entsprechender Erfolgsbeiträge rechtfertigen und demnach im Referenzmodell zu berücksichtigen sind. Im Rahmen der Ausgabenperiodisierung werden standardisierte Allokationsverfahren bzw. implizite Annahmen zugrunde gelegt.

Wertänderungen von Ressourcen, die nicht im Rahmen des Leistungserstellungs- und Leistungsverwertungsprozesses genutzt werden sollen, führen bei einer künftigen Veräußerung zu Zahlungen, werden aber nicht immer umgehend als Erfolgskomponenten erfasst. Im Fall der Erfassung werden Wertänderungen inkonsistent behandelt, nämlich entweder ergebniswirksam oder ergebnisneutral. Teilweise werden auch Wertänderungen betrieblich genutzter Ressourcen erfasst. Diese Wertänderungen resultieren nicht direkt, z. B. durch eine Veräußerung, in künftigen Cash-Inflows. Lediglich indirekt können sich im Zusammenspiel mit anderen Ressourcen im Rahmen des Leistungserstellungs- und Leistungsverwertungsprozesses künftige Zahlungen ergeben, deren Höhe jedoch in keiner festen Relation zur Höhe der Wertänderungen steht.

Im balance sheet sind erwartete Cash-Inflows erst bei Erfüllung der allgemeinen Kriterien eines asset und der speziellen Ansatzrestriktionen zu erfassen. Ähnliches gilt für künftige Cash-Outflows, die den allgemeinen Kriterien einer liability sowie zusätzlichen Ansatzrestriktionen bzw. -voraussetzungen genügen müssen und nicht unter die Ansatzverbote fallen dürfen, um im balance sheet erfasst werden zu können. Dies hat zur Folge, dass verschiedene immaterielle Ressourcen sowie potenzielle Verpflichtungen nicht angesetzt werden oder erst später bei Erfüllung der entsprechenden Kriterien und Restriktionen im balance sheet erfasst werden.

Die Unsicherheit der Zahlungen wird im Vergleich zum Referenzmodell indirekt, unvollständig und asymmetrisch wiedergegeben. Im Rahmen der recognition sind künftige Zahlungen je nach erwarteter Wahrscheinlichkeit des künftigen Auftretens im balance sheet (bei liabilities entweder als provision oder als andere liability), in den notes oder nicht zu erfassen. Die Unsicherheitsbeurteilungen erfolgen asymmetrisch in dem Sinne, dass der für einen Ansatz notwendige Wahrscheinlichkeitsgrad des künftigen Nutzenzuflusses bzw. -abflusses für Aktivposten höher sein muss als für Passivposten. Dies kann als eine implizite Wiedergabe der Unsicherheit mittels eines allgemeinen Vorsichtsprinzips gewertet werden. Die Erfassung von income und damit der korrespondierenden expenses ist ebenfall davon abhängig, ob künftige Zahlungen als wahrscheinlich eingestuft werden.

Die Unsicherheit künftiger Zahlungen wird auch bei der Bewertung berücksichtigt. Bei einer cost-Bewertung werden Aktivposten grundsätzlich inputorientiert zu den cost angesetzt. Eine output-orientierte Bewertung zu den zu erwartenden künftigen Einzahlungen erfolgt nur, wenn, wie bei Forderungen, ein bestimmtes Konkretisierungs- und damit Sicherheitsniveau gegeben ist.[951] Wenn bei einer cost-Bewertung Hinweise vorliegen, dass die durch die Bewertung zu cost repräsentierten künftigen Zahlungen aus einer Position nicht erzielt werden können, ist ein write-off bzw. ein impairment durchzuführen. Bei Anwendung des fair value principle werden die mit einer Bilanzposition in Verbindung stehenden künftigen Zahlungsströme durch absatzmarktorientierte Werte wiedergegeben. Kommen für die Ermittlung von fair values DCF-Verfahren zur Anwendung, ist die Unsicherheit künftiger Zahlungen bei der Prognose der Cashflows oder bei der Ermittlung des Diskontierungssatzes berücksichtigt. Aufgrund der komplexitätsreduzierenden, einwertigen Abbildung von Werten wird die Unsicherheit der künftigen Zahlungen den Adressaten nicht transparent gemacht.

Bei der Bewertung von liabilities wird die Unsicherheit der künftigen Zahlungen bei einer Anwendung des fair value principle in den Marktpreisen oder in den angewandten Bewertungsmodellen, wie DCF-Verfahren, und bei einer Bewertung von provisions bei der Ermittlung des best estimate berück-

[951] Vgl. *Ordelheide*, Periodengewinn, 1988, S. 293.

sichtigt. Keine Beachtung der Unsicherheit künftiger Zahlungen erfolgt bei Passivposten, die zum Nominalbetrag bewertet werden, wie payables.

Bei der Abbildung der Unsicherheit künftiger Zahlungen spielt der Ausweis eine Rolle. So lassen sich aus den Postenbezeichnungen und bei der liquiditätsorientierten Gliederung auch aus der Postenreihenfolge Aussagen über die Unsicherheit von Ein- bzw. Auszahlungen ableiten. Allerdings wird die Unsicherheit der aus bestimmten Sachverhalten zu erwartenden Zahlungen nur anhand von wenigen Indikatoren erfasst.[952]

Die Zeitpunkte der künftigen Zahlungen werden lediglich implizit im Rahmen der Wertermittlung berücksichtigt und sind für die Jahresabschlussadressaten nicht erkennbar. Einem nach dem DCF-Verfahren ermittelten Barwert können beispielsweise unterschiedliche Strukturen von Netto-Cashflows zugrunde liegen. Aus dem balance sheet lassen sich nur aufgrund der Bezeichnung der Posten bzw. deren Gliederung Anhaltspunkte über die zeitliche Struktur der erwarteten Zahlungen ableiten.

Der Jahresabschluss nach IFRS basiert auf einem Einzelerfassungs- bzw. Einzelbewertungsprinzip. Die Höhe der künftigen Zahlungen wird entgegen der Gesamtwertorientierung des Referenzmodells an einzelne Posten des balance sheet geknüpft. Zahlungsströme lassen sich jedoch in der Regel nicht unmittelbar einzelnen Vermögens- bzw. Schuldpositionen zurechnen. Sie ergeben sich aus dem Zusammenwirken mehrerer oder sogar aller Ressourcen des betrachteten Unternehmens.[953] Aus diesem Grund sind im Rahmen der Einzelbewertung Annahmen für die Zuordnung von Werten zu den einzeln erfassten Posten zu treffen. Im Rahmen der IFRS wird festgelegt, dass bei Zugang von Posten die Ausgaben für deren Erwerb bzw. für deren Herstellung und zu den folgenden Bilanzstichtagen entweder diese Ausgaben oder der fair value als absatzmarktorientierter Wert heranzuziehen sind. Bei abnutzbaren Posten sind die Anschaffungs- und Herstellungskosten um planmäßige Abschreibungen zu verringern, die sich nach einem standardisierten Verfahren bestimmen. Lediglich im Rahmen des impairment test für bestimmte assets ist eine Gesamtwertorientierung erkennbar. Dabei wird ein nach einem standardisierten Verfahren ermittelter Gesamtwert einer Bewertungseinheit auf einzelne Vermögens- und Schuldpositionen aufgeteilt.[954] Damit wird die ohnehin schon hohe Ermessensabhängig-

[952] Vgl. *Ordelheide*, Periodengewinn, 1988, S. 299.

[953] Vgl. *Thomas*, Allocation, 1974, S. 15 f.; *Euler*, System, 1996, S. 51; *Kahle*, Informationsversorgung, 2002, S. 99.

[954] Vgl. *Euler*, System, 1996, S. 51; *Wüstemann*, Institutionenökonomik, 2002, S. 61. Für die Aufteilung kommen unterschiedliche Verfahren in Betracht. So schlägt Gümbel

keit der Ermittlung eines Gesamtwerts durch dessen Verteilung auf Einzelobjekte noch vergrößert.[955] Aus Objektivierungsgründen ist deshalb nach IFRS eine spezielle Allokationsmethode anzuwenden, nach der zunächst ein Goodwill und anschließend andere assets entsprechend deren Buchwert abgeschrieben werden. Die Einzelbewertung mit unterschiedlichen Wertkonzepten ergänzt um teilweise gesamtwertorientierte Wertkorrekturen kann nicht, wie im Referenzmodell gefordert, die Höhe der gesamten zwischen dem Unternehmen und seiner Umwelt auftretenden Cashflows wiedergeben.

Der Jahresabschluss nach IFRS weist keine direkten Prognosen der künftigen Entwicklung auf. Auch die mittelbare Prognoseorientierung des Periodenerfolgs und des ermittelten Bilanzvermögens ist eingeschränkt. Der net profit or loss for the period ist geprägt von Inkonsistenzen. Sie treten auf bei der Erfassung von erwarteten Gewinnen und Verlusten aus Verträgen, bei der Erfassung von materiellen und immateriellen Ressourcen, bei den Anforderungen an die Wahrscheinlichkeit künftiger Cashflows bei Vermögens- und Schuldpositionen und bei der Erfassung von Wertänderungen. Die aufgezeigten Inkonsistenzen sind auch darauf zurückzuführen, dass den IFRS kein geschlossenes Erfolgs- bzw. Vermögenskonzept zugrunde liegt. Ein solches wird weder explizit formuliert, noch lässt es sich aus den Regelungen der einzelnen Standards ableiten. Aus diesen Gründen kann das im income statement ermittelte Periodenergebnis nur beschränkt Aufschluss über die künftige Entwicklung des Unternehmens geben.

Durch die im Vergleich zum Referenzmodell indirekte und unvollständige Wiedergabe der Bestimmungsgrößen künftiger Zahlungen ist die Kontrollorientierung des Jahresabschlusses eingeschränkt. So ist ex-post keine Überprüfung der Ergebnisse von Allokationsregelungen, z. B. Bestimmung von planmäßigen Abschreibungen oder Herstellungskosten, möglich, da sie modellimmanente Verfahren darstellen, die sich nicht falsifizieren lassen. Die impliziten Prognosen, z. B. in Bezug auf künftige Nutzenzuflüsse, sind von den Jahresabschlussadressaten nur schwer nachvollziehbar.

---

eine Zurechnung nach der „Grenzleistungsfähigkeit der einzelnen Vermögenspositionen" (*Gümbel*, Teilwert, 1987, S. 133) vor. Zu weiteren Ansätzen vgl. *Kuhner*, Bewertungskonzeptionen, 1994, S. 70-73.

[955] Vgl. *Euler*, System, 1996, S. 52; *Wüstemann*, Institutionenökonomik, 2002, S. 61; ähnlich *Haller*, Vermögenswerte, 1998, S. 565.

II. Berücksichtigung der qualitativen Anforderungen

Als wichtigstes qualitatives Kriterium an Jahresabschlussinformationen wurde deren Glaubwürdigkeit formuliert.[956] Nach IFRS dienen vor allem das revenue recognition und matching principle, das Einzelerfassungsprinzip in Verbindung mit den Ansatzregeln, das Anschaffungswertprinzip bzw. die Regelungen des fair value principle und verschiedene Regelungen zur Gliederung und zu Anhangsangaben der Objektivierung. Die Objektivierungsprinzipien sind die Ursache für viele Defizite des Jahresabschlusses im Vergleich zu dem Referenzmodell. Andererseits dienen sie bei entsprechender Ausgestaltung der Beschränkung von Wahlrechten und Ermessensspielräumen und der Komplexitätsreduktion bei der Abbildung des Unternehmensgeschehens.

Wie die Analysen wesentlicher Regelungen zur recognition und zum measurement gezeigt haben, sind diese durch Wahlrechte und Ermessensspielräume geprägt. Letztere ergeben sich vor allem durch unbestimmte, auslegungsbedürftige Begriffe bzw. Formulierungen. Nach IFRS besteht nach dem Framework ein allgemeines Stetigkeitsgebot.[957] Es bezieht sich auf eine statische und eine dynamische Betrachtung.[958] Bei Wahlrechten sehen die einzelnen Standards Erläuterungspflichten in Bezug auf die Ausübung und Auswirkungen sowie auf einen Wechsel zwischen verschiedenen Möglichkeiten vor. Diese Erläuterungspflichten sollen die statische und dynamische Vergleichbarkeit bei Ausübung von Wahlrechten sicherstellen. Bei Ermessensspielräumen ist das allgemeine Stetigkeitsgebot des Framework ebenfalls zu beachten. Für die Jahresabschlussadressaten ist aber nicht erkennbar, inwieweit insbesondere die statische Vergleichbarkeit bei ähnlichen Sachverhalten bzw. bei verschiedenen Unternehmen mit ähnlichen Sachverhalten gewährleistet ist. Dies beeinträchtigt die Wirkungsweise von Objektivierungsprinzipien und beschränkt die Glaubwürdigkeit der bereitgestellten Informationen.

Die Vergleichbarkeit ist bei dem Jahresabschluss nach IFRS vor allem durch Wahlrechte und Ermessensspielräume eingeschränkt. Zudem beeinträchtigen das Nebeneinander unterschiedlicher Bewertungskonzeptionen, die Asymmetrien bei der Erfassung von Wertänderungserfolgen und die Asymmetrien bei den Ansatzregeln von materiellen und immateriellen Ressourcen die zwischenbetriebliche Vergleichbarkeit der Jahresabschlüsse von Unternehmen mit unterschiedlicher Vermögensstruktur. Schließlich re-

---

956 Vgl. Teil 4 C.

957 Vgl. F. 39 f.

958 Vgl. zu dieser Unterscheidung Teil 4 B. I. 2.

sultieren Probleme im Hinblick auf die Vergleichbarkeit von Jahresabschlüssen durch Wahlrechte bei den Darstellungsformen bei balance sheet, income statement und statement of changes in equity.

Bei der Aggregationskonsistenz steht die Konsistenz verwendeter Maßeinheiten im Mittelpunkt. Diese ist durch die nach IFRS geforderte Anwendung bzw. Anwendbarkeit unterschiedlicher Bewertungskonzepte bei verschiedenen Posten des balance sheet und bei verschiedenen Positionen innerhalb eines Postens nicht gegeben. Cost principle und fair value principle unterscheiden sich sowohl in der zeitlichen Ausrichtung als auch in der zugrundegelegten Fiktion der Wertermittlung. Zudem kommen im Rahmen des fair value principle tatsächliche Marktpreise, abgeleitete und modifizierte Marktpreise sowie aus verschiedenen Bewertungsmodellen abgeleitete Werte zur Anwendung. Die Werte der einzelnen Positionen innerhalb eines Postens unterscheiden sich auch im Hinblick auf die Unsicherheit der daraus resultierenden Zahlungs- bzw. Nutzenströme. Auch im income statement werden Erfolgskomponenten aggregiert, die sich im Zeitpunkt der Wertermittlung und damit im zugrunde liegenden Preisniveau (z. B. revenues auf der Basis aktueller und expenses auf der Basis vergangener Preise), in der Fiktion der Wertermittlung (z. B. income und expenses aus Wertänderungen, die auf Marktpreisänderungen beruhen und solche, die mit Hilfe von Bewertungsmodellen ermittelt wurden) und in der Sicherheit bzw. im Konkretisierungsniveau (z. B. income, das bereits zu einer Einzahlung geführt hat und income aus Wertsteigerungen) unterscheiden. Diese Inkonsistenzen schränken die Aussagekraft des Bilanzvermögens und des Periodenerfolgs weiter ein.

III. Zweck der Erfolgs- und Vermögensmessung nach IFRS

Der Jahresabschluss nach IFRS bezweckt die Bestimmung einer Periodenerfolgsgröße („profit"), anhand derer sich direkt oder indirekt durch Bildung von Kennzahlen der Erfolg im Rahmen des Prognose- und Entscheidungsmodells messen lässt.

Daneben zielt der Jahresabschluss nach IFRS implizit auf eine Annäherung des bilanziellen Vermögens an einen Unternehmensgesamtwert ab. Dies kommt durch einen im Vergleich zu anderen Rechnungslegungssystemen weiten Kreis von ansetzbaren bzw. anzusetzenden Aktivposten sowie durch einen (zumindest partiellen) Übergang auf eine zeitnahe Bewertung zum Ausdruck. Der Jahresabschluss ist damit neben der Bestimmung einer Periodenerfolgsgröße auch auf die Darstellung eines typisierten, approximativen Unternehmenswertes ausgerichtet. Der Zweck dieser Unternehmenswertapproximation durch das im balance sheet erfasste Buchvermögen ist die Bereitstellung eines zentralen Informationsträgers für die externe Erfolgs- und Vermögensmessung der Adressaten, der als Instrument zur Wiedergabe der absoluten Ertragslage oder als Inputgröße für die Ermittlung von traditionellen Rentabilitätskennzahlen oder Wertbeitragskennzahlen dient.

Die Absicht, im Rahmen des Jahresabschlusses Größen bereitzustellen, die sich ohne umfangreiche Modifikationen unmittelbar für die Erfolgs- und Vermögensmessung oder zumindest für die Ermittlung von Kennzahlen im Rahmen der Erfolgs- und Vermögensmessung eignen, belegt auch die geplante Weiterentwicklung der IFRS. So ist der Zweck des vom IASB zusammen mit dem ASB initiierten Projektes Reporting Comprehensive Income „to revise the format of the income statement in order to improve the presentation of financial performance“[959]. Geplant sind die Trennung von Erfolgen aus dem betrieblichen und dem Finanzierungsbereich eines Unternehmens, was die zwischenbetriebliche Vergleichbarkeit sicherstellen und die Ermittlung von Eigen- und Gesamtkapitalrentabilitätskennzahlen erleichtern soll.[960] Daneben ist eine Einbeziehung aller Erfolge aus Wertänderungen in das income statement angedacht, so dass „every aspect of financial performance is included“[961]. Schließlich sollen gemäß dem gemeinsamen Vorschlag des IASB und des ASB Erfolgsbestandteile, die aus Wertänderungen resultieren in einer gesonderten Spalte des income statement ausgewiesen werden, was die Prognoseeignung der Teilerfolgsgrößen verbessern soll.[962]

Daneben ist nicht nur bei IAS 40 und IAS 41, die 2000 bzw. 2001 verabschiedet wurden, sondern auch bei der Überarbeitung von Standards die Tendenz zu einer Ausweitung des Anwendungsbereiches des fair value principle erkennbar. So ist es nach IAS 39.9 (rev. 2003) möglich, alle financial instruments als „financial asset or financial liability at fair value through profit or loss“ einzustufen und somit zum fair value zu bewerten.

Wie die Untersuchung der Regelungen zur recognition, zum measurement und zur presentation gezeigt hat, weist die Ermittlung von Erfolgs- und Vermögensgrößen nach IFRS Wahlrechte und Ermessensspielräume auf. Es resultieren ermessensbedingte Verzerrungen bei der Jahresabschlusserstellung. Gleichzeitig erfüllt der Jahresabschluss nach IFRS die aus dem

959 *IASB/ASB*, Reporting, 2003, S. 2.
960 Vgl. *IASB/ASB*, Reporting, 2003, S. 3.
961 *IASB/ASB*, Reporting, 2003, S. 3.
962 Vgl. *IASB/ASB*, Reporting, 2003, S. 3 f.

Referenzmodell abgeleiteten inhaltlichen Anforderungen nur bedingt. Er knüpft an vergangene Ereignisse an und wird durch objektivierungsbedingte Verfahren und Restriktionen, die zum Teil asymmetrisch angewendet werden, beeinträchtigt. Es kommt zu objektivierungsbedingten Verzerrungen, die in keinem ausgewogenen Verhältnis zu den ermessensbedingten Verzerrungen stehen.

Teil 6: Konzept eines mehrdimensionalen Jahresabschlusses

A. Ausgangspunkt und Vorgehensweise der Modellkonstruktion

Als Zweck des Jahresabschlusses wurde die Bereitstellung von prognose- und kontrollorientierten Informationen für die Erfolgs- und Vermögensmessung der Adressaten des Jahresabschlusses festgelegt. Auf Basis dieser Festlegung wurde ein Referenzmodell konstruiert, aus dem sich inhaltliche Anforderungen an den Jahresabschluss ableiten lassen. Diesen Anforderungen stehen aktuell die Instrumente der Bilanz und der Erfolgsrechnung gegenüber. Die Analyse der aktuellen Regelungen der IFRS ergab, dass die beiden Instrumente zusammen mit Ergänzungen und Erläuterungen, die umfangreichen und zum Teil mehrwertigen Informationen, die für eine individuelle Erfolgs- und Vermögensmessung der Adressaten notwendig sind, nicht geben.

Für eine Weiterentwicklung des Jahresabschlusses sind die expliziten und impliziten Annahmen bzw. Grenzen, die diesem zugrunde liegen, herauszuarbeiten. Anschließend ist zu untersuchen, inwieweit sich der Jahresabschluss durch eine Veränderung bzw. Aufhebung dieser Annahmen bzw. Grenzen erweitern oder modifizieren lässt, um den Anforderungen der Erfolgs- und Vermögensmessung besser Rechnung zu tragen.[963]

Als Ausgangspunkt der Weiterentwicklung des Jahresabschlusses werden Annahmen bzw. Beschränkungen betrachtet, die sich folgenden Kategorien zuordnen lassen:

(1) Asymmetrien, die vornehmlich vorsichtsbedingt sind
(2) Annahmen in Bezug auf das Objektivierungsniveau
(3) Unternehmensverständnis
(4) Realitätsverständnis
(5) Annahmen formeller Art

Asymmetrien (1) existieren im Jahresabschluss nach IFRS im Hinblick auf die Wahrscheinlichkeitsanforderungen und Anforderungen an die zuverlässige Messbarkeit des Nutzenzuflusses bei dem Ansatz von Aktiv- und Passivposten. Weitere Beispiele für Asymmetrien sind die Vorwegnahme künftiger Verluste aus schwebenden Verträgen im Gegensatz zu künftigen Gewinnen und die Berücksichtigung von Gewinnen aus langfristigen Fertigungsaufträgen nach Maßgabe des Leistungsfortschritts im Gegensatz zur

[963] Vgl. zu diesem Konzept der wissenschaftlichen Evolution *Berlin*, Theory, 1962, S. 19.

vollständigen und unverzüglichen Berücksichtigung von künftigen Verlusten aus solchen Verträgen. Ungleichbehandlungen bestehen zudem bei Werterhöhungen und Wertverminderungen beispielsweise beim impairment test oder bei property, plant and equipment und bei intangible assets.

Die unterschiedliche Abbildung von vergleichbaren Sachverhalten ist zumindest teilweise auf Vorsichtserwägungen zurückzuführen. Diese widersprechen einer informationsorientierten Rechnungslegung.

Die Kategorie (2) von Annahmen bezieht sich auf die Festlegung von Objektivierungsprinzipien. Ihnen liegen folgende Überlegungen zugrunde: Im Mittelpunkt des Jahresabschlusses steht die Ermittlung von Zielgrößen. Dies sind Nettovermögen sowie Periodenerfolg. Dabei lässt sich das Nettovermögen als Annäherung an das Effektivvermögen und der Periodenerfolg als Annäherung an ein Ausschüttungsniveau als erste Komponente eines gleichförmigen Nettoausschüttungsstroms interpretieren. Auf kapitaltheoretischer Ebene stimmt der Barwert der Veränderung des gleichförmigen Nettoausschüttungsstroms mit der Veränderung des Effektivvermögens korrigiert um Preisniveau- und Zinsänderungseffekte überein.[964] Der eindeutigen Ermittlung eines Nettovermögens bzw. eines Periodenerfolgs sowie der beschriebenen Vereinbarkeit zwischen Vermögens- und Erfolgsermittlung liegt die Annahme vollkommener Märkte für Güter und Kapital zugrunde. Ist diese Annahme nicht erfüllt, sind sowohl die Vermögens- als auch die Erfolgsermittlung abhängig von subjektiven Urteilen bzw. Präferenzen des Ermittelnden.

Zur Einschränkung der Subjektivität der Erfolgs- und Vermögensermittlung im Modell des Jahresabschlusses kommen Objektivierungsprinzipien zur Anwendung. Der resultierende Periodenerfolg und das resultierende Nettovermögen stellen typisierte Größen dar. Zur Typisierung des Ausschüttungsniveaus werden die ab einem bestimmten Zeitpunkt zu erfassenden revenues als Indikator für die durchschnittlichen künftigen Einzahlungen betrachtet. Den revenues sind nach festgelegten Verfahren die korrespondierenden expenses zuzuordnen und in der Erfolgsrechnung gegenüberzustellen. Zur Typisierung des Reinvermögens werden im balance sheet Aktiv- bzw. Passivposten, aus denen künftige Ein- bzw. Auszahlungen erwartet werden, einzeln erfasst. Die Vorgabe einzelner Objektivierungsprinzipien und deren Ausgestaltung ist abhängig von der Festlegung eines bestimmten Objektivierungsniveaus.

---

[964] Vgl. *Euler*, System, 1996, S. 92.

Problematisch bei der Festlegung des Objektivierungsniveaus sind die Wahlrechte und Ermessensspielräume. Beide können zu ermessensbedingten Verzerrungen führen. Dieses Problem ist vor allem bei den Ermessensspielräumen von Bedeutung. Die Unternehmensleitung kann bei einer statischen Betrachtung ermessensbehaftete Regelungen durch entsprechende Interpretationen oder Argumentationen auslegen, ohne dass die Auswirkungen für die Jahresabschlussadressaten eindeutig erkennbar sind.

Zur Kategorie (3) rechnen Annahmen im Hinblick auf das Unternehmensgeschehen, die dem Jahresabschluss implizit zugrunde liegen. Die Annahmen lassen sich teilweise aus den Objektivierungsprinzipien ableiten. Das Abstellen auf Geschäftsvorfälle im Erfassungsmodell des Jahresabschlusses nach IFRS, die Bedeutung und Ausgestaltung des revenue recognition principle sowie die Beschränkungen beim Ansatz von intangible assets legen den Schluss nahe, dass sich der Jahresabschluss überwiegend an dem Verständnis des Leistungserstellungs- und Leistungsverwertungsprozesses eines Unternehmens als Güterkreislauf orientiert.[965] Dieser setzt sich zusammen aus einer Investitionsphase (Beschaffung von Produktionsmitteln und Vorräten, die zu Cash-Outflows führt), einer Transformationsphase (Verbrauch der Produktionsmittel und Vorräte) und einer Verwertungsphase (Erbringung von Leistungen und die Entstehung von Forderungen, die in der Regel zu Cash-Inflows führt).[966] Dementsprechend wird die Erfassung von revenues und expenses an die Erbringung von Leistungen im Rahmen des operativen Betriebsgeschehens geknüpft, so dass der Periodenerfolg des Jahresabschlusses vor allem dem Bereich der Produktion bzw. Erbringung von Dienstleistungen zugeordnet wird.

Der Jahresabschluss bezieht sich auf die Erfolge aus dem dargestellten Investitions-, Transformations- und Verwertungsprozess. Der Erfolg aus dem Prozess wird bei gleichbleibenden Rahmenbedingungen als Indikator für künftige Erfolge betrachtet. Bei diesem Verständnis des Unternehmensgeschehens als ständige Wiederholung des dargestellten Prozesses werden strategische Aktivitäten bzw. Entwicklungen in Form des Aufbaus oder der Verringerung von Erfolgspotenzialen bzw. Wettbewerbsvorteilen weitgehend vernachlässigt. Dies zeigt sich zum Teil daran, dass vor allem die Ressourcen, die unmittelbar der Produktion dienen bzw. daraus resultieren, wie Vorräte, Produktionsanlagen und Forderungen, in der Bilanz anzusetzen sind, während bestimmte immaterielle Ressourcen bzw. Erfolgspotenzi-

---

[965] So im Hinblick auf das Rechnungswesen auch *Richter*, Rechnungswesen, 2002, S. 178 f.

[966] Vgl. hierzu *Ordelheide*, Periodengewinn, 1988, S. 284-288.

ale, wie selbsterstellte Marken, Mitarbeiterqualifikationen oder Kundenlisten aufgrund von Ansatzverboten bzw. Ansatzrestriktionen, nicht zu erfassen sind.

Außerdem liegt dem Modell des Jahresabschlusses ein Realitätsverständnis (4) zugrunde, das unterstellt, dass sich Sachverhalte eindeutig und ohne Beeinflussung in einem Modell abbilden lassen.[967] Dieses Realitätsverständnis zeigt sich bei der Bewertung von Jahresabschlusspositionen. Für nicht-nominale Vermögenspositionen und Verpflichtungen existieren keine objektiven Werte, die sich durch eine direkte Messung im Modell des Jahresabschlusses abbilden lassen. Die Werte sind unsicher und nur indirekt unter Zugrundelegung von subjektiven Erwartungen und Präferenzen ermittelbar. Gleichwohl sind assets und liabilities mit einem einzigen Wert in das balance sheet aufzunehmen. Die Unsicherheit der Wertermittlung sowie die zugrunde gelegten Erwartungen und Präferenzen sind für die Jahresabschlussadressaten nicht erkennbar.[968]

Die Annahme einer unmittelbaren Abbildbarkeit von Sachverhalten wird auch deutlich bei der Betonung von Einzelgrößen, wie Periodenerfolg oder Nettovermögen, die als zentrale Informationsträger betrachtet werden. Periodenerfolg und Nettovermögen existieren nicht als beobachtbare und damit abbildbare Größen, sondern ergeben sich erst durch deren Ermittlung im Rahmen des Jahresabschlusses.[969] Der Ermittlung liegt eine Komplexitätsreduktion zugrunde, die durch vorgegebene Regelungen sowie durch die individuelle Wahrnehmung des Jahresabschlusserstellers beeinflusst wird und durch absichtliche Verzerrungen beeinflusst werden kann.

Eine letzte Kategorie (5) von Annahmen stellen technische bzw. formale Beschränkungen des Jahresabschlusses dar. Hierzu zählt die Beschränkung auf finanzielle Informationen. Hinzu kommen Annahmen, die grundlegende Prämissen der aktuellen Jahresabschlüsse darstellen, wie feste Anordnung von Elementen in einer bestimmten Darstellungsform, Festlegung einer Berichtsperiode, die in der Regel ein Kalenderjahr umfasst, Identität zwischen Schlussbilanz der einen Periode und Anfangsbilanz der folgenden Periode sowie Einwertigkeit von angesetzten Werten.

---

[967] Vgl. *Chua*, Developments, 1986, S. 606.

[968] So auch *Barrett u. a.*, Measurement, 1991, S. 83.

[969] Vgl. *Schneider*, Rechnungswesen, 1997, S. 35; ähnlich *Ballwieser*, Anforderungen, 2001, S. 161.

B. Konstruktion und Erläuterung des Modells

Beim Jahresabschluss besteht ein Zielkonflikt zwischen der inhaltlichen Anforderung der Zielstromverbundenheit in Form der Wiedergabe der den Interessen der Adressaten entsprechenden Informationen einerseits und der qualitativen Anforderung der Glaubwürdigkeit der bereitgestellten Informationen andererseits. In Bezug auf die Anwendung von Objektivierungsprinzipien spiegelt sich dieses Verhältnis in dem Zielkonflikt zwischen ermessensbedingten und objektivierungsbedingten Verzerrungen wider.[970] Die Festlegung des Verhältnisses zwischen den beiden Anforderungen hat so zu erfolgen, das sich bei einem gegebenen Objektivierungsniveau, das bestimmte objektivierungsbedingte Verzerrungen nach sich zieht, die ermessensbedingten Verzerrungen nicht weiter verringern lassen. Analog dürfen sich bei einem gegebenen Grad an Zielstromverbundenheit, der mit bestimmten ermessensbedingten Verzerrungen verbunden ist, die objektivierungsbedingten Verzerrungen nicht reduzieren lassen.

Das Verhältnis zwischen objektivierungsbedingten und ermessensbedingten Verzerrungen und damit die Festlegung eines bestimmten Objektivierungsniveaus muss die Risikoeinstellung der jeweiligen Adressaten berücksichtigen.[971] Diese ist nur schwierig bestimmbar und individuell verschieden. Deshalb basiert jede Festlegung eines Objektivierungsniveaus auf einer vorgegebenen, typisierten Risikoeinstellung. Diese Vorgabe kann für verschiedene Sachverhalte unterschiedlich ausfallen. Beispielsweise können für Aktiv- und Passivposten oder für positive und negative Erfolgskomponenten unterschiedliche Objektivierungsniveaus zur Anwendung kommen. Gleichwohl ist diese Vorgabe bisher eindimensional im dem Sinne, dass für Sachverhalte ein einziges Objektivierungsniveau festgelegt ist.

Die Annahme eines eindimensionalen Objektivierungsniveaus lässt sich insofern modifizieren, als eine gleichzeitige Betrachtung mehrerer Objektivierungsniveaus erfolgt, die auf Aktiv- und Passivposten bzw. auf positive und negative Erfolgskomponenten gleichermaßen anzuwenden sind. Demnach werden identische Sachverhalte unter Zugrundelegung verschiedener Objektivierungsniveaus dargestellt. Unterschiedliche Ausgestaltungen von Objektivierungsprinzipien haben unterschiedliche Erfolgswirkungen, so dass

---

970 Vgl. zu diesem grundlegenden Konflikt *Moxter*, Gewinnermittlung, 1982, S. 9; *Kuhner*, Bewertungskonzeptionen, 1994, S. 162 f.; *Hommel*, Anlagewerte, 1998, S. 2; *Haller*, Vermögenswerte, 1998, S. 572 f.; *Laux*, Unternehmensrechnung, 1999, S. 438; *Ballwieser*, Anforderungen, 2001, S. 161; *Wüstemann*, Institutionenökonomik, 2002, S. 61 f.

971 Vgl. *Kuhner*, Bewertungskonzeptionen, 1994, S. 186 f.

mit dem mehrdimensionalen Objektivierungsniveau ein mehrdimensionales Erfolgskonzept verbunden ist. Bei der Umsetzung dieser Überlegungen im Jahresabschluss ist die Anzahl der Objektivierungsniveaus festzulegen. Entsprechend der Konkretisierung der Informationsfunktion des Jahresabschlusses in eine kontrollfunktionale und eine entscheidungsfunktionale Interpretation wird ein zweifaches Objektivierungsniveau gewählt. Der bei Zugrundelegung eines hohen Objektivierungsniveaus resultierende Erfolg wird als kontrollorientierter Erfolg und der bei Zugrundelegung eines niedrigeren Objektivierungsniveaus resultierende Erfolg als prognoseorientierter Erfolg bezeichnet.

Bei der zweifachen Erfolgsermittlung werden zwei Objektivierungsniveaus und damit zwei typisierte Risikoeinstellungen unterstellt. Durch die Unterschiede zwischen den beiden resultierenden Erfolgen wird die Abhängigkeit der Erfolgsermittlung von der Festlegung eines bestimmten Objektivierungsniveaus verdeutlicht.

Bei Zugrundelegung eines zweifachen Objektivierungsniveaus werden Sachverhalte aus zwei Blickwinkeln bzw. mit zwei unterschiedlichen Risikoeinstellungen betrachtet. Dadurch relativiert sich das Verständnis, dass Sachverhalte direkt messbar und eindeutig im Jahresabschluss abbildbar sind. Im Rahmen des Jahresabschlusses wird nicht eine einzige Vermögensgröße als Approximation eines Effektivvermögens und eine Erfolgsgröße als Approximation der Veränderung des Effektivvermögens in einer Periode ermittelt. Vielmehr werden im Jahresabschluss zwei Erfolgs- und Vermögensgrößen sowie ergänzende Informationen als Anhaltspunkte für eine Erfolgs- und Vermögensmessung der Adressaten bereitgestellt.

Die zweifache Erfolgsermittlung hat den Vorteil, dass immaterielle Ressourcen, die bisher aus Gründen der Objektivierung nicht in der Bilanz angesetzt werden dürfen, im Rahmen der Ermittlung des prognoseorientierten Erfolgs erfasst werden. Die Jahresabschlussadressaten erhalten gleichzeitig Informationen über den Erfolg aus dem Leistungserstellungs- und Leistungsverwertungsprozess und über Erfolgspotenziale sowie immaterielle Ressourcen, aus denen künftige Erfolge des Unternehmens zu erwarten sind.

Der kontrollorientierte und der prognoseorientierte Erfolg sind bei Beachtung des Kongruenzprinzips, wonach sich alle Erfolgskomponenten in der Erfolgsrechnung niederschlagen müssen,[972] eng miteinander verknüpft. Über die Totalperiode des Unternehmens stimmt die Summe der kontrollori-

---

[972] Vgl. *Ordelheide*, Bedeutung, 1998, S. 516.

entierten Erfolge mit der Summe der prognoseorientierten Erfolge überein. Beide Erfolge treten lediglich zeitlich verschoben auf. Ein Vergleich der beiden Erfolge über mehrere Perioden lässt Rückschlüsse auf den Umfang von Erwartungsänderungen zu. Daraus können Aussagen über die Zuverlässigkeit angestellter Prognosen und zugrunde gelegter Annahmen abgeleitet werden. Der kontrollorientierte Erfolg bildet einen Bezugspunkt für die Beurteilung des prognoseorientierten Erfolgs.

Die durch das zweifache Objektivierungsniveau bedingte Ermittlung unterschiedlicher Erfolge kann erfolgen:

(1) statisch durch Gegenüberstellung des Reinvermögens am Ende und zu Beginn einer Periode
(2) dynamisch durch Gegenüberstellung von Aufwendungen und Erträgen
(3) durch eine Kombination aus (1) und (2) unter Angabe einer Präferenzordnung

Durch zwei verschiedene Ansatz- und/oder Bewertungskonzeptionen für die Bilanzierung von Aktiv- und Passivposten können sich bei einer statischen Erfolgsermittlung durch Gegenüberstellung des Reinvermögens am Ende und zu Beginn einer Periode (1) zwei unterschiedliche Periodenerfolge ergeben. Bei verschiedenen Ansatzkonzeptionen kann die Darstellung in zwei Bilanzen erfolgen. Alternativ können in einer einzigen Bilanz „Aktivposten im Rahmen einer kontrollorientierten Erfolgsermittlung“, „Zusätzliche Aktivposten im Rahmen einer prognoseorientierten Erfolgsermittlung“ und analoge Kategorien für Passivposten ausgewiesen werden. Bei Anwendung verschiedener Bewertungskonzeptionen bei dem kontrollorientierten und prognoseorientierten Erfolg, ist die Bilanz um eine zweite Wertspalte zu ergänzen oder es sind zwei Bilanzen zu erstellen. Werden gleichzeitig verschiedene Ansatz- und Bewertungskonzeptionen angewandt, sind zwei Bilanzen zu erstellen. Alternativ kann in einer Bilanz die Aufspaltung der Aktiva und Passiva und die Ergänzung um die zusätzliche Wertspalte erfolgen. In der Erfolgsrechnung werden die verschiedenen Erfolge durch eine Überleitungsrechnung von dem kontrollorientierten Erfolg in den prognoseorientierten Erfolg dargestellt.

Bei einer dynamischen Erfolgsermittlung durch Gegenüberstellung von Aufwendungen und Erträgen (2) bedarf es der Festlegung von zwei Objektivierungsniveaus für die Erfassung von Aufwendungen bzw. Erträgen im Rahmen des kontrollorientierten und des prognoseorientierten Erfolgs. Demnach sind bei beiden Erfolgen unterschiedliche Realisierungsprinzipien notwendig. Die Darstellung der Erfolgsermittlung kann in einer Erfolgsrechnung als Überleitungsrechnung zwischen den beiden Erfolgen vorgenommen werden. Alternativ können die Erfolge in zwei Erfolgsrechnungen dargestellt werden. In der Bilanz resultieren unterschiedliche Abgrenzungsposten, wie Forderungen im Rahmen der kontrollorientierten Erfolgsermittlung und Forderungen im Rahmen der prognoseorientierten Erfolgsermittlung, die gesondert wiederzugeben sind.

Bei Alternative (3) werden zwei Objektivierungsniveaus und zwei korrespondierende Erfolgskonzeptionen festgelegt, die sowohl auf die Ansatz- und Bewertungsprinzipien der Bilanz als auch auf die Abgrenzungsprinzipien der Erfolgsrechnung angewandt werden. Diese Vorgehensweise führt zu einem Nebeneinander von unterschiedlichen Erfolgskonzeptionen, die konsistent auf beide Rechenwerke angewandt werden. Bei dieser Kombination aus einer statischen und einer dynamischen Erfolgsermittlung ist für Konfliktfälle eine Präferenzordnung festzulegen.

In dieser Arbeit wird Alternative (3) angewandt. Auf diese Weise lassen sich dem Jahresabschluss zwei geschlossene Erfolgskonzeptionen zugrunde legen, die sich an den Informationsansprüchen der Adressaten orientieren und nicht lediglich Residualgrößen darstellen.

Sowohl für den kontrollorientierten als auch für den prognoseorientierten Erfolg sind Regelungen für die Erfassung und Bewertung von Jahresabschlussposten festzulegen, die sich zu einem geschlossenen Erfolgskonzept zusammenfügen. Dabei ist dem kontrollorientierten Erfolg ein höheres Objektivierungsniveau zugrunde zu legen als dem prognoseorientierten Erfolg. Bei der Ermittlung des prognoseorientierten Erfolgs steht die frühzeitige und möglichst vollständige Wiedergabe von künftigen Nutzenzuflüssen bzw. -abflüssen im Vordergrund. Dies führt zu einer zeitlich früheren und sachlich erweiterten Erfassung von Sachverhalten als bei der Ermittlung des kontrollorientierten Erfolgs.

Der Zeitpunkt für die Erfassung von Erfolgskomponenten wird festgelegt in Anlehnung an die bereits in den IFRS angedeutete Differenzierung des revenue recognition principle, wonach bei langfristigen Dienstleistungs- und Fertigungsverträgen income und die korrespondierenden expenses bereits vor dem Zeitpunkt der Leistungserbringung zu erfassen sind. Da sich der Risikoabbau bei Leistungserstellungs- und Leistungsverwertungsprozessen in Stufen vollzieht, wird entsprechend der critical event theory eine Erfassung zu einem bestimmten Zeitpunkt und nicht über einen Zeitraum gewählt. Die Zeitraumbezogenheit der Erfolgsentstehung, auf die das Konzept der accrual basis abstellt, wird durch die zweimalige Erfassung der Erfolgskomponenten im Rahmen des prognoseorientierten und des kontrollorientierten Erfolgs betont.

Als Zeitpunkt für die Erfassung von Erfolgskomponenten im prognoseorientierten Erfolg wird der frühere Zeitpunkt aus Vertragsabschluss und Fertigstellung eines Produktes vorgeschlagen. Bei Vertragsabschluss ist das Absatzrisiko und bei Fertigstellung das Produktionsrisiko erheblich oder sogar vollständig abgebaut. Zudem ist zu beiden Zeitpunkten eine wesentliche Komponente des Erfolgsbeitrages aus dem Geschäft bestimmbar. Bei Vertragsabschluss lassen sich mit Ausnahmen, wie bei variablen Entgelten, die Verkaufserlöse aus dem abgeschlossenen Vertrag und bei Fertigstellung die Herstellungskosten aus den bis zur Fertigstellung angefallenen Kosten ableiten. Für die Bestimmung der jeweils anderen Komponente des Erfolgsbeitrages sind Schätzungen erforderlich. Bei Realisierung beim Vertragsabschluss ist auf die kalkulierten Kosten, bei Realisierung bei Fertigstellung auf erwartete Absatzmarktpreise, vergangene Marktpreise oder auf Preise aus vergangenen Veräußerungen abzustellen.

Als Zeitpunkt der Realisierung bei Ermittlung des kontrollorientierten Erfolgs wird die Leistungserbringung festgelegt. Die Erfassung der korrespondierenden negativen Erfolgskomponenten erfolgt ebenfalls in der Periode der Leistungserbringung. Typisierte Zuordnungs- bzw. Transformationsprinzipien für zu periodisierende negative Erfolgskomponenten, wie die Ermittlung von Herstellungskosten oder die Vornahme von Abschreibungen, werden eindeutig festgelegt.

Bei der kontrollorientierten Erfolgsermittlung sind Forderungen aus Lieferungen und Leistungen ab dem Zeitpunkt der Leistungserbringung zu erfassen, bei der prognoseorientierten Erfolgsermittlung entstehen Forderungen bei Vertragsabschluss oder bei Fertigstellung. Die Forderungen sind verschieden zu bezeichnen, beispielsweise als „Forderungen aus Lieferungen und Leistungen, bei denen die Leistung bereits erbracht wurde", „Forderungen aus abgeschlossenen Verträgen" und „erwartete Forderungen bei Fertigerzeugnissen".

Als Ansatzvoraussetzung wird bei der prognoseorientierten Erfolgsermittlung das Vorliegen oder Entstehen einer eigenständigen Ressource, aus der künftiger ökonomischer Nutzen zu erwarten ist, festgelegt. Als weitere Ansatzvoraussetzung ist die wirtschaftliche Verursachung in der Vergangenheit erforderlich. Demnach müssen Ausgaben getätigt worden sein (bei selbsterstellten Aktiva) oder es müssen Transaktionen mit Unternehmensexternen erfolgt sein (bei erworbenen Aktiva), die eindeutig mit der Ressource in Verbindung stehen. Erwartete Nutzenzuflüsse aus Planungen oder Absichtserklärungen ohne entsprechende Konkretisierung sind nicht zu berücksichtigen. Als Ansatzrestriktion dient die Forderung nach wirtschaftlicher Zuordenbarkeit der Ressource zu dem betrachteten Unternehmen. Ansonsten werden keine weiteren Voraussetzungen bzw. Beschränkungen, wie control, Identifizierbarkeit oder Wahrscheinlichkeit bzw. zuverlässige Messbarkeit des künftigen Nutzenzuflusses, definiert.

Für die Erfassung von Passiva werden die Ansatzprinzipien analog zu den Aktiva festgelegt. Somit ist für deren Ansatz das Vorliegen oder Entstehen einer Verpflichtung notwendig, die wirtschaftlich bereits verursacht wurde und aus der künftige Abflüsse von ökonomischem Nutzen zu erwarten sind. Hierbei wird die Wahrscheinlichkeit des künftigen Nutzenabflusses sowie dessen zuverlässige Messbarkeit ebenfalls nicht als Ansatzrestriktion formuliert.

Bei dem kontrollorientierten Erfolg wird aufgrund des höheren Objektivierungsniveaus zusätzlich zu den Ansatzvoraussetzungen des prognoseorientierten Erfolgs die Anforderung definiert, dass Aktiv- bzw. Passivposten rechtlich gesichert sind. Danach muss für Aktivposten ein Eigentums-, Inhaber- bzw. Immaterialgüterrecht und für Passivposten eine Rechtsverpflichtung gegenüber einem Dritten bestehen. Zudem müssen sich bei Aktiva die Anschaffungs- und Herstellungskosten zuverlässig bestimmen lassen. Bei Passiva müssen Erfüllungsbeträge feststehen oder sich zumindest aufgrund von Erfahrungen mit einer Vielzahl vergleichbarer Sachverhalte statistische Daten[973] ermitteln lassen, aus denen sich ein Wert bestimmen lässt, wie bei Pensions- oder Gewährleistungsrückstellungen.

Aus der Forderung nach einem hohen Objektivierungsniveau im Rahmen der kontrollorientierten Erfolgsermittlung folgt als Bewertungsprinzip für Aktivposten die Anwendung des cost principle. Dabei ist der Umfang der Anschaffungs- und Herstellungskosten wahlrechtsfrei festzulegen. Zudem sind planmäßige Abschreibungen einheitlich nach der linearen Methode vorzunehmen, wobei typisierte Nutzungsdauern vorzugeben sind. Außerplanmäßige Abschreibungen erfolgen nicht. Bei Aktiva, die zur Veräußerung bestimmt sind oder die nicht im Rahmen des Leistungserstellungs- und Leistungsverwertungsprozesses genutzt werden, sind zusätzlich Absatzmarktpreise anzugeben. In der Bilanz sind die Absatzmarktpreise sowie die kumulierten Auf- und Abwertungen in einer Vorspalte darzustellen. Die Passiva sind mit ihrem Nominalbetrag bzw. Erfüllungsbetrag zu bewerten. Sind

973 Vgl. *Baetge*, Objektivierung, 1970, S. 76 f.

lediglich statistische Daten bekannt, ist ein Erwartungswert zu bilden. Bei Passiva, die eindeutig nicht der Finanzierung der Unternehmenstätigkeit dienen, wie Derivate, ist eine Bewertung zu Marktpreisen erforderlich, die auf die gleiche Weise wie bei Aktiva darzustellen ist.

Bei der prognoseorientierten Erfolgsermittlung sind im Rahmen der Bewertung Bandbreiten zu bestimmen, in denen nach Erwartungen der Unternehmensleitung der Wert der Positionen mit einer vorgegebenen Sicherheit liegt. Bei der Bestimmung der Bandbreiten ist auf Daten aus Erfahrungen der Vergangenheit bzw. Erfahrungen Dritter und auf statistische Daten zurückzugreifen. Beispielsweise sind bei der Ermittlung von künftigen Forderungsausfällen die Ausfallquoten der Vergangenheit und bei der Ermittlung von Pensionsrückstellungen Statistiken für Sterbewahrscheinlichkeiten bei der Ermittlung der Bandbreiten heranzuziehen. Gleichwohl ist bei einem Rückgriff auf vergangene Daten und Statistiken zu untersuchen, ob sich Umweltfaktoren verändert haben oder ob Strukturbrüche aufgetreten bzw. zu erwarten sind.

Fehlen vergangenheitsbezogene und statistische Daten oder handelt es sich um individuelle Sachverhalte sind die Bandbreiten subjektiv zu schätzen.[974] Positionen, die mit einer hohen Unsicherheit behaftet sind und für die folglich nur ein breites Intervall für den erwarteten Wert angegeben werden kann, sind in Rahmen der Bewertung mit anderen vergleichbaren Positionen zusammenzufassen. Je mehr vergleichbare Positionen gemeinsam bewertet werden, desto geringer ist nach dem Gesetz der großen Zahl der Einfluss des Zufalls, wenn unterstellt werden kann, dass die künftigen Werte der Positionen nicht vollständig korreliert sind. Demnach sind z. B. für mehrere Forschungs- und Entwicklungsprojekte oder für mehrere Marken gemeinsame Bandbreiten zu ermitteln. In der Bilanz sind Aktiv- und Passivposten mit den Mittelwerten der Bandbreiten zu bewerten. Die Bandbreiten selbst sind entweder in einer zusätzlichen Spalte der Bilanz oder im Anhang anzugeben.

Hinsichtlich des Ausweises der Bilanzposten bzw. der Posten der Erfolgsrechnung im Rahmen der kontrollorientierten Erfolgsermittlung sind unveränderbare Mindestgliederungsschemas vorzugeben. Bei der Bilanz ist eine liquiditätsorientierte Gliederung und bei der Erfolgsrechnung das Umsatzkostenverfahren ergänzt um Angaben zu wesentlichen Kostenarten, wie Material-, Personal- und Abschreibungskosten, anzuwenden.

---

[974] Vgl. hierzu ausführlich *Baetge*, Objektivierung, 1970, S. 116-125.

Die Bilanzen und Erfolgsrechnungen sind um einen Erläuterungs- und Prognosebericht zu ergänzen, der Zusatzangaben zur Ermittlung der Wertbandbreiten sowie Angaben zur Inanspruchnahme von Ermessensspielräumen und zur Entwicklung des Unternehmens enthält.

Eine Weiterentwicklung des aufgezeigten Modells stellt der Einsatz von alternativen Präsentationstechniken in Form von Datenbanken dar. Durch eine zusätzliche Aufgabe von formellen Annahmen, können Grunddaten in Form von vergangenen und erwarteten Zahlungen unter Angabe von Höhe, Zeitpunkt und Realisierungsgrad bzw. Unsicherheit zur Verfügung gestellt werden. Die Grunddaten können von den Adressaten nach den eigenen Vorstellungen aggregiert und ausgewertet werden.

Das Konzept des mehrdimensionalen Jahresabschlusses bedeutet eine Neuorientierung in Bezug auf die Bestrebungen zur Weiterentwicklung des Jahresabschlusses. Die dargestellte Umsetzung dieses Konzepts verbindet die Ermittlung eines kontrollorientierten und eines prognoseorientierten Erfolgs. Damit werden gleichzeitig typisierte und subjektive Erfolgs- und Vermögensgrößen ermittelt, die mit den geforderten Zusatzangaben als Basis für die Erfolgs- und Vermögensmessung der Adressaten dienen. Zudem stellt die kontrollorientierte Erfolgsgröße einen Ausgangspunkt für die Zahlungsbemessung dar.

Literaturverzeichnis

Achleitner, Ann-Kristin/Dresig, Tilo [Unternehmensbewertung]: Unternehmensbewertung, marktorientierte, in: Enzyklopädie der Betriebswirtschaftslehre, Bd. 8; Handwörterbuch der Rechungslegung und Prüfung, hrsg. von Wolfgang Ballwieser, Adolf Gerhard Coenenberg und Klaus von Wysocki, 3. Aufl., Stuttgart 2002, Sp. 2432-2445.

Adam, Dietrich [Planung]: Planung und Entscheidung: Modelle – Ziele – Methoden, Mit Fallstudien und Lösungen, 4. Aufl., Wiesbaden 1996.

Adler, Hans/Düring, Walter/Schmaltz, Kurt: Rechnungslegung und Prüfung der Unternehmen, Kommentar zum HGB, AktG, GmbHG, PublG nach den Vorschriften des Bilanzrichtlinien-Gesetzes, bearb. von Karl-Heinz Forster u. a., 6. Aufl. Stuttgart 1997 (Teilband 5).

Adler, Hans/Düring, Walter/Schmaltz, Kurt [Internationalen]: Rechnungslegung nach Internationalen Standards, Kommentar, bearb. von Hans-Friedrich Gelhausen u. a., Stuttgart 2003.

AICPA (Hrsg.) [Reporting]: Improving Business Reporting. A Customer Focus, Comprehensive Report of the Special Committee on Financial Reporting, New York 1994, http://www.aicpa.org/members/div/acctstd/ibr/chap1.htm (abgerufen am: 30.4.2004).

Alexander, David [Stability]: Stability, pseudo-stability, information, pseudo-information, in: EAR 1997, S. 755-766.

Alexander, David/Archer, Simon [Guide]: Miller international accounting standards guide, New York 2003.

Auer, Kurt V. [Aktionäre]: International harmonisierte Rechnungslegungsstandards aus Sicht der Aktionäre, Wiesbaden 1997.

Baetge, Jörg [Objektivierung]: Möglichkeiten der Objektivierung des Jahreserfolges, Düsseldorf 1970, zugl. Diss. Univ. Münster 1968.

Baetge, Jörg [Rechnungslegungszwecke]: Rechnungslegungszwecke des aktienrechtlichen Jahresabschlusses, in: Bilanzfragen, Festschrift zum 65. Geburtstag von Ulrich Leffson, hrsg. von Jörg Baetge, Adolf Moxter und Dieter Schneider, Düsseldorf 1976, S. 11-30.

Baetge, Jörg/von Keitz, Isabel [IAS 38]: IAS 38 Immaterielle Vermögenswerte (Intangible Assets), in: Rechnungslegung nach International Accounting Standards (IAS), Kommentar auf der Grundlage des deutschen Bilanzrechts, hrsg. von Jörg Baetge u. a., 2. Aufl., Stuttgart 2002.

Baetge, Jörg/Kirsch, Hans-Jürgen/Thiele, Stefan [Bilanzen]: Bilanzen, 5. Aufl., Düsseldorf 2001.

Baetge, Jörg/Thiele Stefan [Gesellschafterschutz]: Gesellschafterschutz versus Gläubigerschutz – Rechenschaft versus Kapitalerhaltung, in: Handelsbilanzen und Steuerbilanzen, Festschrift zum 70. Geburtstag von Heinrich Beisse, hrsg. von Wolfgang Dieter Budde, Adolf Moxter und Klaus Offerhaus, Düsseldorf 1997, S. 11-24.

Baetge, Jörg/Zülch, Henning [Fair-Value Accounting]: Fair Value-Accounting, in: BFuP, 53. Jg. (2001), S. 543-562.

Baetge, Jörg/Zülch, Henning/Matena, Sonja [Fair Value-Accounting]: Fair Value-Accounting – Ein Paradigmenwechsel auch in der kontinentaleuropäischen Rechnungslegung –, in: StuB, 4. Jg. (2002), S. 365-372 (Teil A) und S. 417-422 (Teil B).

Ballwieser, Wolfgang [Jahresabschlußverbesserungen]: Zur Begründbarkeit informationsorientierter Jahresabschlußverbesserungen, in: zfbf, 34. Jg. (1982), S. 772-793.

Ballwieser, Wolfgang [Informationsfunktion]: Ergebnisse der Informationsökonomie zur Informationsfunktion der Rechnungslegung, in: Information und Produktion – Beiträge zur Unternehmenstheorie und Unternehmensplanung, Festschrift zum 60. Geburtstag von Waldemar Wittmann, hrsg. von Sigmar Stöppler, Stuttgart 1985, S. 21-40.

Ballwieser, Wolfgang [Kapitalmarkt]: Kapitalmarkt und Informationsversorgung mit Jahresabschlüssen, in: Zweihundert Jahre Geld und Brief, Herausforderungen an die Kapitalmärkte, Festgabe an die Niedersächsische Börse zu Hannover aus Anlaß ihres 200jährigen Bestehens, hrsg. von Carsten P. Claussen, Lothar Hübl und Hans-Peter Schneider, Frankfurt am Main 1987, S. 163-178.

Ballwieser, Wofgang [Komplexitätsreduktion]: Unternehmensbewertung und Komplexitätsreduktion, 3. Aufl., Wiesbaden 1990.

Ballwieser, Wolfgang [Aggregation]: Aggregation, Komplexion und Komplexitätsreduktion, in: Enzyklopädie der Betriebswirtschaftslehre, Bd. 3, Handwörterbuch der Betriebswirtschaft, Teilbd. 1 A-H, hrsg. von Werner Kern u. a., 5. Aufl., Stuttgart 1993, Sp. 49-57.

Ballwieser, Wofgang [Shareholder Value]: Adolf Moxter und der Shareholder Value-Ansatz, in: Bilanzrecht und Kapitalmarkt, Festschrift zum 65. Geburtstag von Adolf Moxter, hrsg. von Wolfgang Ballwieser u. a., Düsseldorf 1994, S. 1377-1405.

Ballwieser, Wolfgang [Nutzen]: Zum Nutzen handelsrechtlicher Rechnungslegung, in: Rechnungslegung – Warum und Wie, Festschrift für Hermann Clemm zum 70. Geburtstag, hrsg. von Wolfgang Ballwieser u. a., München 1996, S. 1-25.

Ballwieser, Wolfgang [Grenzen]: Grenzen des Vergleichs von Rechnungslegungssystemen – dargestellt anhand von HGB, US-GAAP und IAS, in: Aktien- und Bilanzrecht: Festschrift für Bruno Kropff, hrsg. von Karl-Heinz Forster u. a., Düsseldorf 1997, S. 371-391.

Ballwieser, Wolfgang [Grundlagen]: Wertorientierte Unternehmensführung: Grundlagen, in: zfbf, 52. Jg. (2000), S. 160-166.

Ballwieser, Wolfgang [Anforderungen]: Anforderungen des Kapitalmarkts an Bilanzansatz- und Bilanzbewertungsregeln, in: KoR, 2. Jg. (2001), S. 160-164.

Ballwieser, Wolfgang [Informations-GoB]: Informations-GoB – auch im Lichte von IAS und US-GAAP, in: KoR, 3. Jg. (2002), S. 115-121.

Ballwieser, Wolfgang [Umbruch]: Rechnungslegung im Umbruch, in: ST, 76. Jg. (2002), S. 295-304.

Ballwieser, Wolfgang/Coenenberg, Adolf Gerhard/Schultze, Wolfgang [Unternehmensbewertung]: Unternehmensbewertung, erfolgsorientierte, in: Enzyklopädie der Betriebswirtschaftslehre, Bd. 8; Handwörterbuch der Rechungslegung und Prüfung, hrsg. von Wolfgang Ballwieser, Adolf Gerhard Coenenberg und Klaus von Wysocki, 3. Aufl., Stuttgart 2002, Sp. 2412-2432.

Barrett, Michael J./Beaver, William H./Cooper, William W./Milburn, J. Alex/Solomons, David/Tweedie, David P. [Measurement]: American Accounting Association Committee on Accounting and Auditing Measurement, 1989-90, in: AH, 5. Jg. (1991), S. 81-105.

Barth, Mary E./Landsman, Wayne R. [Fundamental]: Fundamental Issues Related to Using Fair Value Accounting for Financial Reporting, in: AH, 9. Jg. (1995), S. 97-107.

Bea, Franz Xaver [Rechnungswesen]: Rechnungswesen, Grundbegriffe, in: Enzyklopädie der Betriebswirtschaftslehre, Bd. 3, Handwörterbuch der Betriebswirtschaft, Teilbd. 3 R-Z, hrsg. von Werner Kern u. a., 5. Aufl., Stuttgart 1993, Sp. 3697-3715.

Bea, Franz Xaver [Entscheidungen]: Entscheidungen des Unternehmens, in: Allgemeine Betriebswirtschaftslehre, hrsg. von Franz Xaver Bea und Marcell Schweitzer, Bd. 1: Grundfragen, 8. Aufl., Stuttgart 2000, S. 303-410.

Beaver, William H. [Financial Reporting]: Financial Reporting: An Accounting Revolution, 3. Aufl., Upper Saddle River 1998.

Beaver, William H./Demski, Joel S. [Nature]: The Nature of Income Measurement, in: AR, 54. Jg. (1979), S. 38-46.

Beck'scher Bilanz-Kommentar [Verfasser, Beck Bil.-Komm.]: Der Jahresabschluß nach Handels- und Steuerrecht; Konzernabschluß, Prüfung, Offenlegung, bearb. von Wolfgang Dieter Budde u. a., 4. Aufl., München 1999.

Bedford, Norton M./McKeown, James C. [Analysis]: Comparative Analysis of Net Realizable Value and Replacement Costing, in: AR, 47. Jg. (1972), S. 333-338.

Beisse, Heinrich [Verhältnis]: Zum Verhältnis von Bilanzrecht und Betriebswirtschaftslehre, in: StuW 61 Jg. (1984), S. 1-14.

Beisse, Heinrich [Gläubigerschutz]: Gläubigerschutz – Grundprinzip des deutschen Bilanzrechts, in: Festschrift für Karl Beusch zum 68. Geburtstag, hrsg. von Heinrich Beisse u. a., Berlin 1993, S. 77-97.

Beisse, Heinrich [Bild]: Zum neuen Bild des Bilanzrechtssystems, in: Bilanzrecht und Kapitalmarkt, Festschrift zum 65. Geburtstag von Adolf Moxter, hrsg. von Wolfgang Ballwieser u. a., Düsseldorf 1994, S. 3-31.

Beisse, Heinrich [GoB]: Die paradigmatischen GoB, in: Gesellschaftsrecht, Rechnungslegung, Steuerrecht, Festschrift für Welf Müller zum 65. Geburtstag, hrsg. von Peter Hommelhoff, Roger Zätzsch und Bernd Erle, München 2001, S. 731-753.

Belkaoui, Ahmed Riahi [Accounting]: Accounting Theory, 3. Aufl., London u. a. 1992.

Bellavite-Hövermann, Yvette/Barckow, Andreas [IAS 39]: IAS 39 Finanzinstrumente: Ansatz und Bewertung (Financial Instruments: Recognition and Measurement), in: Rechnungslegung nach International Accounting Standards (IAS), Kommentar auf der Grundlage des deutschen Bilanzrechts, hrsg. von Jörg Baetge u. a., 2. Aufl., Stuttgart 2002.

Berger, Axel/Ring, Maximilian [§ 249], Kommentierung zu § 249 HGB, in: Beck'scher Bilanz-Kommentar, Handels- und Steuerrecht – § 238 bis 339 HGB –, hrsg. von Axel Berger u. a., 5. Aufl., München 2003.

Berlin, Isaiah [Theory]: Does Political Theory Still Exist?, in: Philosophy, Politics and Society, Bd. 2, hrsg. von Peter Laslett und W. G. Runciman, Oxford 1962, S. 1-33.

Bernards, Oliver [Segmentberichterstattung]: Segmentberichterstattung diversifizierter Unternehmen, Bergisch Gladbach/Köln 1994.

Berndt, Thomas [Rechnungsabgrenzung]: Grundsätze ordnungsmäßiger passiver Rechnungsabgrenzung, Wiesbaden 1998, zugl. Diss. Univ. Frankfurt/Main 1997.

Berthel, Jürgen [Modelle]: Modelle, allgemein, in: Handwörterbuch des Rechnungswesens, hrsg. von Erich Kosiol, 1. Aufl., Stuttgart 1970, Sp. 1122-1129.

Beyhs, Oliver [Impairment]: Impairment of assets nach international accounting standards: Anwendungshinweise und Zweckmäßigkeitsanalyse, Frankfurt/ Main u. a. 2002, zugl. Diss. Univ. Bochum 2001.

BGH: Urteil vom 12.1.1998, II ZR 82/93, in: ZIP, 19. Jg. (1998), S. 467-471.

Biener, Herbert [IAS 8]: IAS 8, Jahresergebnis, schwerwiegende Fehler und Änderungen der Bilanzierungs- und Bewertungsmethoden (Net Profit or Loss for the Period, Fundamental Errors and Changes in Accounting Policies), in: Rechnungslegung nach International Accounting Standards (IAS): Kommentar auf der Grundlage des deutschen Bilanzrechts, hrsg. von Jörg Baetge u. a., Stuttgart 1997.

Black, Fischer/Scholes, Myron [Pricing]: The Pricing of Options and Corporate Liabilities, in: Journal of Political Economy, 81. Jg. (1973), S. 637-654.

Böcking, Hans-Joachim [Verbindlichkeitsbilanzierung]: Verbindlichkeitsbilanzierung : wirtschaftliche versus formalrechtliche Betrachtungsweise, Wiesbaden 1994, zugl. Habil.-Schrift Univ. Frankfurt/Main 1992.

Böcking, Hans-Joachim [Bilanzrecht]: Betriebswirtschaftslehre und wirtschaftliche Betrachtungsweise im Bilanzrecht, in: Handelsbilanzen und Steuerbilanzen, Festschrift zum 70. Geburtstag von Heinrich Beisse, hrsg. von Wolfgang Dieter Budde, Adolf Moxter und Klaus Offerhaus, Düsseldorf 1997, S. 85-103.

Böcking, Hans-Joachim [Verhältnis]: Zum Verhältnis von Rechnungslegung und Kapitalmarkt: Vom „financial accounting“ zum „business reporting“, in: Rechnungslegung und Steuern international, Tagung des Ausschusses Unternehmensrechnung im Verein für Socialpolitik am 9. und 10. Mai 1997 in Evelle/Frankreich, ZfbF-Sonderheft 40, hrsg. von Wolfgang Ballwieser, Düsseldorf 1998, S. 17-53.

Böcking, Hans-Joachim [IAS]: IAS für Konzern- und Einzelabschluss! – Replik zum Beitrag von Zabel, IAS zwingend für Konzern- und Einzelabschluss?; zugleich Würdigung der Aussagen der Deutschen Bundesbank zur Umsetzung der Mitgliedstaatenwahlrechte im Rahmen der EU-Verordnung und eine Empfehlung an den Gesetzgeber, in: WPg, 55. Jg. (2002), S. 925-928.

Breidert, Ulrike [Abschreibungen]: Grundsätze ordnungsgemäßer Abschreibungen auf abnutzbare Anlagegegenstände, Düsseldorf 1994, zugl. Diss. Univ. Frankfurt/Main 1993.

Brockhoff, Klaus [Forschung]: Forschung und Entwicklung: Planung und Kontrolle, 5. Aufl., München 1999.

Brotte, Jörg [Geschäftsberichte]: US-amerikanische und deutsche Geschäftsberichte – Notwendigkeit, Regulierung und Praxis jahresabschlussergänzender Informationen, Wiesbaden 1997, zugl. Diss. Univ. Bochum 1996.

Busse von Colbe, Walther [Verrechnung]: Gefährdung des Kongruenzprinzips durch erfolgsneutrale Verrechnung von Aufwendungen im Konzernabschluß, in: Rechnungslegung, Entwicklungen bei der Bilanzierung und Prüfung von Kapitalgesellschaften, Festschrift zum 65. Geburtstag von Karl Heinz Forster, hrsg. von Adolf Moxter u. a., Düsseldorf 1992, S. 125-138.

Busse von Colbe, Walther [Informationsinstrument]: Die Entwicklung des Jahresabschlusses als Informationsinstrument, in: Wagner, Franz W. (Hrsg.), Ökonomische Analyse des Bilanzrechts, ZfBF Sonderheft 32, Düsseldorf u. a. 1993, S. 11-29.

Busse von Colbe, Walther [Unternehmensführung]: Das Rechnungswesen im Dienste einer kapitalmarktorientierten Unternehmensführung, in: Globale Finanzmärkte: Konsequenzen für Finanzierung und Unternehmensrechnung; Kongress Dokumentation, 49. Deutscher Betriebswirtschafter-Tag 1995, hrsg. von der Schmalenbach-Gesellschaft – Deutsche Gesellschaft für Betriebswirtschaft e.V., Stuttgart 1996, S. 15-34.

Busse von Colbe, Walther [Shareholder Value]: Was ist und was bedeutet Shareholder Value aus betriebswirtschaftlicher Sicht?, in: ZGR, 26. Jg. (1997), S. 271-290.

Busse von Colbe, Walther [Cash-Flow-Return]: Cash-Flow-Return, in: Lexikon des Rechnungswesens: Handbuch der Bilanzierung und Prüfung, der Erlös-, Finanz-, Investitions- und Kostenrechnung, hrsg. von Walther Busse von Colbe und Bernhard Pellens, 4. Aufl., München/Wien 1998, S. 167 f.

Busse von Colbe, Walther [Rechnungswesen]: Rechnungswesen, in: Lexikon des Rechnungswesens: Handbuch der Bilanzierung und Prüfung, der Erlös-, Finanz-, Investitions- und Kostenrechnung, hrsg. von Walther Busse von Colbe und Berhard Pellens, 4. Aufl., München/Wien 1998, S. 599-602.

Busse von Colbe, Walther [Entwicklungsperspektiven]: Entwicklungsperspektiven der Rechnungslegung in Deutschland- Die deutsche Rechnungslegung vor einem Paradigmawechsel, in: zfbf 54. Jg. (2002), S. 159-172.

Bühler, Wolfgang [Optionspreistheorie]: Optionspreistheorie, in: Enzyklopädie der Betriebswirtschaftslehre, Bd. 3, Handwörterbuch der Betriebswirtschaft, Teilbd. 2 I-Q, hrsg. von Werner Kern u. a., 5. Aufl., Stuttgart 1993, Sp. 2980-2988.

Cairns, David [Applying]: Applying International Accounting Standards, 3. Aufl., London 2003.

Chambers, Raymond J. [Accounting]: Accounting, Evaluation and Economic Behavior, Englewood Cliffs 1966.

Chua, Wai Fong [Developments]: Radical Developments in Accounting Thought, in: AR, Vol. 61 (1986), S. 601-632.

Claussen, Carsten Peter [Stellenwert des § 264 Abs. 2 HGB]: Zum Stellenwert des § 264 Abs. 2 HGB, in: Bilanz- und Konzernrecht, Festschrift zum 65. Geburtstag von Reinhard Goerdeler, hrsg. von Hans Havermann, Düsseldorf 1987, S. 79-92.

Claussen, Carsten Peter [Stellenwert des Rechnungslegungsrechts]: Zum Stellenwert des Rechnungslegungsrechts, in: Aktien- und Bilanzrecht, Festschrift für Bruno Kropff, hrsg. von Karl-Heinz Forster u. a., Düsseldorf 1997, S. 431-444.

Claussen, Carsten Peter/Kronstein, Heinrich [Publizität]: Publizität und Gewinnverteilung im neuen Aktienrecht – rechtsvergleichende Untersuchung unter Berücksichtigung des amerikanischen Rechts, Frankfurt 1960.

Claussen, Carsten Peter/Scherrer, Gerhard [Kölner Kommentar zum AktG]: Kölner Kommentar zum Aktiengesetz, Bd. 6, Teil II, Kommentierung zu §§ 300-315 HGB unter Einschluß von IAS und US-GAAP, hrsg. von Wolfgang Zöllner, 2. Aufl., Köln u. a. 2003.

Clemm, Hermann [Aufgaben]: Unternehmerische Rechnungslegung –Aufgaben, Möglichkeiten, Grenzen–, in: Bilanz- und Konzernrecht, Festschrift zum 65. Geburtstag von Reinhard Goerdeler, hrsg. von Hans Havermann, Düsseldorf 1987, S. 93-112.

Clemm, Hermann [Wahlrechte]: § 264 HGB und Wahlrechte, in: Rechenschaftslegung im Wandel, Festschrift für Wolfgang Dieter Budde, hrsg. von Gerhart Förschle u. a., München 1995, S. 135-156.

Coenenberg, Adolf Gerhard [Ertragslage]: Ertragslage, in: Handwörterbuch unbestimmter Rechtsbegriffe im Bilanzrecht des HGB, hrsg. von Ulrich Leffson, Dieter Rückle und Bernhard Großfeld, Köln 1986, S. 155-163.

Coenenberg, Adolf Gerhard [Rechnungswesen]: Rechnungswesen und Unternehmensrechnung, in: Enzyklopädie der Betriebswirtschaftslehre, Bd. 3, Handwörterbuch der Betriebswirtschaft, Teilbd. 3 R-Z, hrsg. von Werner Kern u. a., 5. Aufl., Stuttgart 1993, Sp. 3677-3696.

Coenenberg, Adolf Gerhard [Jahresabschluss]: Jahresabschluss und Jahresabschlussanalyse: Betriebswirtschaftliche, handelsrechtliche, steuerrechtliche und internationale Grundsätze – HGB, IAS/IFRS, US-GAAP, DRS, 19. Aufl., Stuttgart 2003.

Coenenberg, Adolf Gerhard/Reinhardt, Alexander [Jahresabschlußanalyse]: Erfolgswirtschaftliche Jahresabschlußanalyse bei Bilanzierung nach International Accounting Standards (IAS), in: Internationale Rechnungslegung, Festschrift für Professor Claus-Peter Weber zum 60. Geburtstag, hrsg. von Karlheinz Küting und Günther Langenbucher, Stuttgart 1999, S. 561-584.

Crandall, Robert H. [Information]: Information Economics and Its Implications for the Further Development of Accounting Theory, in: AR, 44. Jg. (1969), S. 457-466.

Dawo, Sascha [Güter]: Immaterielle Güter in der Rechnungslegung nach HGB, IAS/IFRS und US-GAAP, Aktuelle Rechtslage und neue Wege der Bilanzierung und Berichterstattung, Herne/Berlin 2003, zugl. Diss. Univ. Saarbrücken 2003.

Delfmann, Werner [Kontrollprozesse]: Planungs- und Kontrollprozesse, in: Enzyklopädie der Betriebswirtschaftslehre, Bd. 3, Handwörterbuch der Betriebswirtschaft, Teilbd. 2 I-Q, hrsg. von Werner Kern u. a., 5. Aufl., Stuttgart 1993, Sp. 3232-3251.

Dirrigl, Hans [Wertorientierung]: Wertorientierung und Konvergenz in der Unternehmensrechnung, in: BFuP, 50. Jg. (1998), S. 540-579.

Drukarczyk, Jochen [Ausschüttungssperre]: Ausschüttungssperre, Ausschüttungsregel und Kapital- bzw. Substanzerhaltung, in: WiSt, 1978, S. 97-103.

Drukarczyk, Jochen [Theorie]: Theorie und Politik der Finanzierung, 2. Aufl., München 1993.

Drukarczyk, Jochen [Finanzierung]: Finanzierung: eine Einführung, 9. Aufl., Stuttgart 2003.

Drukarczyk, Jochen [Unternehmensbewertung]:Unternehmensbewertung, 3. Aufl., München 2001.

Drukarczyk, Jochen/Richter, Frank [Valuing]: Valuing German companies using the adjusted present value approach, Regensburg 1996.

DVFA/SG [Ergebnis]: Ergebnis je Aktie nach DVFA/SG, Gemeinsame Empfehlung Kommission für Kapitalmarktbezogene Aktienanalyse und Bewertungsmethoden (Methodenkommission) der Deutschen Vereinigung für Finanzanalyse und Anlageberatung e.V. (DVFA), Arbeitskreis »Externe Unternehmensrechnung« der Schmalenbach-Gesellschaft – Deutsche Gesellschaft für Betriebswirtschaft (SG), hrsg. von Walther Busse von Colbe u. a., 3. Aufl., Stuttgart 2000.

Dyckerhoff, Christian/Lüdenbach, Norbert/Schulz, Roland [Probleme]: Praktische Probleme bei der Durchführung von Impairment-Tests im Sachanlagevermögen, in: Internationalisierung der Rechnungslegung und Corporate Governance, Festschrift für Klaus Pohle, hrsg. von Axel v. Werder und Harald Wiedmann, Stuttgart 2003, S. 33-59.

Eccles, Robert G. u. a. [ValueReporting]: Die ValueReporting Revolution, Neue Wege in der kapitalmarktorientierten Unternehmensberichterstattung, Weinheim 2002.

Edwards, Edgar/Bell, Philip [Income]: The Theory and Measurement of Business Income, Berkley u. a. 1961.

Egger, Anton [Aufwand]: Aufwand und Ertrag, in: Enzyklopädie der Betriebswirtschaftslehre, Bd. 3: Handwörterbuch des Rechnungswesens, hrsg. von Klaus Chmielewicz und Marcell Schweitzer, 3. Aufl., Stuttgart 1993, Sp. 88-92.

Egger, Anton [Rentabilität]: Rentabilität, in: Lexikon des Rechnungswesens: Handbuch der Bilanzierung und Prüfung, der Erlös-, Finanz-, Investitions- und Kostenrechnung, hrsg. von Walther Busse von Colbe und Bernhard Pellens, 4. Aufl., München/Wien 1998, S. 603-606.

Egner, Henning [Bilanzen]: Bilanzen – Ein Lehrbuch zur Bilanztheorie, München 1974.

Eibelshäuser, Manfred [Abschreibungen]: Abschreibungen und Realisationsprinzip, in: Handelsbilanzen und Steuerbilanzen, Festschrift zum 70. Geburtstag von Heinrich Beisse, hrsg. von Wolfgang Dieter Budde, Düsseldorf 1997, S. 153-169.

Eidel, Ulrike [Verfahren]: Moderne Verfahren der Unternehmensbewertung und Performance-Messung: kombinierte Analysemethoden auf der Basis von US-GAAP-, IAS-, und HGB-Abschlüssen, Herme/Berlin 1999, zugl. Diss. Univ. Saarbrücken 1999.

Ellrott, Helmut/Bartels-Hetzler, Sibylle [§ 266], Kommentierung zu § 266 HGB, in: Beck'scher Bilanz-Kommentar, Handels- und Steuerrecht – § 238 bis 339 HGB –, hrsg. von Axel Berger u. a., 5. Aufl., München 2003.

Elschen, Rainer [Principal-Agent]: Principal-Agent, in: Lexikon des Rechnungswesens: Handbuch der Bilanzierung und Prüfung, der Erlös-, Finanz-, Investitions- und Kostenrechnung, hrsg. von Walther Busse von Colbe und Bernhard Pellens, 4. Aufl., München/Wien 1998, S. 557-560.

Engels, Wolfram [Bemerkungen]: Bemerkungen zu den Bilanztheorien von Moxter und Stützel, in: Bilanzfragen, Festschrift zum 65. Geburtstag von Prof. Dr. Ulrich Leffson, hrsg. von Jörg Baetge, Adolf Moxter und Dieter Schneider, Düsseldorf 1976, S. 31-48.

Epstein, Barry Jay/Mirza, Abbas Ali [IAS 2003]: Wiley IAS 2003, Interpretation and Application of International Accounting Standards, New York u. a. 2003.

Euler, Roland [System]: Das System der Grundsätze ordnungsmäßiger Bilanzierung, Stuttgart 1996, zugl. Habil.-Schrift Univ. Frankfurt am Main 1995.

Euler, Roland [Bilanzrechtstheorie]: Bilanzrechtstheorie und internationale Rechnungslegung, in: Handelsbilanzen und Steuerbilanzen, Festschrift zum 70. Geburtstag von Heinrich Beisse, hrsg. von Wolfgang Dieter Budde, Adolf Moxter und Klaus Offerhaus, Düsseldorf 1997, S. 171-188.

Europäisches Parlament und Rat der Europäischen Union [Verordnung]: Verordnung (EG) 1606/2002 vom 19.7.2002, Anwendung internationaler Rechnungslegungsstandards, http://www.europa.eu.int/comm /internal_market /accounting/officialdocs_de.htm#directives (abgerufen am: 30.4. 2004).

FASB [Challenges]: Special Report, Business and Financial Reporting, Challenges from New Economy, Norwalk 2001, http://www.fasb.org/artic les& reports/sr_new_economy.pdf (abgerufen am 30.4.2004).

FASB [Performance]: Financial Performance Reporting by Business Enterprises, http://www.fasb.org/project/fin_reporting.shtml (abgerufen am: 30.4.2004).

Fertig, Paul [Objectivity]: Current Values and Index Numbers: The Problem of Objectivity, in: Research in Accounting Measurement, hrsg. von Robert Jaedicke, Yuji Ijiri und Oswald Nielsen, Evanston 1966, S. 137-149.

Flury, Cornelia [Gewinnerläuterungsprinzipien]: Gewinnerläuterungsprinzipien, Frankfurt am Main u. a. 1999, zugl. Diss. Univ. Frankfurt am Main 1998.

Förschle, Gerhart [§275]: Kommentierung zu § 275 HGB, in: Beck'scher Bilanz-Kommentar, Handels- und Steuerrecht – § 238 bis 339 HGB –, hrsg. von Axel Berger u. a., 5. Aufl., München 2003.

Franke Günter [Agency-Theorie]: Agency-Theorie, in: Enzyklopädie der Betriebswirtschaftslehre, Bd. 3, Handwörterbuch der Betriebswirtschaft, Teilbd. 1 A-H, hrsg. von Werner Kern u. a., 5. Aufl., Stuttgart 1993, Sp. 37-49.

Gabelsberger, Franz Xaver [Equity]: Equity-Bewertung im Jahresabschluß: Bilanzierung von Beteiligungen unter besonderer Berücksichtigung der Informationsfunktion des Jahresabschlusses, Frankfurt am Main u. a. 2001, zugl. Diss. Univ. Regensburg 2000.

Gasser, Urs [Variationen]: Variationen über «Informationsqualität», in: Festschrift für Jean Nicolas Druey zum 65. Geburtstag, hrsg. von Rainer J. Schweizer, Herbert Burkert und Urs Gasser, Zürich/Basel/Genf 2002, S. 727-754.

von der Gathen, Andreas [Marken]: Marken im Jahresabschluß und Lagebericht, Frankfurt am Main u. a. 2001, zugl. Diss. Univ. Bochum 1999.

Geiger, Thomas [Segmentberichterstattung]: Shareholder-orientierte Segmentberichterstattung: Entwicklung eines Konzeptes für internationale Konzerne, München 2002, zugl. Diss. Univ. Erlangen 2001.

Gemünden, Hans Georg [Information]: Information: Bedarf, Analyse und Verhalten, in: Enzyklopädie der Betriebswirtschaftslehre, Bd. 3, Handwörterbuch der Betriebswirtschaft, Teilbd. 2 I-Q, hrsg. von Werner Kern u. a., 5. Aufl., Stuttgart 1993, Sp. 1725-1735.

Gerbaulet, Christian [Comprehensive]: Reporting Comprehensive Income, Wiesbaden 1999, zugl. Diss. EBS Oestrich-Winkel 1998.

Gordon, Myron J. [Research]: Scope and Method of Theory and Research in the Measurement of Income and Wealth, in: AR 35. Jg. (1960), S. 603-618.

Goerdeler, Reinhard [Publizität]: Publizität der Rechnungslegung im Rückblick und Ausblick, in: Rechnungslegung, Entwicklungen bei der Bilanzierung und Prüfung von Kapitalgesellschaften, Festschrift zum 65. Geburtstag von Karl Heinz Forster, hrsg. von Adolf Moxter u. a., Düsseldorf 1992, S. 237-252.

Göbel, Stefan [Bilanzierung]: Die Bilanzierung von Tageswerten und die Saldierung von Gewinnen und Verlusten, in: US-amerikanische Rechnungslegung, Grundlagen und Vergleich mit deutschem Recht, hrsg. von Wolfgang Ballwieser, 4. Aufl., Stuttgart 2000.

Grau, Andreas [Gewinnrealisierung]: Gewinnrealisierung nach International Accounting Standards, Wiesbaden 2002, zugl. Diss. Univ. Mainz 2002.

Gray, Sidney J./Radebaugh, Lee H./Roberts, Clare B. [Cost]: International perceptions of cost constraints on voluntary information disclosures: a comparative study of U.K. and U.S. Multinationals, in: JIBS, 21. Jg. (1990), S. 597-622.

Gümbel, Rudolf [Teilwert]: Der Teilwert: Legaldefinition und Zurechnungsalgorithmus, in: zfbf, 39. Jg. (1987), S. 131-145.

Günther, Thomas [Controlling]: Unternehmenswertorientiertes Controlling, München 1997.

Günther, Thomas [Rechnungslegung]: Wertorientierte Rechnungslegung, in: Enzyklopädie der Betriebswirtschaftslehre, Bd. 8; Handwörterbuch der Rechungslegung und Prüfung, hrsg. von Wolfgang Ballwieser, Adolf Gerhard Coenenberg und Klaus von Wysocki, 3. Aufl., Stuttgart 2002, Sp. 2658-2676.

Günther, Thomas/Landrock, Bert/Muche, Thomas [Performancemaße]: Gewinn- versus unternehmenswertbasierte Performancemaße – Eine empirische Untersuchung auf Basis der Korrelation von Kapitalmarktrenditen, in: Controlling, 12. Jg. (2000), S. 69-76, 129-134.

Hachmeister, Dirk [Shareholder Value]: Shareholder Value, in: DBW, 57. Jg. (1997), S. 823-839.

Hachmeister, Dirk [Erfolgsgröße]: Der Cash Flow Return on Investment als Erfolgsgröße einer wertorientierten Unternehmensführung, in: zfbf, 49. Jg. (1997), S. 556-579.

Haller, Axel [Vermögenswerte]: Immaterielle Vermögenswerte – Wesentliche Herausforderung für die Zukunft der Unternehmensrechnung, in: Rechnungswesen als Instrument für Führungsentscheldungen, Festschrift für Adolf G. Coenenberg, hrsg. von Hans Peter Möller und Franz Schmidt, Stuttgart 1998, S. 561-596.

Haller, Axel/Schloßgangl, Maria [Neugestaltung]: Notwendigkeit einer Neugestaltung des Performance Reporting nach International Accounting (Financial Reporting) Standards – Konzeptionelle und empirische Evidenzen –, in: KoR, 4. Jg. (2003), S. 317-327.

Hansjürgens, Gisbert [Investitionen]: Strategische Investitionen in immaterielle Vermögenswerte und ihre Behandlung im betriebswirtschaftlichen Rechnungswesen, in: BB, 50. Jg. (1995), S. 1898-1900.

Hartle, Joachim [Entobjektivierung]: Möglichkeiten der Entobjektivierung der Bilanz: eine ökonomische Analyse, Frankfurt/Main, Bern, New York, 1984, zugl. Diss. Univ. Frankfurt/Main 1984.

Hartmann-Wendels, Thomas [Informationsökonomie]: Rechnungslegung der Unternehmen und Kapitalmarkt aus informationsökonomischer Sicht, Heidelberg 1991.

Hauschildt, Jürgen [Gewinn]: Gewinn, in: Lexikon des Rechnungswesens: Handbuch der Bilanzierung und Prüfung, der Erlös-, Finanz-, Investitions- und Kostenrechnung, hrsg. von Walther Busse von Colbe und Bernhard Pellens, 4. Aufl., München/Wien 1998, S. 288-290.

Havermann, Hans [Konzernrechnungslegung]: Konzernrechnungslegung – quo vadis?, in: WPg, 53. Jg. (2000), S. 121-127.

Hax, Herbert [Rechnungslegungsvorschriften]: Rechnungslegungsvorschriften – Notwendige Rahmenbedingungen für den Kapitalmarkt?, in: Unternehmungserfolg, Planung, Ermittlung, Kontrolle, Festschrift für Walther Busse von Colbe zum 60. Geburtstag, hrsg. von Michael Domsch, Wiesbaden 1988, S. 187-201.

Hebertinger, Martin [Wertsteigerungsmaße]: Wertsteigerungsmaße – Eine kritische Analyse, Frankfurt am Main u. a. 2002, zugl. Diss. Univ. München 2001.

Hendriksen, Eldon S./Breda, Michael. F. van [Accounting]: Accounting Theory, 5. Aufl., Homewood/Boston 1992.

Hense, Burkhard/Schellhorn, Mathias [§ 264], Kommentierung zu § 264 HGB, in: Beck'scher Bilanz-Kommentar, Handels- und Steuerrecht – § 238 bis 339 HGB –, hrsg. von Axel Berger u. a., 5. Aufl., München 2003.

Henselmann, Klaus [Unternehmensrechnungen]: Unternehmensrechnungen und Unternehmenswert: Ein situativer Ansatz, Aachen 1999, zugl. Habil.-Schrift Univ. Bayreuth 1997.

Herrmann, Horst [Realisierung]: Die Realisierung von Gewinnanteilen und die Berücksichtigung von Verlusten bei Kapitalgesellschaften aus Anteilen an Personenhandelsgesellschaften, in: WPg, 44. Jg. (1991), S. 461-469 und S. 505-508.

Herzig, Norbert [Gewinnermittlung]: Internationalisierung der Rechnungslegung und steuerliche Gewinnermittlung, in: WPg, 53. Jg. (2000), S. 104-119.

Herzig, Norbert/Dautzenberg, Norbert [Auswirkungen]: Auswirkungen der Internationalisierung der Rechnungslegung auf die Steuerbilanz, BfuP, 50. Jg. (1998), S. 23-37.

Hesse, Thomas [Unternehmenserfolg]: Periodischer Unternehmenserfolg zwischen Realisations- und Antizipationsprinzip, Vergleich von Aktienrendite, Cash-Flow und Economic Value-Added, Bern/Stuttgart/Wien 1996, zugl. Diss. Univ. St. Gallen 1996.

Hilke, Wolfgang [Markt]: Markt, Marktformen und Marktverhaltensweisen, in: Enzyklopädie der Betriebswirtschaftslehre, Bd. 3, Handwörterbuch der Betriebswirtschaft, Teilbd. 2 I-Q, hrsg. von Werner Kern u. a., 5. Aufl., Stuttgart 1993, Sp. 2769-2782.

Hillebrandt, France/Sellhorn, Thorsten [Pro-Forma-Earnings]: Pro-Forma-Earnings: Umsatz vor Aufwendungen? – Eine kritische Analyse aktueller Forschungsergebnisse und Regulierungsbemühungen –, in: KoR, 3. Jg. (2002), S. 153 f.

Hirst, Roger [Rechenschaftspflicht]: Rechenschaftspflicht gegenüber Aktionären als Faktor im Standortwettbewerb, in: Controlling und Rechnungswesen im internationalen Wettbewerb: Kongress-Dokumentation, 51. Deutscher Betriebswirtschafter-Tag 1997, hrsg. von Clemens Börsig und Adolf G. Coenenberg, Stuttgart 1998, S. 87-101.

Hitz, Jörg-Markus/Kuhner, Christoph [Erweiterung]: Erweiterung des US-amerikanischen conceptual framework um Grundsätze der Barwertermittlung – Inhalt und Bedeutung des Statement of Financial Accounting Concepts No. 7, in: WPg, 53. Jg. (2000), S. 889-902.

Hoffmann, Wolf-Dieter/Lüdenbach, Norbert [Rechnungslegung]: Internationale Rechnungslegung: kapitalmarkt- oder managementorientiert?, in: StuB 4. Jg. (2002), S. 541-548.

Hollmann, Sebastian [Reporting]: Reporting Performance – Analyse des Ausweises der Erträge und Aufwendungen in einem Abschluß nach den Rechnungslegungsvorschriften des IASB -, Düsseldorf 2003, zugl. Diss. Univ. Münster 2002.

Holzer, Peter/Ernst, Christian [Comprehensive]: (Other) Comprehensive Income und Non-Ownership Movements in Equity – Erfassung und Ausweis des Jahresergebnisses und des Eigenkapitals nach US-GAAP und IAS, in: WPg, 52. Jg. (1999), S. 353-370.

Hommel, Michael [Bilanzrechtskonzeptionen]: Internationale Bilanzrechtskonzeptionen und immaterielle Vermögensgegenstände, in: zfbf, 49 Jg. (1997), S. 345-369.

Hommel, Michael [Anlagewerte]: Bilanzierung immaterieller Anlagewerte, Stuttgart 1998, zugl. Habil.-Schrift Univ. Frankfurt am Main 1996.

Hostettler, Stephan [EVA]: Das Konzept des Economic Value Added (EVA)- Maßstab für finanzielle Performance und Bewertungsinstrument im Zeichen des Shareholder Value; Darstellung und Anwendung auf Schweizer Aktiengesellschaften, Bern 1997, zugl. Diss. Univ. St. Gallen 1996.

Hulle, Karel van [Richtlinie]: “True and Fair View”, im Sinne der 4. Richtlinie, in: Rechenschaftslegung im Wandel, Festschrift für Wolfgang Dieter Budde, hrsg. von Gerhart Förschle u. a., München 1995, S. 313-326.

Hütten, Christoph [Geschäftsbericht]: Der Geschäftsbericht als Informationsinstrument: Rechtsgrundlagen – Funktionen – Optimierungsmöglichkeiten, Düsseldorf 2000.

IASB [Small]: Accounting Standards for Small and Medium Entities, http://www.iasb.org/uploaded_files/documents/16_33_sme-ps.pdf (abgerufen am: 30.4.2004).

IASB [Business Combinations]: Business Combinations (phase II) – Application of the Purchase Method, http://www.iasb.org/uploaded_files/documents/ 16_ 10_buscom2-ps.pdf (abgerufen am 30.4.2004).

IASB/ASB [Reporting]: Reporting Comprehensive Income, Project Summary, http://www.iasb.org/uploaded_files/documents/16_19_rci-ps.pdf (abgerufen am: 30.4.2004).

IASC (Hrsg.) [G 4 + 1 Position Paper]: G 4 + 1 Position Paper: Reporting Financial Performance, London 1999, http://www.iasc.org.uk/docs/g4rfp99/rfp99. pdf (abgerufen am: 1.8.2003).

IASC Steering Committee [Performance]: Reporting Performance, Report from the IASC Steering Committee on Reporting Financial Performance, Draft Statement of Principles, Reporting Recognised Income and Expense, London 2001, http://www.iasb.org/docs/g4rfp99/rfp99.pdf (abgerufen am: 30.4.2004).

IDW (Hrsg.) [WP-Handbuch]: Wirtschaftsprüfer-Handbuch 2000, Handbuch für Rechnungslegung, Prüfung und Beratung, Band I, 12. Aufl., Düsseldorf 2000.

IDW [RS HFA 2]: IDW Stellungnahme zur Rechnungslegung: Einzelfragen zur Anwendung von IAS (IDW RS HFA 2), abgerufen am: 1.7.2002.

Ijiri, Yuji [Control]: Management Goals and Accounting for Control, Amsterdam 1965.

Ijiri, Yuji [Measurement]: Theory of Accounting Measurement, Sarasota 1975.

Ijiri, Yuji/Jaedicke Robert [Reliability]: Reliability and Objectivity of Accounting Measurements, in: AR, 41. Jg. (1966), S. 474-483.

Jacobs, Otto H. [IAS 2]: IAS 2, Vorräte (Inventories), in: Rechnungslegung nach International Accounting Standards (IAS), Kommentar auf der Grundlage des deutschen Bilanzrechts, hrsg. von Jörg Baetge u. a., 2. Aufl., Stuttgart 2002.

Janik, Achim [Investor]: Investor Relations in der Unternehmenskommunikation, zugl. Diss. Univ. Münster, Wiesbaden 2002.

Johnson, L. Todd/Lennard, Andrew [Performance]: Reporting Financial Performance: Current Developments and Future Directions, London 1998.

Jung, Maximilian [Wesentlichkeit]: Zum Konzept der Wesentlichkeit bei Jahresabschlusserstellung und -prüfung, eine theoretische Untersuchung, Frankfurt/Main 1997, zugl. Diss. Univ. Graz 1996.

Kahle, Holger [Informationsversorgung]: Informationsversorgung des Kapitalmarkts über internationale Rechnungslegungsstandards, in: KoR, 3. Jg. (2002), S. 95-107.

Kames, Christian [Unternehmensbewertung]: Unternehmensbewertung durch Finanzanalysten als Ausgangspunkt eines value based measurement, Frankfurt am Main u. a. 2000, zugl. Diss. Univ. Passau 1999.

Kampmann, Helga [Kapitalstruktur]: Die Kapitalstruktur der Unternehmung in der handelsrechtlichen Rechnungslegung: Ökonomische Theorie des Bilanzrechts und Prinzipien der Bilanzierung einfacher und hybrider Kapitalformen, Bielefeld 2001, zugl. Diss. Humboldt-Univ. Berlin 2001.

Kawlath, Arnold [Unternehmenserfolge]: Reichen Jahresabschluß und Lagebericht, um auf künftige Unternehmenserfolge zu schließen?, in: Jahresabschluß und Jahresabschlussprüfung – Probleme, Perspektiven, internationale Einflüsse, Festschrift zum 60. Geburtstag von Jörg Baetge, hrsg. von Thomas R. Fischer und Reinhold Hömberg, Düsseldof 1997, S. 189-213.

Käfer, Karl [Zukunftsrechnung]: Die Bilanz als Zukunftsrechnung – eine Vorlesung über den Inhalt der Unternehmungsbilanz, Zürich 1962.

Kelle, Holger [Stock Options]: Die Bilanzierung von Stock Options, Düsseldorf 2002, zugl. Diss. Univ. Regensburg 2001.

Kirchner, Christian [Bilanzrecht]: Bilanzrecht und neue Institutionenökonomik: Interdisziplinäre Überlegungen, in: Handelsbilanzen und Steuerbilanzen, Festschrift zum 70. Geburtstag von Heinrich Beisse, hrsg. von Wolfgang Dieter Budde, Adolf Moxter und Klaus Offerhaus, Düsseldorf 1997, S. 267-283.

Kirchner, Christian [Entscheidungsnützlichkeit]: Wettbewerbsfaktor „Entscheidungsnützlichkeit von Rechnungslegungsinformationen“: eine institutionenökonomische Analyse, in: Wettbewerb und Unternehmensrechnung, Tagung des Ausschusses Unternehmensrechnung im Verein für Socialpolitik am 7. und 8. Juli 2000 in Bochum, hrsg. von Thomas Schildbach und Alfred Wagenhofer, Düsseldorf/Frankfurt 2000, S. 41-68.

Kleekämper, Heinz/ Knorr, Liesel/ Somes, Karen/ Bischof, Stefan/ Doleczik, Günther [IAS 1]: IAS 1 Darstellung des Abschlusses (Presentation of Financial Statements), in: Rechnungslegung nach International Accounting Standards (IAS), Kommentar auf der Grundlage des deutschen Bilanzrechts, hrsg. von Jörg Baetge u. a., 2. Aufl., Stuttgart 2003.

Kley, Christoph/Vater, Hendrik J. [Pro-forma-Gewinne]: Pro-forma-Gewinne: des Kaisers neue Kleider?, in: KoR, 4. Jg. (2003), S. 45-50.

Kley, Karl-Ludwig [Fair Value-Bilanzierung]: Die Fair Value-Bilanzierung in der Rechnungslegung nach den International Accounting Standards (IAS), in: DB, 54. Jg. (2001), S. 2257-2262.

Klingebiel, Norbert [Entwicklungslinien]: Entwicklungslinien und Aussageerwartungen an Performance Measurement-Systeme, in: Performance measurement & balanced scorecard, hrsg. von Norbert Klingebiel, München 2001, S. 39-64.

Knutson, Peter H./Napolitano Gabrielle U. [Evaluating]: Criteria Employed by the AIMR Financial Accounting Policy Committee in Evaluating Financial Accounting Standards, in: Accounting Horizons Vol. 12 (1998), S. 170-176.

Koch, Helmut [Planungssysteme]: Planungssysteme, in: Enzyklopädie der Betriebswirtschaftslehre, Bd. 3, Handwörterbuch der Betriebswirtschaft, Teilbd. 2 I-Q, hrsg. von Werner Kern u. a., 5. Aufl., Stuttgart 1993, Sp. 3251-3262.

KPMG (Hrsg.) [Value]: Value Based Management, Shareholder Value Konzepte, Eine Untersuchung der DAX 100 Unternehmen, Frankfurt/Main 2000.

Kubin, Konrad W. [Aktionär]: Der Aktionär als Aktienkunde – Anmerkungen zum Shareholder Value, zur Wiedervereinigung der internen und externen Rechnungslegung und zur globalen Verbesserung der Berichterstattung, in: Rechnungswesen als Instrument für Führungsentscheidungen, Festschrift für Adolf G. Coenenberg, hrsg. von Hans Peter Möller und Franz Schmidt, Stuttgart 1998, S. 525-558.

Kuhlewind, Andreas-Markus [Grundlagen]: Grundlagen einer Bilanzrechtstheorie in den USA, Frankfurt am Main u. a. 1997, zugl. Diss. Univ. München 1996.

Kuhlewind, Andreas-Markus [Ergebnisrechnung]: Die amerikanische Ergebnisrechnung: Ausweis des Unternehmenserfolgs im Abschluß nach US-GAAP, in: US-amerikanische Rechnungslegung: Grundlagen und Vergleiche mit dem deutschen Recht, hrsg. von Wolfgang Ballwieser, 4. Aufl., Stuttgart 2000, S. 283-328.

Kuhner, Christoph [Bewertungskonzeptionen]: Geschäftszweckgebundene Bewertungskonzeptionen in der externen Rechungslegung von Unternehmen, Berlin 1994, zugl. Diss. Univ. Bonn 1993.

Kupsch, Peter [Jahresabschluß]: Jahresabschluß, handelsrechtlicher, in: Enzyklopädie der Betriebswirtschaftslehre, Bd. 3, Handwörterbuch der Betriebswirtschaft, Teilbd. 2 I-Q, hrsg. von Werner Kern u. a., 5. Aufl., Stuttgart 1993, Sp. 2045-2062.

Kübler, Friedrich [Vorsichtsprinzip]: Vorsichtsprinzip versus Kapitalmarktinformation – Bilanzprobleme aus der Perspektive der Gesellschaftsrechtvergleichung, in: Rechenschaftslegung im Wandel, Festschrift für Wolfgang Dieter Budde, hrsg. von Gerhart Förschle u. a., München 1995, S. 361-375.

Kümmel, Jens [Grundsätze]: Grundsätze für die Fair Value-Ermittlung mit Barwertkalkülen – Eine Untersuchung auf der Grundlage des Statement of Financial Accounting Concepts No. 7 –, Düsseldorf 2002, zugl. Diss. Univ. Münster 2002.

Küpper, Hans-Ulrich [Kosten]: Kosten und Leistung, in: Lexikon des Rechnungswesens: Handbuch der Bilanzierung und Prüfung, der Erlös-, Finanz-, Investitions- und Kostenrechnung, hrsg. von Walther Busse von Colbe und Bernhard Pellens, 4. Aufl., München/Wien 1998, S. 458-460.

Küting, Karlheinz/Dawo, Sascha [Anwendungsfälle]: Anwendungsfälle der fair value-Bewertung bei nicht finanziellen Vermögenswerten im Rahmen der International Financial Reporting Standards (IFRS), in: KoR, 4. Jg. (2003), S. 228-241.

Küting, Karlheinz/Eidel, Ulrike [Performance-Messung]: Performance-Messung und Unternehmensbewertung auf Basis des EVA, in: WPg, 52. Jg. (1999), S. 829-838.

Küting, Karlheinz/Heiden, Matthias/Lorson, Peter [Performancemessung]: Neuere Ansätze der Bilanzanalyse – Externe unternehmenswertorientierte Performancemessung -, in: BBK Beilage zu Heft 1/2000.

Küting, Karlheinz/Ulrich, Andreas [Abbildung]: Abbildung und Steuerung immaterieller Vermögensgegenstände – Werttreiber im normativen Zwangskorsett, in: DStR, 39. Jg. (2001), S. 953-960, 1000-1004.

Labhart, Peter A. [Value Reporting]: Value Reporting: Informationsbedürfnisse des Kapitalmarktes und Wertsteigerung durch reporting, Zürich 1999, zugl. Diss. Univ. Zürich 1999.

Lange, Christoph [Jahresabschlußinformationen]: Jahresabschlußinformationen und Unternehmensbeurteilung, Stuttgart 1989, zugl. Habil. Univ. Dortmund 1989.

Larson, Kermit/Schattke, R.W. [Additivity]: Current Cash Equivalent, Additivity, and Financial Action, in: AR 41. Jg. (1966), S. 634-641.

Lauth, Bernd [Einheitsbilanz]: Endgültiger Abschied von der Einheitsbilanz?, in: DStR 38. Jg. (2000), S. 1365-1372.

Laux, Helmut [Erfolgsbeteiligungen]: Anreizkompatible Erfolgsbeteiligungen und Kapitalmarkt, in: Bilanzrecht und Kapitalmarkt, in: Bilanzrecht und Kapitalmarkt, Festschrift zum 65. Geburtstag von Adolf Moxter, hrsg. von Wolfgang Ballwieser u. a., Düsseldorf 1994, S. 1259-1291.

Laux, Helmut [Unternehmensrechnung]: Unternehmensrechnung, Anreiz und Kontrolle, die Messung, Zurechnung und Steuerung des Erfolges als Grundprobleme der Betriebswirtschaftslehre, 2. Aufl., Berlin 1999.

Laux, Helmut/Liermann, Felix [Erfolgskontrolle]: Grundfragen der Erfolgskontrolle, Heidelberg u. a. 1986.

Leffson, Ulrich [Rechenschaft]: Der Ausbau der unternehmerischen Rechenschaft durch vollständigen Kapitaldispositionsnachweis, in: NBw, 21. Jg. (1968), S. 1-17.

Leffson, Ulrich [Bild]: Bild der tatsächlichen Verhältnisse, in: Handwörterbuch unbestimmter Rechtsbegriffe im Bilanzrecht des HGB, hrsg. von Ulrich Leffson, Dieter Rückle und Bernhard Großfeld, Köln 1986, S. 94-105.

Leffson, Ulrich [GoB]: Die Grundsätze ordnungsgemäßer Buchführung, 7. Aufl., Düsseldorf 1987.

Lev, Baruch [Intangibles]: Intangibles: management, measurement, and reporting, Washington, D.C. 2001.

Lewis, Thomas [Steigerung]: Steigerung des Unternehmenswertes: Total-value-Management, 2. Aufl., Landsberg/Lech 1995.

Lim, Ronald [Mathematical]: The Mathematical Propriety of Accounting Measurements and Calculations, in: AR 41. Jg. (1966), S. 642-651.

Lorson, Peter/Schedler, Jens [Unternehmenswertorientierung]: Unternehmenswertorientierung von Unternehmensrechnung, Finanzberichterstattung und Jahresabschlussanalyse, in: Vom Financial Accounting zum Business Reporting, Kapitalmarktorientierte Rechnungslegung und integrierte Unternehmenssteuerung, hrsg. von Karlheinz Küting und Claus-Peter Weber, Stuttgart 2002, S. 253-294.

Lüdenbach, Norbert/Hoffmann, Wolf-Dieter [Wahrscheinlichkeit]: Imparitätische Wahrscheinlichkeit – Zukunftswerte im IAS-Regelwerk, in: KoR, 4. Jg. (2003), S. 5-14.

Luhmann, Niklas [Vertrauen]: Vertrauen, ein Mechanismus zur Reduktion sozialer Komplexität, 2. Aufl., Stuttgart 1973.

Mag, Wolfgang [Planung]: Planung und Unsicherheit, in: Enzyklopädie der Betriebswirtschaftslehre, Bd. 3, Handwörterbuch der Betriebswirtschaft, Teilbd. 2 I-Q, hrsg. von Werner Kern u. a., 5. Aufl., Stuttgart 1993, Sp. 3200-3216.

Mattessich, Richard [Messung]: Messung und Bewertung, in: Handwörterbuch des Rechnungswesens, hrsg. von Erich Kosiol, 1. Aufl., Stuttgart 1970, Sp. 1105-1110.

Maul, Karl-Heinz/Menninger, Jutta [Ergänzung]: Das „Intellectual Property Statement“ – eine notwendige Ergänzung des Jahresabschlusses?, in: DB, 53. Jg. (2000), S. 529-533.

Merkt, Hanno [Gesellschaftsrecht]: US-amerikanisches Gesellschaftsrecht, Heidelberg 1991.

Metze, Christoph [Marktwertkonzept]: Möglichkeiten der Verwendung des externen Rechnungswesens zur Realisierung des Marktwertkonzepts, Paderborn u. a. 2000, zugl. Diss. Univ. Paderborn 1999.

Mock, Theodore Jaye [Criteria]: Measurement and Accounting Information Criteria, Studies in Accounting Research #13, Sarasota 1976.

Moxter, Adolf [Erwartungen]: Bilanzierung und unsichere Erwartungen, in: ZfhF, 14. Jg. (1962), S. 607-632.

Moxter, Adolf [Präferenzstruktur]: Präferenzstruktur und Aktivitätsfunktion des Unternehmers, in: zfbf 16. Jg. (1964), S. 6-35.

Moxter, Adolf [Grundsätze]: Die Grundsätze ordnungsmäßiger Bilanzierung und der Stand der Bilanztheorie, in: zfbf, 18. Jg. (1966), S. 28-59.

Moxter, Adolf [Rechenschaft]: Fundamentalgrundsätze ordnungsgemäßer Rechenschaft, in: Bilanzfragen, Festschrift zum 65. Geburtstag von Ulrich Leffson, hrsg. von Jörg Baetge, Adolf Moxter und Dieter Schneider, Düsseldorf 1976, S. 87-100.

Moxter, Adolf [Gewinnermittlung]: Betriebswirtschaftliche Gewinnermittlung, Tübingen 1982.

Moxter, Adolf [Unternehmensbewertung]: Grundsätze ordnungsmäßiger Unternehmensbewertung, 2. Aufl., Wiesbaden 1983.

Moxter, Adolf [Bilanzlehre I]: Bilanzlehre, Bd. I: Einführung in die Bilanztheorie, 3. Aufl., Wiesbaden 1984.

Moxter, Adolf [Bilanzlehre II]: Bilanzlehre, Bd. II: Einführung in das neue Bilanzrecht, 3. Aufl., Wiesbaden 1986.

Moxter, Adolf [Vermögenslage]: Vermögenslage gem. § 264, in: Handwörterbuch unbestimmter Rechtsbegriffe im Bilanzrecht des HGB, hrsg. von Ulrich Leffson, Dieter Rückle und Bernhard Großfeld, Köln 1986, S. 346-351.

Moxter, Adolf [Bilanz]: Periodengerechte Gewinnermittlung und Bilanz im Rechtssinne, in: Handelsrecht und Steuerrecht, Festschrift für Georg Döllerer, hrsg. von Brigitte Knobbe-Keuk, Düsseldorf 1988, S. 447-458.

Moxter, Adolf [Entwicklung]: Entwicklung der Theorie der handels- und steuerrechtlichen Gewinnermittlung, in: Ökonomische Analyse des Bilanzrechts, Entwicklungslinien und Perspektiven, Tagung des Ausschusses Unternehmensrechnung im Verein für Socialpolitik am 12. und 13. März 1993 in München, zfbf-Sonderheft 32, hrsg. von Franz W. Wagner, Düsseldorf u. a. 1993, S. 61-84.

Moxter, Adolf [matching principle]: Das „matching principle“: Zur Integration eines internationalen Rechnungslegungsgrundsatzes in das deutsche Bilanzrecht, in: Internationale Wirtschaftsprüfung, Festschrift zum 65. Geburtstag von Hans Havermann, hrsg. von Josef Lanfermann, Düsseldorf 1995, S. 487-504.

Moxter, Adolf [Überlegenheit]: Standort Deutschland: Zur Überlegenheit des deutschen Rechnungslegungsrechts, in: Standort Deutschland – Grundsatzfragen und aktuelle Perspektiven für die Besteuerung, die Prüfung und das Controlling, Festschrift für Anton Heigl zum 65. Geburtstag, hrsg. von Volker H. Peemöller und Peter Bömelburg., Berlin 1995, S. 31-41.

Moxter, Adolf [Verhältnis]: Zum Verhältnis von handelsrechtlichen Grundsätzen ordnungsgemäßer Bilanzierung und True-and-fair-view-Gebot bei Kapitalgesellschaften, in: Rechenschaftslegung im Wandel, Festschrift für Wolfgang Dieter Budde, hrsg. von Gerhart Förschle u. a., München 1995, S. 419-429.

Moxter, Adolf [Prüfung]: Zur Püfung des »true and fair view«, in: Rechnungslegung, Prüfung und Beratung. – Herausforderungen für den Wirtschaftsprüfer, Festschrift für Rainer Ludewig, hrsg. von Jörg Baetge u. a., Düsseldorf 1996, S. 671-682.

Moxter, Adolf [Fehlentwicklungen]: Fehlentwicklungen im Rechnungslegungsrecht, in: Aktien- und Bilanzrecht: Festschrift für Bruno Kropff, hrsg. von Karl-Heinz Forster u. a., Düsseldorf 1997, S. 507-515.

Moxter, Adolf [Grundwertungen]: Grundwertungen in Bilanzrechtsordnungen – ein Vergleich von überkommenem deutschen Bilanzrecht und Jahresabschlußrichtlinie, in: Handelsbilanzen und Steuerbilanzen, Festschrift zum 70. Geburtstag von Heinrich Beisse, hrsg. von Wolfgang Dieter Budde, Adolf Moxter und Klaus Offerhaus, Düsseldorf 1997, S. 347-391.

Moxter, Adolf [Gewinnkonzeptionen]: Zum Verhältnis von rechtlichen und betriebswirtschaftlichen Gewinnkonzeptionen, in: Perspektiven ökonomischen Denkens: klassische und neue Ansätze des Managements, Festschrift für Rudolf Gümbel, hrsg. von Herbert Woratschek, Frankfurt am Main 1998, S. 217-225.

Moxter, Adolf [Auskunftsverweigerungsrecht]: Verletzt das Auskunftsverweigerungsrecht des § 131 Abs. 3 Nr. 3 AktG die Eigentumsgarantie des Grundgesetzes?, in: Unternehmensrechnung und -besteuerung, Grundfragen und Entwicklungen, Festschrift für Dietrich Börner zum 65. Geburtstag, hrsg. von Heribert Meffert und Dietrich Adam, Wiesbaden 1998, S. 305-321.

Moxter, Adolf [Vorteile]: Besitzen IAS-konforme Jahres- und Konzernabschlüsse im Hinblick auf die Unternehmens- und Konzernsteuerung Vorteile gegenüber den Rechnungslegungstraditionen im EWR, in: Fortschritte im Rechnungswesen: Vorschläge für Weiterentwicklungen im Dienste der Unternehmens- und Konzernsteuerung durch Unternehmensorgane und Eigentümer, Festschrift zum 60. Geburtstag von Gerhard Seicht, hrsg. von Otto Altenburger, Otto Janschek und Heinrich Müller, Wiesbaden 1999, S. 497-505.

Moxter, Adolf [Rückstellungen]: Rückstellungen nach IAS : Abweichungen zum geltenden deutschen Bilanzrecht, in: BB, 54. Jg. (1999), S. 519-525.

Moxter, Adolf [Rechnungslegungskonzeptionen]: Rechnungslegungskonzeptionen im Widerstreit, in: Rechnungslegungskonzeptionen im Widerstreit, Beiträge zu den Wirtschaftswissenschaften, Verleihung der Ehrendoktorwürde der Wirtschaftswissenschaftlichen Fakultät der Universität Leipzig an Prof. Dr. Dr. h.c. mult. Adolf Moxter am 2. Dezember 1999, hrsg. von der Wirtschaftswissenschaftlichen Fakultät der Universität Leipzig, Leipzig 2000, S. 61-66.

Moxter, Adolf [Rechnungslegungsmythen]: Rechnungslegungsmythen, in: BB, 55. Jg. (2000), S. 2143-2149.

Moxter, Adolf [Rechnungslegung]: Grundsätze ordnungsgemäßer Rechnungslegung, Düsseldorf 2003.

Mueller, Gerhard G. [Model]: The Evolving (New) Model of Business Reporting, in: Controlling und Rechnungswesen im internationalen Wettbewerb: Kongress-Dokumentation, 51. Deutscher Betriebswirtschafter-Tag 1997, hrsg. von Clemens Börsig und Adolf G. Coenenberg, Stuttgart 1998, S. 71-86.

Mujkanovic, Robin [Fair Value]: Fair Value im Financial Statement nach International Accounting Standards, Stuttgart 2002.

Niehus, Rudolf [Entwicklung]: Zur Entwicklung von „konzernarteigenen" GoB durch Paradigmawechsel – Auch ein Beitrag zur Diskussion über die Internationalisierung der deutschen Konzernrechnungslegung, in: Bilanzrecht und Kapitalmarkt, Festschrift für Adolf Moxter, hrsg. von Wolfgang Ballwieser u. a., Düsseldorf 1994, S. 623-652.

Niehus, Rudolf [Prüfung]: Die Prüfung der internationalen Rechnungslegung von deutschen Kapitalgesellschaften – Zu Auswirkungen für den Abschlußprüfer und seinen Berufsstand, in: Unternehmensberatung und Wirtschaftsprüfung, Festschrift für Günter Sieben zum 65. Geburtstag, hrsg. von Manfred Jürgen Matschke und Thomas Schildbach, Stuttgart 1998, S. 483-514.

Niehus, Rudolf [Spannungsfeld]: Meinungen zum Thema: Rechungslegung im Spannungsfeld von Tradition, Globalisierung und europäischer Integration, in: BfuP, 50. Jg. (1998), S. 77-93.

Niehus, Rudolf [Einzelabschlüsse]: „Auch für Einzelabschlüsse gelten grundsätzlich die IAS?" – Ein Beitrag zu den (möglichen) Grenzen einer „Internationalisierung" der Rechnungslegung im Einzelabschluss -, in: WPg, 54. Jg. (2001), S. 737-752.

Ordelheide, Dieter [Periodengewinn]: Kaufmännischer Periodengewinn als ökonomischer Gewinn – Zur Unsicherheitsrepräsentation bei der Konzeption von Erfolgsgrößen, in: Unternehmungserfolg, Planung, Ermittlung, Kontrolle, Festschrift für Walther Busse von Colbe zum 60. Geburtstag, hrsg. von Michael Domsch, Wiesbaden 1988, S. 275-302.

Ordelheide, Dieter [Wettbewerb]: Wettbewerb der Rechnungslegungssysteme IAS, US-GAAP und HGB – Plädoyer für eine Reform des deutschen Bilanzrechts -, in: Controlling und Rechnungswesen im internationalen Wettbewerb: Kongress-Dokumentation, 51. Deutscher Betriebswirtschafter-Tag 1997, hrsg. von Clemens Börsig und Adolf G. Coenenberg, Stuttgart 1998, S. 15-53.

Ordelheide, Dieter [Aktienanalyse]: Rechnungslegung und internationale Aktienanalyse, in: Rechnungswesen als Instrument für Führungsentscheidungen, Festschrift für Adolf G. Coenenberg zum 60. Geburtstag, hrsg. von Hans Peter Möller und Franz Schmidt, Stuttgart 1998, S. 505-524.

Ordelheide, Dieter [Bedeutung]: Bedeutung und Wahrung des Kongruenzprinzips („clean surplus") im internationalen Rechnungswesen, in: Unternehmensberatung und Wirtschaftsprüfung, Festschrift für Günter Sieben zum 65. Geburtstag, hrsg. von Manfred Jürgen Matschke und Thomas Schildbach, Stuttgart 1998, S. 515-530.

Ordelheide, Dieter [Rechnungslegung]: Rechnungslegung im digitalen Zeitalter, in: Rechnungswesen und Kapitalmarkt, Beiträge anläßlich eines Symposiums zum 70. Geburtstag von Walther Busse von Colbe, hrsg. von Günther Gebhardt, Düsseldorf 1999, S. 229-253.

Ordelheide, Dieter [Wertpotential]: Wertpotential und Objektivierung der IAS im Vergleich zu den Bilanzierungsvorschriften des dHGB und des öHGB, in: Fortschritte im Rechnungswesen, Vorschläge für Weiterentwicklungen im Dienste der Unternehmens- und Konzernsteuerung durch Unternehmensorgane und Eigentümer, Festschrift Gerhard Seicht zum 60. Geburtstag, hrsg. von Otto Altenburger, Otto Janschek und Heinrich Müller, Wiesbaden 1999, S. 507-532.

Ordelheide, Dieter/Böckem, Hanne [IAS 18]: IAS 18, Ertragsrealisierung (Revenue), in: Rechnungslegung nach International Accounting Standards (IAS): Kommentar auf der Grundlage des deutschen Bilanzrechts, hrsg. von Jörg Baetge u. a., Stuttgart 1997.

Pellens, Bernhard [Rechnungslegung]: Internationale Rechnungslegung, 4. Aufl., Stuttgart 2001.

Penman, Stephen H. u. a. [Issues Paper]: An Issues Paper on Comprehensive Income, in: AH, Vol. 11 (1997), S. 120-126.

Pfitzer, Norbert/Dutzi, Andreas [Fair Value]: Fair Value, in: Enzyklopädie der Betriebswirtschaftslehre, Bd. 7, Handwörterbuch Unternehmensrechnung und Controlling, hrsg. von Hans-Ulrich Küpper und Alfred Wagenhofer, 4. Aufl., Stuttgart 2002, Sp. 749-764.

Pilhofer, Jochen [Gewinnrealisierung]: Umsatz- und Gewinnrealisierung im internationalen Vergleich: bilanzpolitische Gestaltungsmöglichkeiten nach HGB, US-GAAP, IFRS, Herne/Berlin 2002, zugl. Diss. Univ. des Saarlandes 2002.

Pohlmann, Peter [Bewertungskonzeptionen]: Die Wahl von Bewertungskonzeptionen im externen Jahresabschluss unter besonderer Berücksichtigung von Preisänderungen, Bochum 1981.

Pohmer, Dieter/Bea, Franz Xaver [Erfolg]: Erfolg, in: Handwörterbuch des Rechnungswesens, hrsg. von Erich Kosiol, 1. Aufl., Stuttgart 1970, Sp. 454-461.

Popper, Karl [Logik]: Logik der Forschung, 9. Aufl., Tübingen 1989.

PWC [Understanding]: Understanding IAS, Analysis and interpretation of International Accounting Standards, 2. Aufl., London 1998.

PWC [Understanding]: Understanding IAS, Analysis and interpretation of International Accounting Standards, 3. Aufl., Kopenhagen 2002.

PWC [Banken]: IAS für Banken, Frankfurt 1999.

Rappaport, Alfred [Objectives]: Establishing Objectives for Published Corporate Accounting Reports, in: AR 39. Jg. (1964), S. 951-962.

Rappaport, Alfred [Shareholder value]: Shareholder value: ein Handbuch für Manager und Investoren, 2. Aufl., Stuttgart 1999.

Rat der Europäischen Gemeinschaften [4. EG-Ril.]: 78/660/EWG v. 25.7.1978.

Raupach, Arndt [Wandel]: Wandel von Bilanzierungszwecken?, in: Gesellschaftsrecht, Rechnungslegung, Steuerrecht, Festschrift für Welf Müller zum 65. Geburtstag, hrsg. von Peter Hommelhoff, Roger Zätzsch und Bernd Erle, München 2001, S. 793-813.

Reinhart, Alexander [Abschlußanalyse]: Die Auswirkungen der Rechnungslegung nach International Accounting Standards auf die erfolgswirtschaftliche Abschlußanalyse von deutschen Jahresabschlüssen, Frankfurt/Main u. a. 1998, zugl. Diss. Univ. Augsburg 1998.

Reiter, Günther [Spannungsverhältnis]: Die International Accounting Standards im Spannungsverhältnis zu den Grundsätzen der deutschen Rechnungslegung, in: Das Rechnungswesen im Spannungsfeld zwischen strategischem und operativem Management, Festschrift zum 65. Geburtstag von Marcell Schweitzer, hrsg. von Hans-Ulrich Küpper und Ernst Roßmann, Berlin 1997, S. 63-87.

Riahi-Belkaoui, Ahmed [Theory]: Accounting Theory, 4. Aufl., London u. a. 2000.

Richter, Frank/Honold, Dirk [EVA]: Das Schöne, das Unattraktive und das Hässliche an EVA & Co., in: FB, 2. Jg. (2000), S. 265-274.

Richter, Hermann [Rechnungswesen]: Controlling integrierendes Rechnungswesen, Zwecke, theoretische Grundlagen, Systemstruktur und DV-Umsetzungskonzept, Stuttgart 2002, zugl. Habil. Univ. Dortmund 2002.

Riebel, Paul [Normung]: Die Problematik der Normung von Abschreibungen, in: Veröffentlichungen der Wirtschaftshochschule Mannheim, hrsg. von Ernst Plewe, Reihe 2, Heft 11, Stuttgart 1963.

Riebel, Paul [Deckungsbeitragsrechnung]: Deckungsbeitragsrechnung, in: Enzyklopädie der Betriebswirtschaftslehre, Bd. 3: Handwörterbuch des Rechnungswesens, hrsg. von Klaus Chmielewicz und Marcell Schweitzer, 3. Aufl., Stuttgart 1993, Sp. 364-379.

Riebel, Paul [Deckungsbeitragsrechnung]: Einzelkosten- und Deckungsbeitragsrechnung, Grundfragen einer markt- und entscheidungsorientierten Unternehmensrechnung, 7. Aufl., Wiesbaden 1994.

Riedl, Jens [Performance]: Unternehmungswertorientiertes Performance Measurement: Konzeption eines Performance-Measure-Systems zur Implementierung einer wertorientierten Unternehmensführung, Wiesbaden 2000, zugl. Diss. European Business School Oestrich-Winkel 2000.

Ronen, Joshua [Accounting]: The dual role of accounting: a financial economic perspective, in: Handbook of Financial Economics, hrsg. von James L. Bicksler, Amsterdam/New York/Oxford 1979, S. 415-454.

Rückle, Dieter [Finanzlage]: Finanzlage, in: Handwörterbuch unbestimmter Rechtsbegriffe im Bilanzrecht des HGB, hrsg. von Ulrich Leffson, Dieter Rückle und Bernhard Großfeld, Köln 1986, S. 168-184.

Scheffler, Eberhard [Entwicklungen]: Neue Entwicklungen auf dem Gebiet der Rechnungslegung, in: Die deutsche Rechnungslegung und Wirtschaftsprüfung im Umbruch, Festschrift für Wilhelm Theodor Strobel zum 70. Geburtstag, hrsg. von Carl-Christian Freidank, München 2001, S. 3-28.

Scherrer, Gerhard [Anlagenrechnung]: Anlagenrechnung, in: Handwörterbuch des Rechnungswesens, 2. Aufl., hrsg. von Erich Kosiol, Klaus Chmielewicz und Marcel Schweitzer, Stuttgart 1981, Sp. 50-62.

Scherrer, Gerhard [Gewinn]: Gewinn und Verlust, in: Enzyklopädie der Betriebswirtschaftslehre, Bd. 3: Handwörterbuch des Rechnungswesens, hrsg. von Klaus Chmielewicz und Marcell Schweitzer, 3. Aufl., Stuttgart 1993, Sp. 738-747.

Scherrer, Gerhard [Kostenrechnung]: Kostenrechnung, 3. Aufl., Stuttgart 1999.

Schildbach, Thomas [Jahresabschluß]: Jahresabschluß und Markt, Berlin u. a. 1986.

Schildbach, Thomas [Rechnungslegungsstandards]: Internationale Rechnungslegungsstandards auch für deutsche Einzelabschlüsse?, in: Bilanzrecht und Kapitalmarkt, Festschrift zum 65. Geburtstag von Adolf Moxter, hrsg. Wolfgang Ballwieser u. a. , Düsseldorf 1994, S. 699-721.

Schildbach, Thomas [Rechnungslegungsideale]: Rechnungslegungsideale, Bilanzkulturen, Harmonisierung und internationaler Wettbewerb, in: BB, 50. Jg. (1995), S. 2635-2644.

Schildbach, Thomas [Zeitbewertung]: Zeitbewertung, Gewinnkonzeptionen und Informationsgehalt – Stellungnahme zu „Financial Assets and Liabilities – Fair Value or Historical Cost?", in: WPg, 52. Jg. (1999), S. 177-185.

Schildbach, Thomas [Wahlrechte]: Wahlrechte bei Ansatz und Bewertung, in: Enzyklopädie der Betriebswirtschaftslehre, Bd. 8; Handwörterbuch der Rechungslegung und Prüfung, hrsg. von Wolfgang Ballwieser, Adolf Gerhard Coenenberg und Klaus von Wysocki, 3. Aufl., Stuttgart 2002, Sp. 2607-2625.

Schmidt, Matthias [Rechnungslegung]: Das Konzept einer kapitalmarktorientierten Rechnungslegung: Legitimation, Ableitung einer Sollvorstellung und Brauchbarkeit nationaler sowie internationaler Regelungen, Bielefeld 2000, zugl. Diss. Humboldt-Univ. Berlin 1999.

Schmidt, Ralf-Bodo [Zielsysteme]: Zielsysteme der Unternehmung, in: Enzyklopädie der Betriebswirtschaftslehre, Bd. 3, Handwörterbuch der Betriebswirtschaft, Teilbd. 3 R-Z, hrsg. von Werner Kern u. a., 5. Aufl., Stuttgart 1993, Sp. 4794-4806.

Schmidt, Reinhard H. [Informationsproduktion]: Rechnungslegung als Informationsproduktion auf nahezu effizienten Kapitalmärkten, in: zfbf, 34. Jg. (1982), S. 728-748.

Schneider, Dieter [Bilanzgewinn]: Bilanzgewinn und ökonomische Theorie, in: ZfhF, 15. Jg. (1963), S. 457-474.

Schneider, Dieter [Abschreibungsverfahren]: Abschreibungsverfahren und Grundsätze ordnungsgemäßer Buchführung, in: WPg, 27. Jg. (1974), S. 365-376.

Schneider, Dieter [Gewinnermittlung]: Betriebswirtschaftliche Gewinnermittlung oder ökonomische Analyse des Bilanzrechts?, in: ZfbF, 35. Jg. (1983), S. 1040-1065.

Schneider, Dieter [Bilanzanalyse]: Erste Schritte zu einer Theorie der Bilanzanalyse, in: WPg, 42. Jg. (1989), S. 633-642.

Schneider, Dieter [Rechnungswesen]: Betriebswirtschaftslehre - Bd. 2: Rechnungswesen, 2. Aufl., München, Wien, Oldenburg 1997.

Schneider, Dieter [Unternehmensrechnung]: Marktorientierte Unternehmensrechnung: Pegasus mit Klumpfuß, in: DB, 51. Jg. (1998), S. 1473-1478.

Schönbrunn, Norbert [IAS 23]: IAS 23, Fremdkapitalkosten (Borrowing Costs), in: Rechnungslegung nach International Accounting Standards (IAS), Kommentar auf der Grundlage des deutschen Bilanzrechts, hrsg. von Jörg Baetge u. a., 2. Aufl., Stuttgart 2002.

Schredelseker, Klaus [Nutzen]: Der Nutzen von Bilanzinformationen für Kapitalanlageentscheidungen, in: Der Wirtschaftsprüfer im Schnittpunkt nationaler und internationaler Entwicklungen, Festschrift zum 60. Geburtstag von Klaus von Wysocki, hrsg. von Gerhard Gross, Düsseldorf 1985, S. 129-141.

Schreiber, Ulrich/Kahle, Holger [Periodisierung]: Periodisierung, in: Enzyklopädie der Betriebswirtschaftslehre, Bd. 7, Handwörterbuch Unternehmensrechnung und Controlling, hrsg. von Hans-Ulrich Küpper und Alfred Wagenhofer, 4. Aufl., Stuttgart 2002, Sp. 1639-1648.

Schruff, Lothar [Liabilities]: Liabilities, in: Enzyklopädie der Betriebswirtschaftslehre, Bd. 8; Handwörterbuch der Rechungslegung und Prüfung, hrsg. von Wolfgang Ballwieser, Adolf Gerhard Coenenberg und Klaus von Wysocki, 3. Aufl., Stuttgart 2002, Sp. 1496-1504.

Schulz, Michael [Aktienmarketing]: Aktienmarketing. Eine empirische Erhebung zu den Informationsbedürfnissen deutscher institutioneller Investoren und Analysten, Sternenfels/Berlin 1999, zugl. Diss. Techn. Univ. Berlin 1999.

Schüler, Andreas [Performance-Messung]: Performance-Messung und Eigentümerorientierung: eine theoretische und empirische Untersuchung, Frankfurt am Main u. a. 1998, zugl. Diss. Univ. Regensburg 1997.

Schüler, Andreas [Jahresabschlussdaten]: Jahresabschlussdaten und Performance-Messung, in: Jahrbuch für Controlling und Rechnungswesen 2001, hrsg. von Gerhard Seicht, Wien 2001, S. 141-158.

Schweitzer, Marcell [Bilanz]: Struktur und Funktion der Bilanz, Berlin 1972.

Schweitzer, Marcell [Axiomatik]: Axiomatik, in: Handwörterbuch des Rechnungswesens, hrsg. von Klaus Chmielewicz und Marcell Schweitzer, 3. Aufl., Stuttgart 1993, Sp. 113-124.

Schweitzer, Marcell [Betriebswirtschaftslehre]: Gegenstand und Methoden der Betriebswirtschaftslehre, in: Allgemeine Betriebswirtschaftslehre, hrsg. von Franz Xaver Bea und Marcell Schweitzer, Bd. 1: Grundfragen, 8. Aufl., Stuttgart 2000, S. 23-79.

Seicht, Gerhard [Bilanztheorien]: Die kapitaltheoretische Bilanz und die Entwicklung der Bilanztheorien, Berlin 1970.

Selchert, Friedrich W. [Realisationsprinzip]: Das Realisationsprinzip – Teilgewinnrealisation bei langfristiger Auftragsfertigung, in: DB, 43. Jg. (1990), S. 797-805.

Siegel, Theodor [Metamorphosen]: Metamorphosen des Realisationsprinzips, in: Rechnungslegung, Entwicklungen bei der Bilanzierung und Prüfung von Kapitalgesellschaften, Festschrift zum 65. Geburtstag von Karl Heinz Forster, hrsg. von Adolf Moxter u. a., Düsseldorf 1992, S. 586-605.

Siegel, Theodor [Ernsthaftigkeit]: Mangelnde Ernsthaftigkeit des Gläubigerschutzes als offene Flanke der deutschen Rechnungslegungsvorschriften, in: Jahresabschluß und Jahresabschlußprüfung, Festschrift für Jörg Baetge, hrsg. von Thomas Fischer u. a., Düsseldorf 1997, S. 117-149.

Siegel, Theodor [Zeitwertbilanzierung]: Zeitwertbilanzierung für das deutsche Bilanzrecht?, in: BFuP, 50. Jg. (1998), S. 593-603.

Siepe, Günter [Jahresabschluß]: Steuerorientierter Jahresabschluss – anlegerorientierter Konzernabschluß?, in: Aktien- und Bilanzrecht, Festschrift für Bruno Kropff, hrsg. von Karl-Heinz Forster u. a., Düsseldorf 1997, S. 619-638.

Solomon, Ezra [Return]: Return on Investment: the Relation of Book-Yield to True Yield, in: Jaedicke, Robert K./Ijiri, Yuji/Nielson, Oswald (Hrsg.), Research in Accounting Measurement, Papers given at the seminar on basic research in accounting measurement, Graduate School of Business, Stanford University, March 1965, Chicago 1966, S. 232-244.

Sprouse, Robert T./Moonitz, Maurice [Principles]: A Tentative Set of Broad Accounting Principles for Business Enterprises, Accounting Research Study No. 3, New York 1962.

Stachowiak, Herbert [Modell]: Modell, in: Handlexikon zur Wissenschaftstheorie, hrsg. von Helmut Seiffert und Gerard Radnitzky, München, 1992, S. 219-222.

Sterling, Robert R. [Theory]: On Theory Construction an Verification, in: Accounting Theory and Policy, hrsg. von Robert Bloom und Elgers Pieter T., New York u. a. 1981, S. 76-91, zugl. in: AR, Vol. 45 (1970), S. 444-457.

Sterling, Robert R. [Decision]: Decision Oriented Financial Accounting, in: Accounting Theory and Policy, hrsg. von Robert Bloom und Elgers Pieter T., New York u. a. 1981, S. 284-301, zugl. in: Accounting and Business Research, 3 (1972), S. 198-208.

Stewart, G. Bennett [Quest]: The Quest for Value, the EVA management guide, New York 1991.

Streim, Hannes [Generalnorm]: Die Generalnorm des § 264 Abs. 2 HGB – Eine kritische Analyse, in: Bilanzrecht und Kapitalmarkt, Festschrift zum 65. Geburtstag von Adolf Moxter, hrsg. Wolfgang Ballwieser u. a., Düsseldorf 1994, S. 391-406.

Streim, Hannes [Internationalisierung]: Internationalisierung von Gewinnermittlungsregeln zum Zwecke der Informationsvermittlung, Zur Konzeptionslosigkeit der Fortentwicklung der Rechnungslegung, in: Unternehmensrechnung und -besteuerung, Grundfragen und Entwicklungen, Festschrift für Dietrich Börner zum 65. Geburtstag, hrsg. von Heribert Meffert und Dietrich Adam, Wiesbaden 1998, S. 323-343.

Streim, Hannes [Vermittlung]: Die Vermittlung von entscheidungsnützlichen Informationen durch Bilanz und GuV – Ein nicht einlösbares Versprechen der internationalen Standardsetter, in: BFuP, 52. Jg. (2000), S. 111-131.

Streim, Hannes/Leippe, Britta [Neubewertung]: Neubewertung nach International Accounting Standards - Darstellung, Anwendungsprobleme und kritische Analyse, in: Jahrbuch für Controlling und Rechnungswesen 2001, hrsg. von Gerhard Seicht, Wien 2001, S. 373-411.

Streim, Hannes/ Bieker, Marcus/ Esser, Maik [Fair Values]: Vermittlung entscheidungsnützlicher Informationen durch Fair Values – Sackgasse oder Licht am Horizont?, in: BFuP, 55. Jg. (2003), S. 457-479.

Streim, Hannes/ Bieker, Marcus/ Leippe, Britta [Anmerkungen]: Anmerkungen zur theoretischen Fundierung der Rechnungslegung nach International Accounting Standards, in: Wolfgang Stützel – Moderne Konzepte für Finanzmärkte, Beschäftigung und Wirtschaftsverfassung, hrsg. von Hartmut Schmidt, Eberhardt Ketzel und Stefan Prigge, Tübingen 2001, S. 177-206.

Strobl, Elisabeth [IASC-Rechnungslegung]: IASC-Rechnungslegung und Gläubigerschutzbestimmungen nach deutschem Recht, in: Rechnungslegung – Warum und Wie, Festschrift für Hermann Clemm zum 70. Geburtstag, hrsg. von Wolfgang Ballwieser u. a., München 1996, S. 389-412.

Stützel, Wolfgang [Bilanztheorie]: Bemerkungen zur Bilanztheorie, im: ZfB , 37 Jg. (1967), S. 314-340.

Szyperski, Norbert [Informationssystem]: Rechnungswesen als Informationssystem, in: Handwörterbuch des Rechnungswesens, hrsg. von Erich Kosiol, 1. Aufl., Stuttgart 1970, Sp. 1510-1523.

Szyperski, Norbert/Richter, Ursula [Messung]: Messung und Bewertung, in: Handwörterbuch des Rechnungswesens, 2. Aufl., hrsg. von Erich Kosiol, Klaus Chmielewicz und Marcel Schweitzer, Stuttgart 1981, Sp. 1206-1214.

Teitler, Evelyn [Anpassung]: Anpassung von FER 18 bezüglich Sachanlagen zu Renditezwecken: IAS 40 Investment Property als Ausgangspunkt, in: ST, 74. Jg. (2000), S. 1129-1134.

Thomas, Arthur L. [Allocation]: The Allocation Problem, Part Two, Studies in Accounting Research No. 9, Evanston 1974.

Tichy, Geiserich/Barborka, Karl [Zusatzinformationen]: Zusatzinformationen zur Abschätzung des Unternehmenswerts – Zur Abbildbarkeit einer Unternehmens-/Konzernsteuerung nach dem Konzept des Shareholder Value im Jahres-/Konzernabschluß – Erfordernis der Prognosepublizität, in: Fortschritte im Rechnungswesen, Vorschläge für Weiterentwicklungen im Dienste der Unternehmens- und Konzernsteuerung durch Unternehmensorgane und Eigentümer, Festschrift Gerhard Seicht zum 60. Geburtstag, hrsg. von Otto Altenburger, Otto Janschek und Heinrich Müller, Wiesbaden 1999, S. 613-671.

Tyrell, Burkhard [Planbilanz]: Die Planbilanz als Bestandteil eines unternehmenswertorientierten Rechnungswesens, Lohmar/Köln 2000, zugl. Diss. Univ. Münster 2000.

Vormbaum, Herbert [Tageswerte]: in: Handwörterbuch des Rechnungswesens, hrsg. von Erich Kosiol, 1. Aufl., Stuttgart 1970, Sp. 1645-1651.

Wagner, Franz W. [Kapitalmarkt]: Zur Informations- und Ausschüttungsbemessungsfunktion des Jahresabschlusses auf einem organisierten Kapitalmarkt, in: zfbf, 34. Jg. (1982), S. 749-771.

Wagner, Franz W. [Periodenabgrenzung]: Periodenabgrenzung als Prognoseverfahren – Konzeption und Anwendungsbereich der „einkommensapproximativen Bilanzierung", in: Bilanzrecht und Kapitalmarkt, Festschrift zum 65. Geburtstag von Adolf Moxter, hrsg. von Wolfgang Ballwieser u. a., Düsseldorf 1994, S. 1175-1197.

Wagner, Franz W. [Assets]: Assets, in: Enzyklopädie der Betriebswirtschaftslehre, Bd. 8; Handwörterbuch der Rechungslegung und Prüfung, hrsg. von Wolfgang Ballwieser, Adolf Gerhard Coenenberg und Klaus von Wysocki, 3. Aufl., Stuttgart 2002, Sp. 101-111.

Wesner, Peter [Möglichkeiten]: Möglichkeiten und Grenzen der wertorientierten Unternehmensführung, in: Rechnungslegungskonzeptionen im Widerstreit, Beiträge zu den Wirtschaftswissenschaften, Verleihung der Ehrendoktorwürde der Wirtschaftswissenschaftlichen Fakultät der Universität Leipzig an Prof. Dr. Dr. h.c. mult. Adolf Moxter am 2. Dezember 1999, hrsg. von der Wirtschaftswissenschaftlichen Fakultät der Universität Leipzig, Leipzig 2000, S. 293-309.

Wesner, Peter [Aufwandsrückstellungen]: Aufwandsrückstellungen, in: Enzyklopädie der Betriebswirtschaftslehre, Bd. 8; Handwörterbuch der Rechungslegung und Prüfung, hrsg. von Wolfgang Ballwieser, Adolf Gerhard Coenenberg und Klaus von Wysocki, 3. Aufl., Stuttgart 2002, Sp. 147-156.

Willis, Diana W. [Financial Assets]: Financial Assets and Liabilities – Fair Value or Historical Cost?, in: WPg, 51. Jg. (1998), S. 854-860.

Wilsdorf, Fred [Rechnungslegungszwecke]: Rechnungslegungszwecke der Handelsbilanz und Steuerbilanz nach Inkrafttreten des Bilanzrichtlinien-Gesetzes: Ermittlung u. Konkretisierung, Frankfurt am Main u. a. 1988, zugl. Diss. Hochsch. d. Bundeswehr Hamburg 1987.

Wossidlo, Rüdiger [Vermögen]: Vermögen, Schulden, Kapital, in: Handwörterbuch des Rechnungswesens, 2. Aufl., hrsg. von Erich Kosiol, Klaus Chmielewicz und Marcel Schweitzer, Stuttgart 1981, Sp. 1668-1678.

Wüstemann, Jens [Institutionenökonomik]: Institutionenökonomik und internationale Rechnungslegungsordnungen, Tübingen 2002, zugl. Habil. Univ. Frankfurt am Main 2000.

Wysocki, Klaus von [Jahresabschluß]: Jahresabschluß, in: Enzyklopädie der Betriebswirtschaftslehre, Bd. 3: Handwörterbuch des Rechnungswesens, hrsg. von Klaus Chmielewicz und Marcell Schweitzer, 3. Aufl., Stuttgart 1993, Sp. 989-999.

Regensburger Beiträge zur betriebswirtschaftlichen Forschung

Herausgegeben vom Institut für Betriebswirtschaftslehre
an der Universität Regensburg

Band 1 Hans Jürgen Drumm / Christian Scholz: Personalplanung. Planungsmethoden und Methodenakzeptanz.

Band 2 Irmgard Obermeier: Statistische Abschlußprüfung. Konzeptionen und Verfahren.

Band 3 Elmar Sinz: Konstruktion betrieblicher Basisinformationssysteme.

Band 4 Peer Biendl: Ablaufsteuerung von Montagefertigungen. Heuristische Reihenfolgeplanung vergierender Auftragsstrukturen mittels Prioritätenregeln – Computergestützte Simulationsstudien der Werkstattfertigung.

Band 5 Franz Böcker / Ahron J. Schwerdt: Die Planung und Kontrolle praxisbezogener betriebswirtschaftlicher Lehre.

Band 6 Rudolf Paulik: Kostenorientierte Reihenfolgeplanung in der Werkstattfertigung. Eine Simulationsstudie.

Band 7 Reinhard Rieger: Unternehmensinsolvenz, Arbeitnehmerinteressen und gesetzlicher Arbeitnehmerschutz.

Band 8 Hans Jürgen Drumm: Individualisierung der Personalwirtschaft. Grundlagen, Lösungsansätze und Grenzen.

Band 1 - 8 erschienen bei Verlag Paul Haupt Bern und Stuttgart

Band 9 Monika Sixt: Dreidimensionale Packprobleme. Lösungsverfahren basierend auf den Meta-Heuristiken Simulated Annealing und Tabu-Suche. 1996.

Band 10 Peter Terhart: Chapter 11 Bankruptcy Code: Eine Alternative für Deutschland? Dokumentation, Analyse und Bewertung des amerikanischen Reorganisationsverfahrens mit einer kritischen Stellungnahme zur neuen deutschen Insolvenzordnung. 1996.

Band 11 Joachim Eigler: Transaktionskosten als Steuerungsinstrument für die Personalwirtschaft. 1996.

Band 12 Frank Richter: Konzeption eines marktwertorientierten Steuerungs- und Monitoringsystems. 1996. 2., überarbeitete und ergänzte Auflage 1999.

Band 13 Georg Stocker: Prämiendifferenzierung bei der Versicherung kommerzieller Bankkredite anhand von Risikoklassen. 1997.

Band 14 Christoph Plein: »Neue« Organisationskonzepte für die Versicherungsunternehmung. Organisationstheoretische Grundlagen und die Verwendbarkeit von Lean Management und Business Reengineering in der Versicherungsunternehmung. 1997.

Band 15 Ernst Eichenseher: Dezentralisierung des Controlling. 1997.

Band 16 Matthias Bauch: Unternehmensinsolvenzen: Prophylaxe und Bewältigung in Frankreich. Darstellung und ökonomische Analyse von *procédure d'alerte, règlement amiable* und *redressement et liquidation judiciaires*. 1997.

Band 17 Andreas Polifke: Adaptive Neuronale Netze zur Lösung von Klassifikationsproblemen im Marketing. Anwendungen und Methodenvergleich von ART-Netzen. 1998.

Band 18 Andreas Listl: Target Costing zur Ermittlung der Preisuntergrenze. Entscheidungsorientiertes Kostenmanagement dargestellt am Beispiel der Automobilzulieferindustrie. 1998.

Band 19 Andreas Schüler: Performance-Messung und Eigentümerorientierung. Eine theoretische und empirische Untersuchung. 1998.

Band 20 Carola Raab-Stahl: Dezentrale Mikroorganisation. Gestaltungsansätze unter dem Leitbild der "Neuen Dezentralisation". 1999.

Band 21 Martin Goller: Aktuelle Vergleichsverfahren in Deutschland. Eine ökonomische Analyse. 2000.

Band 22 Bernhard Baumgartner: Dynamische Aspekte in Markenwahlmodellen. 2000.

Band 23 Alexander Thume: Die Darstellung konzerninterner Verschmelzungen im Konzernabschluß. 2000.

Band 24 Stefan Marcus Schmidt: Corporate Governance in deutschen und amerikanischen Aktiengesellschaften. Eine Untersuchung unter besonderer Berücksichtigung der Bedeutung und der Entstehung der Anteilseignerstrukturen. 2001.

Band 25 Antonia Graff: Elementarrisiken privater Haushalte. Die Handhabung finanzieller Schäden in Deutschland – derzeitige Situation und Verbesserungsvorschläge. 2001.

Band 26 Cinzia Dal Zotto: Die Simultaneität und Permanenz von Personal- und Organisationsentwicklung. 2001.

Band 27 Franz Xaver Gabelsberger: Equity-Bewertung im Jahresabschluß. Bilanzierung von Beteiligungen unter besonderer Berücksichtigung der Informationsfunktion des Jahresabschlusses. 2001.

Band 28 Christian Lechner: The Competitiveness of Firm Networks. 2001.

Band 29 Frank Richter: Kapitalmarktorientierte Unternehmensbewertung. Konzeption, finanzwirtschaftliche Bewertungsprämissen und Anwendungsbeispiel. 2002.

Band 30 Gerhard Ebinger: Neue Modelle der betrieblichen Altersversorgung. 2001.

Band 31 Marion Steinberger: Multinomiale Logitmodelle mit linearen Splines zur Analyse der Markenwahl. 2002.

Band 32 Thomas M. Ullrich: Endkonsolidierung. Erfolgswirkungen des Ausscheidens von Unternehmen aus dem Konzernverbund und konsolidierungstechnische Abbildung im Konzernabschluß. 2002.

Band 33 Ingo Stangl: Die systemtragenden Änderungen der Unternehmensbesteuerung durch das Steuersenkungsgesetz. 2001.

Band 34 Markus Probst: Neuronale Netze zur Bestimmung nichtlinearer Nutzenfunktionen in Markenwahlmodellen. 2002.

Band 35 Martina Hartl: Kosten- und Erfolgscontrolling in jungen Unternehmen. Konzeption und praktische Umsetzung dargestellt an einer Fallstudie. 2002.

Band 36 Erik Schlumberger: Der Beitrag sonstiger Rückstellungen zum Unternehmenswert. 2002.

Band 37 Florian Biersack: Gestaltung und Nutzung makrostruktureller Flexibilität. 2002.

Band 38 Bettina Orlopp: Abfindungen von Minderheitsaktionären. Eine komparative, ökonomische Analyse zu den Regelungen in Deutschland, USA und England. 2003.

Band 39 Robert Obermaier: Bewertung, Zins und Risiko. Anmerkungen zu Grundproblemen der entscheidungsorientierten Unternehmensbewertung und der wertorientierten Unternehmensführung. 2004.

Band 40 Sigrid Kühn: Ausgestaltungsformen der Erwerbsmethode. Eine Analyse unter Berücksichtigung der Wahlrechte nach IFRS und der fair value-Bewertung. 2004.

Band 41 Jürgen Ernstberger: Erfolgs- und Vermögensmessung nach International Financial Reporting Standards (IFRS). 2004.

Veit Ostmeier

Das Informationspotenzial neuerer Rechnungslegungsinstrumente in International Financial Reporting Standards (IAS/IFRS) basierten Jahresabschlüssen und seine Nutzung für die Abschlussanalyse

Frankfurt am Main, Berlin, Bern, Bruxelles, New York, Oxford, Wien, 2004.
282 S., zahlr. Abb.
Europäische Hochschulschriften: Reihe 5, Volks- und Betriebswirtschaft. Bd. 3065
ISBN 3-631-52439-0 · br. € 51.50*

Die Fachwelt erwartet von IFRS basierten Jahresabschlüssen aussagefähigere und zutreffendere Informationen als sie von Jahresabschlüssen nach HGB bereitgestellt werden. Vor diesem Hintergrund werden in dieser Arbeit diejenigen Rechnungslegungsinstrumente untersucht, die ein besonders hohes Maß an zusätzlichen Informationen und Erkenntnismöglichkeiten erwarten lassen. Dies sind die Kapitalflussrechnung, die Segmentberichterstattung, die Eigenkapitalveränderungsrechnung und der Gewinn je Aktie. Das klassische bilanzanalytische Instrumentarium wird ergänzt, modifiziert und weiterentwickelt, indem Kennzahlen formalisiert und Interpretationsangebote systematisiert sowie Vorschläge zur Beseitigung verbleibender Informationsdefizite durch Weiterentwicklung der IFRS unterbreitet werden. Seine Aussagen untermauert der Autor anhand zahlreicher Beispiele aus der Bilanzierungspraxis.

Aus dem Inhalt: Informationsdefizite im klassischen Jahresabschluss · Analysepotenzial der Kapitalflussrechnung, der Segmentberichterstattung, der Eigenkapitalveränderungsrechnung und des Gewinns je Aktie · Cashflow-Kennzahlen · Strategische Unternehmensanalyse · Erfolgsneutrale Eigenkapitalverrechnungen · Gewinnverwässerungseffekte · Informationsdefizite IFRS/IAS basierter Jahresabschlüsse · Weiterentwicklungsmöglichkeiten der IFRS